主な関係地名等地域図 1
〔※地図DBは『カシミール3D』により作成〕

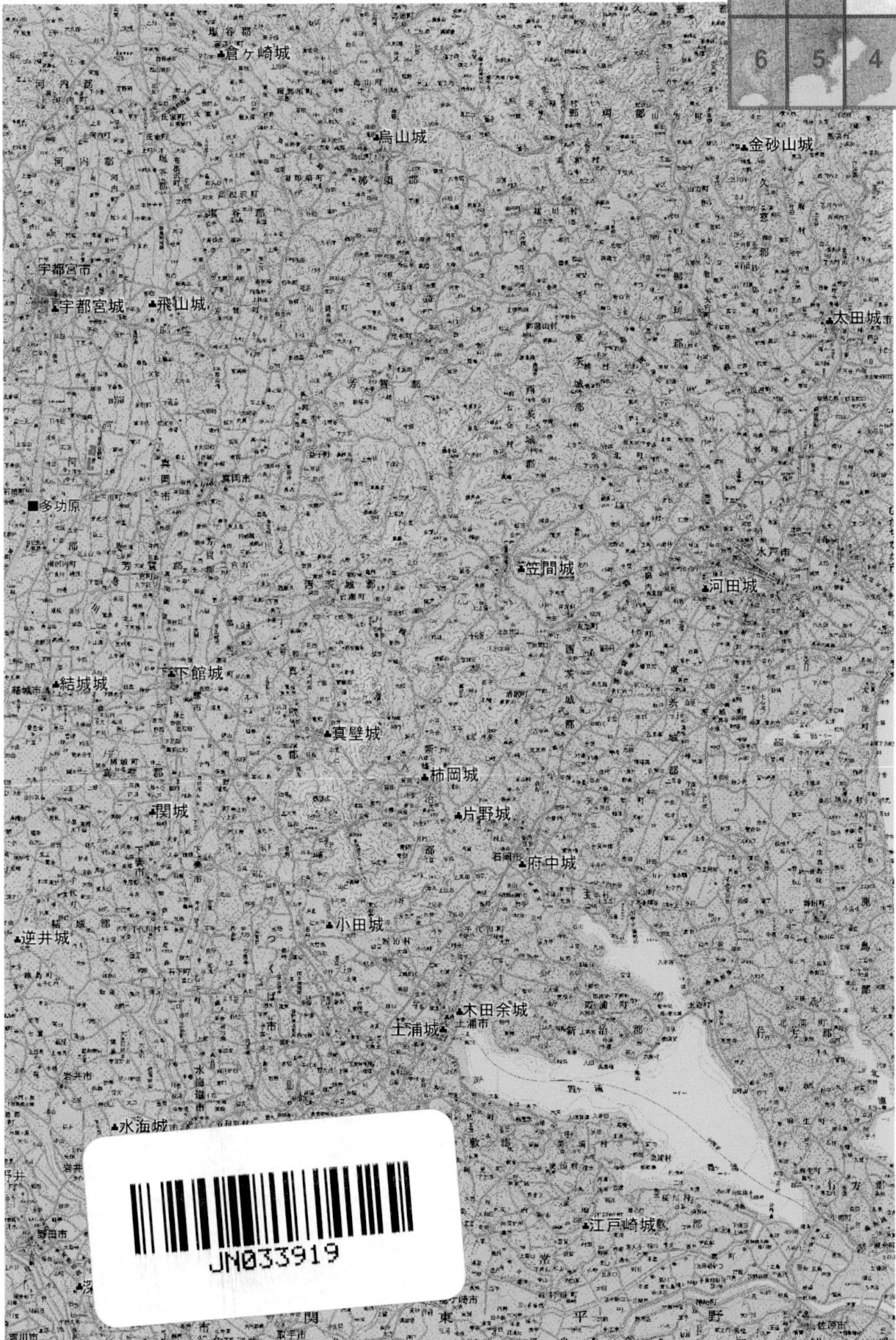

## 主な関係地名等地域図 2

〔※地図DBは『カシミール3D』により作成〕

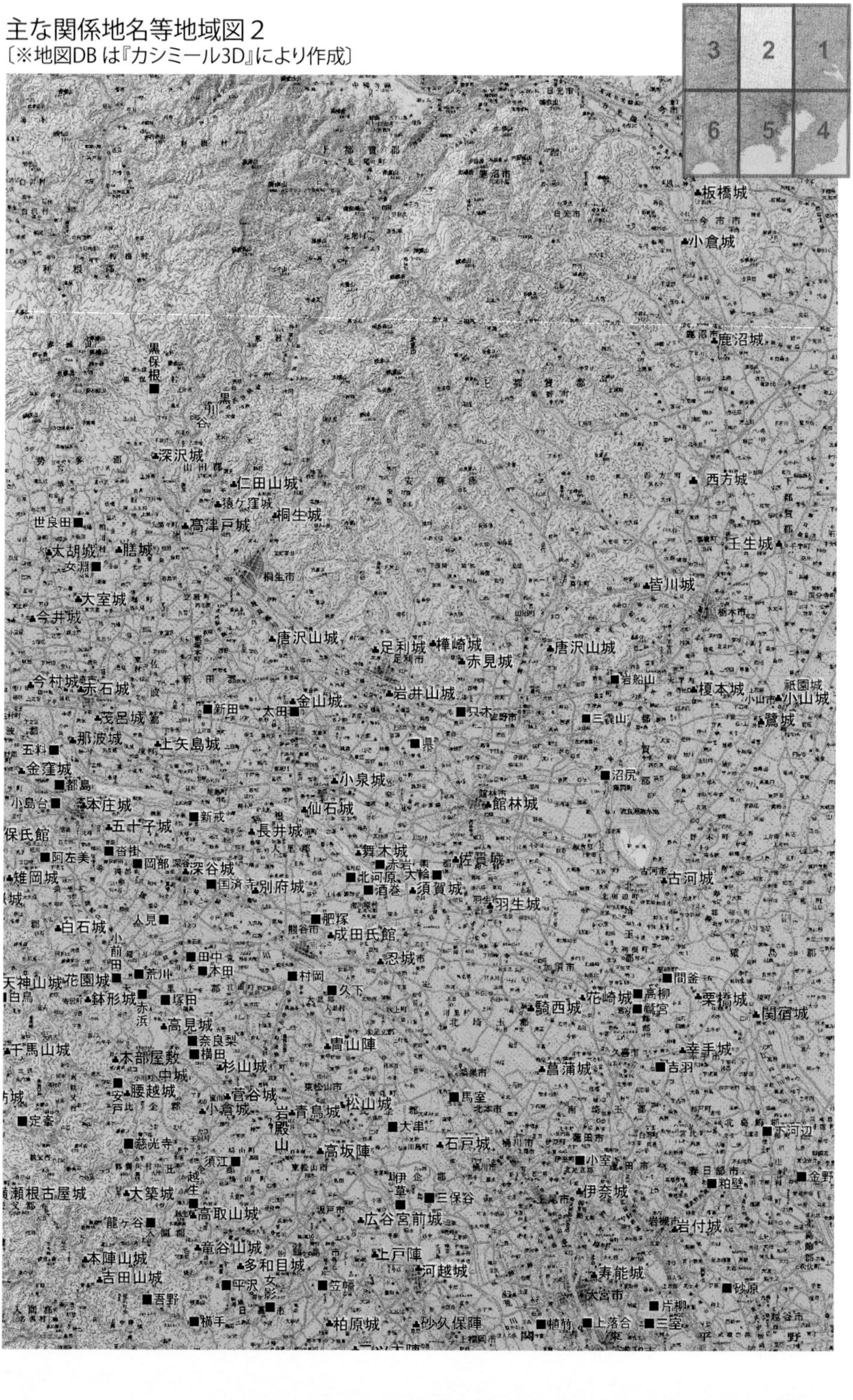

主な関係地名等地域図３
〔※地図DBは『カシミール3D』により作成〕

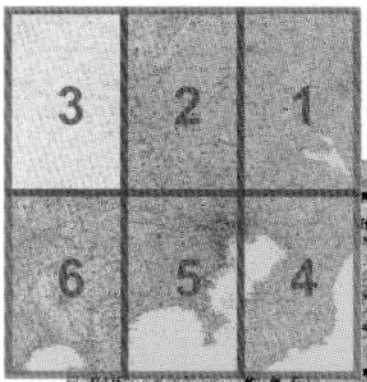

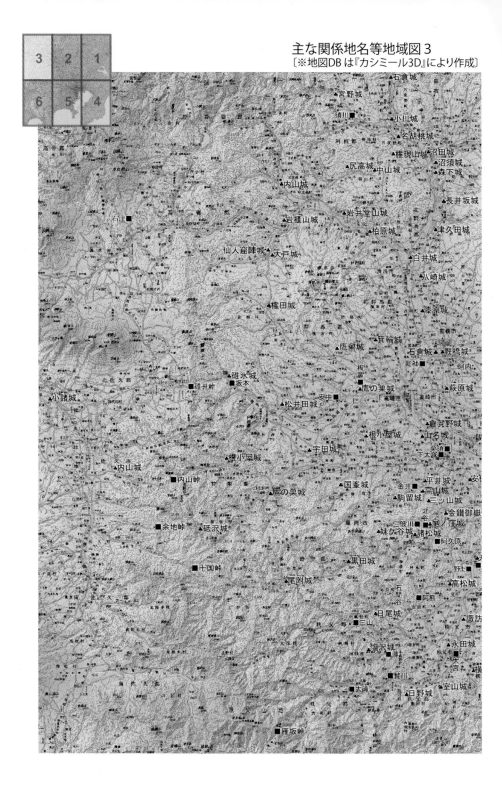

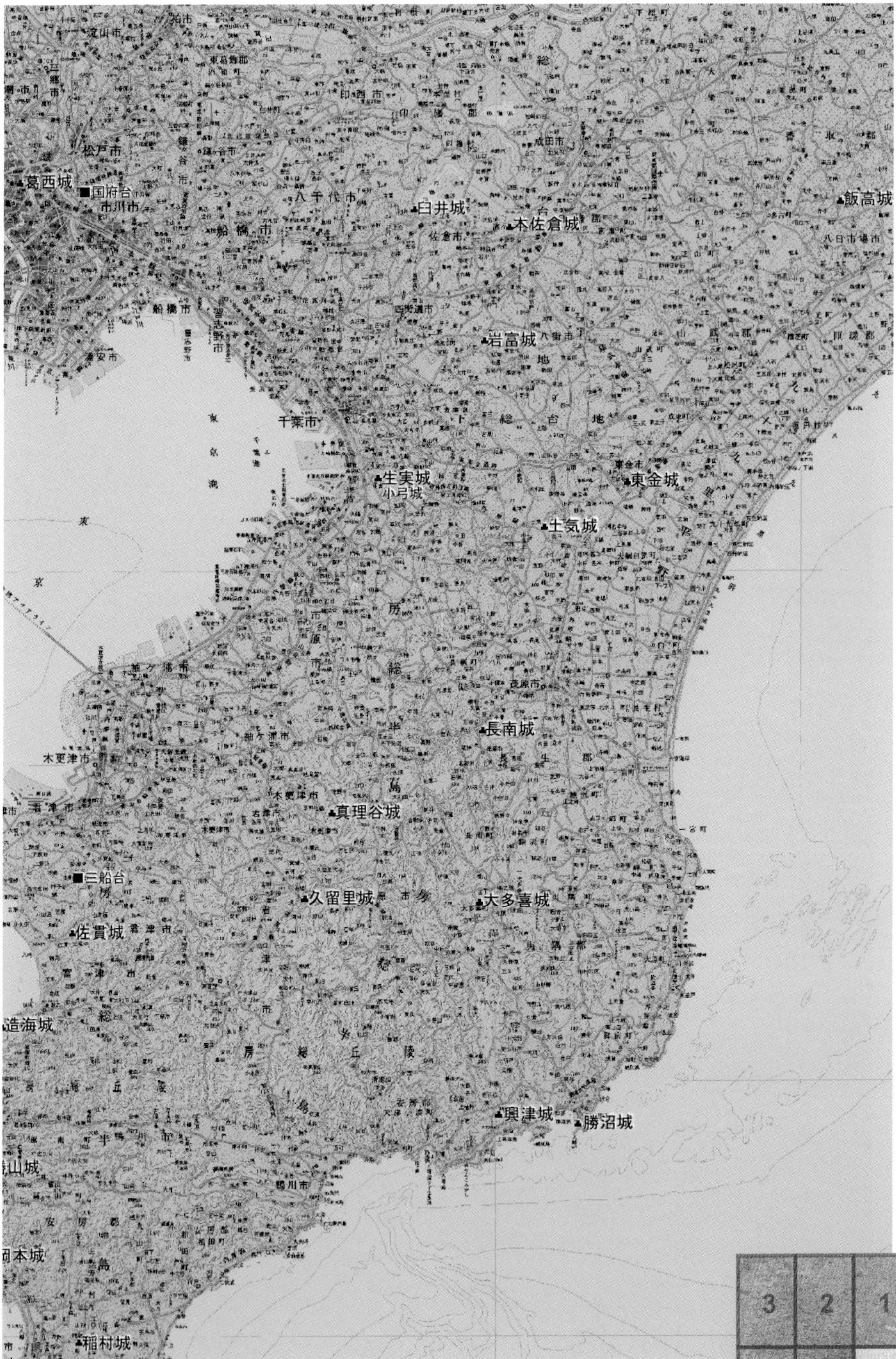


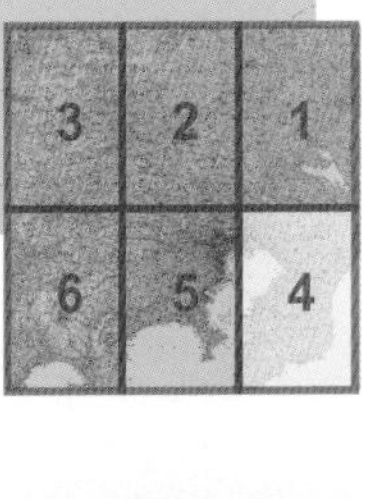


主な関係地名等地域図４
〔※地図DBは『カシミール3D』により作成〕

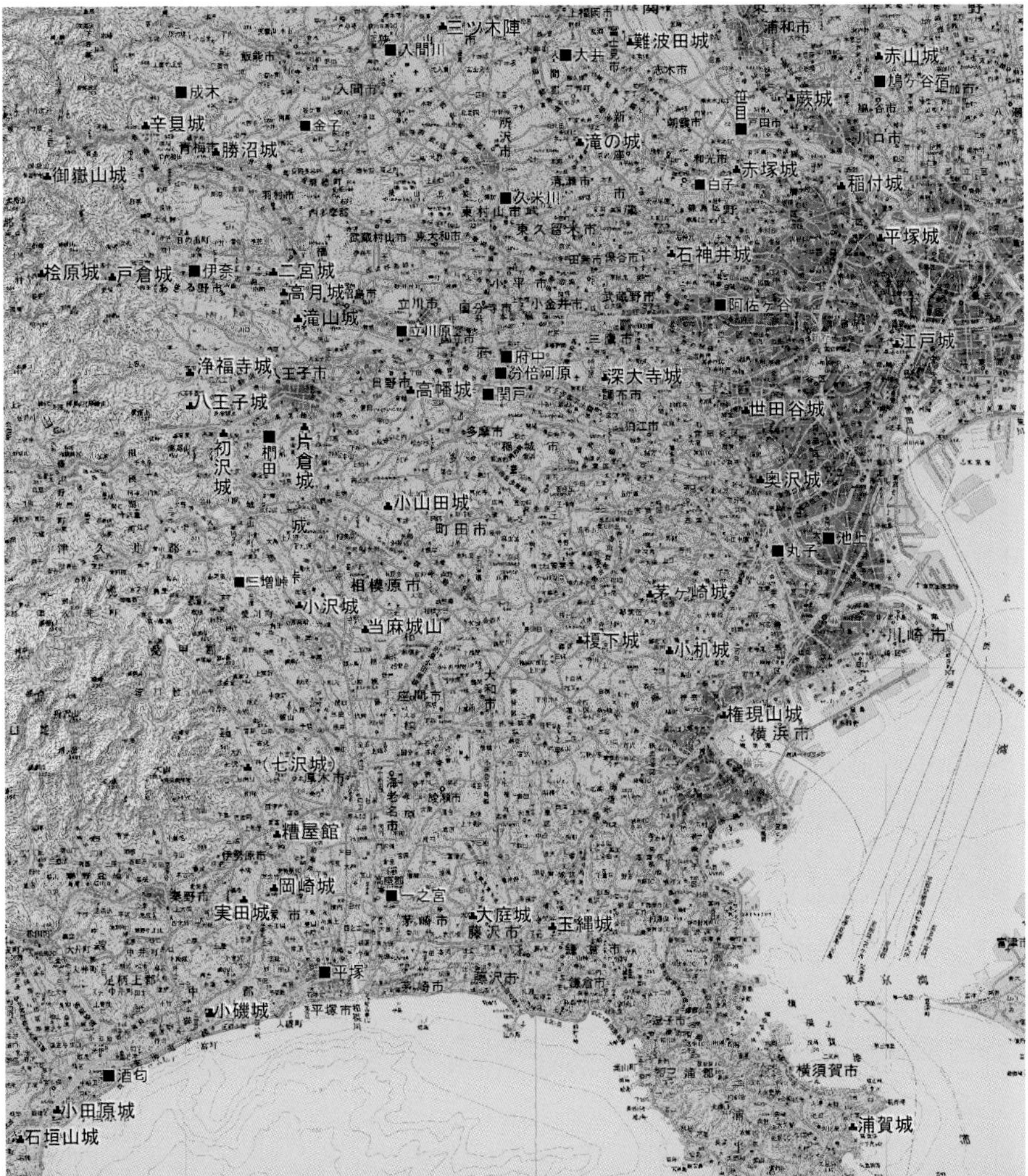


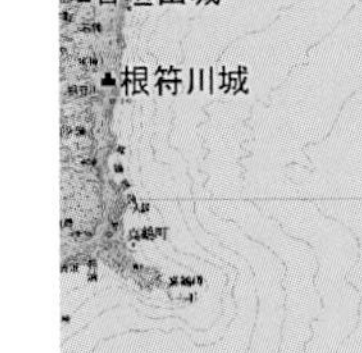


主な関係地名等地域図５
〔※地図DBは『カシミール3D』により作成〕

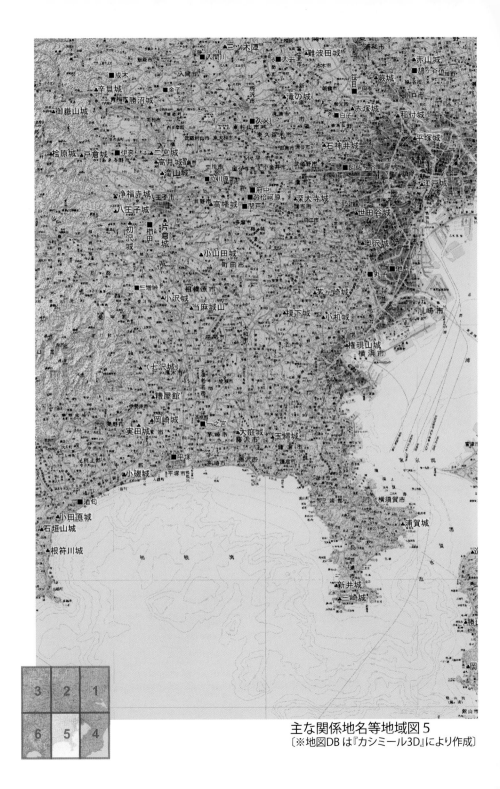

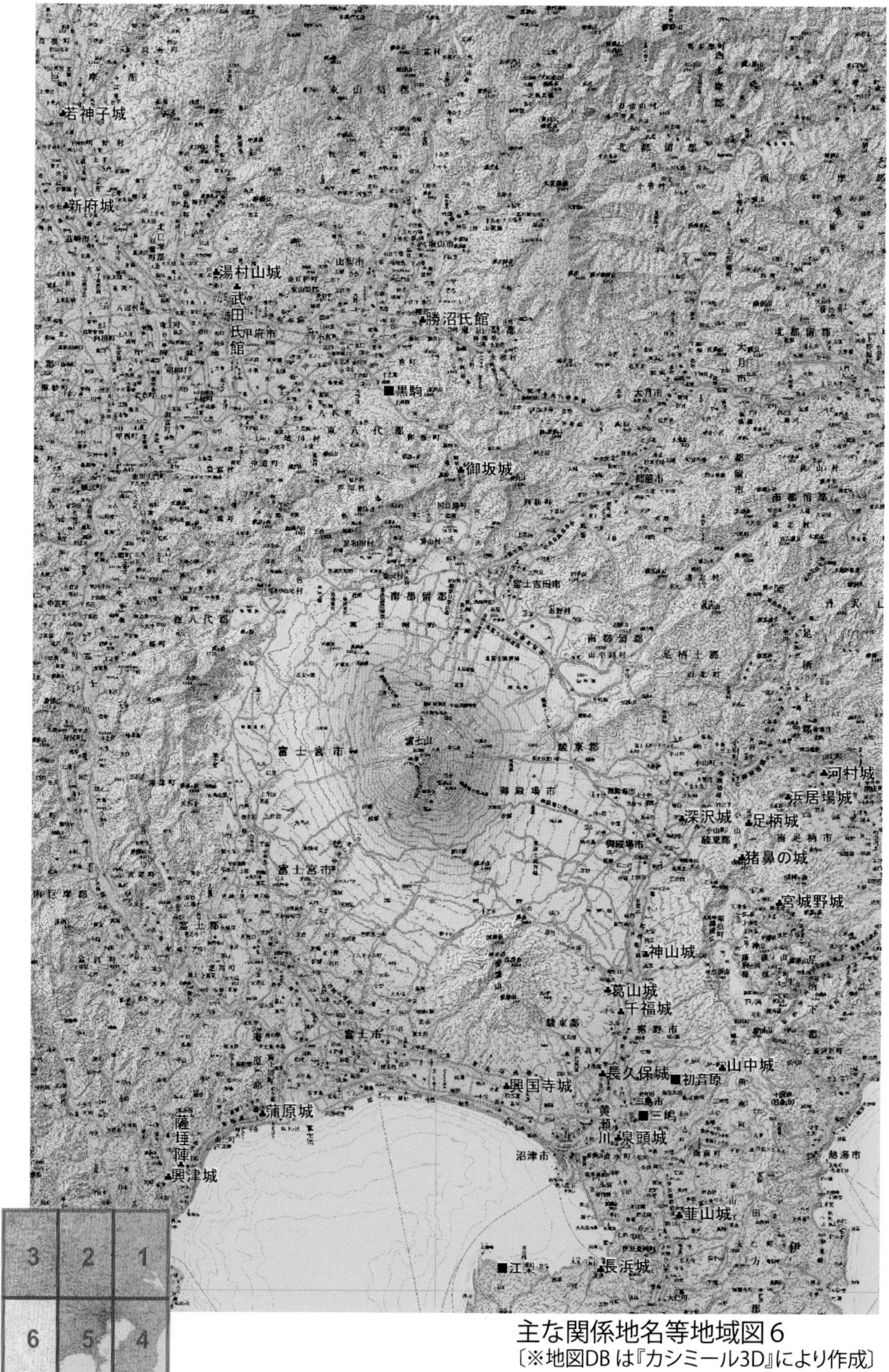


主な関係地名等地域図６
〔※地図DBは『カシミール3D』により作成〕

歴史調査ハンドブック

# 武蔵戦国歴史年表

梅沢太久夫 編著

まつやま書房

# 例　言

一、この年表は、享徳三年に起こった「享徳の大乱」からを戦国時代として捉えて編集したが、歴史の流れを理解出来るよう多少の事項ではあるが、享徳の大乱以前の南北朝動乱期からと天正十八年以降の出来事についても触れた。

二、この年表は、筆者が長年戦国史研究に携わり、その中で埼玉県内の史料を紐解き、解釈を進めながらその理解を深める為に、折に触れ作成してきた年表である。従って当然の事ながらその範囲は埼玉県を中心にしているが、流れを理解するために必要な周辺地域の関係史料も使用して作成してある。

三、この年表作成に当たっては『新編埼玉県史』通史編2、資料編5・6・7・8・9、『東松山市史』資料編2、『埼玉大百科事典』5巻所収年表、『浄蓮寺慶長八年過去帳』『妙本寺回向帳』『東光寺過去帳』『行伝寺過去帳』『本土寺過去帳』、『戦国遺文』後北条氏編・武田氏編・古河公方編、『戦国史年表』後北条氏編、『上越市史』別巻Ⅰ・Ⅱ、『武田氏年表』『上杉氏年表』等のほか国立公文書館デジタルアーカイブ資料等を参考に作成したが、その参考引用文献については巻末に掲げた。

　年代や地名の所在地については調査の上比定したが、下山治久編『戦国史年表』後北条氏編を参考にさせて貰った。なお、出典史料との年代観が異なる史料は、改めて年代比定を行って位置づけたものである。確定出来ない事項については○○カとした。

四、「出典」欄の、数字は、原則として『新編埼玉県史』の巻数（2は通史編、5～は資料編、別は別編）を示し、掲載文書番号を示してある。市史2は『東松山市史』資料編2、番号は史料番号を示す。『戦国遺文』後北条氏編は戦北、武田氏編は戦武、古河公方編は戦古と略称し、そのほか小田原市史原始古代中世Ⅰは小一－、静岡県史資料編8は静、千葉県の歴史中世四は千四－、新潟県史資料編5は新、上越市史別編Ⅰ・Ⅱは上別Ⅰ・Ⅱ－、北区史史料編中世1は北－、『神奈川県史』資料編3下は神－、群馬県史資料編七は群7－、埼玉県史料叢書12は12－、『鉢形領内に遺された戦国史料集』第一～四集頁は鉢一～四－、『浄蓮寺慶長八年過去帳』は『浄蓮寺過去帳』等と略称で記入した。出典は『新編埼玉県史』資料編を主とし、余白がある項目には『戦国遺文』後北条氏編等の資料番号も入れた。

五、本表中では後北条氏あるいは小田原北条氏と呼び習わされる戦国大名北条氏については北条氏と呼称した。

| 西暦 | 和暦 | 月日 | 出来事 | 出典 |
|---|---|---|---|---|
| 一三三三 | 元弘3<br>正慶2 | 5・8 | 新田義貞、上野に挙兵し、武蔵に入る。 | 『梅松論』7―九一九頁<br>『太平記』7―七四六〜七五六頁<br>「熊谷虎一丸申状」5―二六三<br>「大川戸隆行軍忠状」5―二六四<br>『新編埼玉県史』通史編2―二三七頁 |
| | | 5・10 | 桜田貞國、新田義貞追討の為武蔵上野勢を引き連れ入間川に向かう。 | |
| | | 5・11 | 鎌倉勢は新田勢と小手指原で合戦。 | |
| | | 5・12 | 新田勢、久米川の鎌倉勢の陣を攻略。加治家貞は幕府軍に加わる。 | |
| | | 5・15 | 鎌倉勢は分倍河原で新田勢と戦う。安保道潭は鎌倉勢として戦い討死。 | |
| | | 5・16 | 新田勢分倍河原合戦で勝利。 | |
| | | 5・18 | 鎌倉前浜合戦、藤田左近五郎、同四郎活躍。 | |
| | | 5・20 | 鎌倉霊山寺下合戦。熊谷直治討死。 | |
| | | 5・22 | 鎌倉葛西谷合戦。<br>北条高時・金沢貞顕、長崎円喜・長崎高資・安達時顕ら一族・家臣らは菩提寺の東勝寺に集合、寺に火を放って自害。鎌倉幕府滅亡。 | 『鎌倉大日記』国立公文書館デジタルアーカイブ版一六頁 |
| | | 8 | 後醍醐天皇、武蔵国を足利尊氏に与える。 | 『太平記』7―七五九頁 |
| | | 10 | 大川戸隆行、崛須（屈巣）郷代官石瀬五郎入道の分倍河原合戦以降二十二日までの軍忠を注進する。 | 「大川戸隆行軍忠状」5―二六四 |
| 一三三四 | 建武1<br>改元日（1・29） | この年 | 足利尊氏、北条泰家の領した足立郡等を領有す。 | 「足利尊氏・同直義所領目録」5―二七〇 |
| | | 4・10 | 足利直義、足立郡大谷郷等の地頭職を三浦時継に宛行う。 | 「足利直義下知状」5―二七四 |
| | | 5・3 | 後醍醐天皇、別府幸時に下佐貫庄内羽祢継を勲功の賞として与える。 | 「後醍醐天皇綸旨」5―二七五 |
| | | 6・10 | 熊谷直経、熊谷郷内恒正名・多摩郡木田見郷・安芸国三入本庄・美濃国金光寺半分地頭職を雑訴決断所より安堵される。 | 「雑訴決断所牒」5―二七六・二八三 |
| | | 9・27 | 野本朝行・足立遠宣・吉見某等後醍醐天皇の加茂社行幸に供奉。 | 「加茂両社行幸足利尊氏随兵交名」7―八七五頁 |
| | | 11 | 護良親王、鎌倉へ配流。 | 『新版日本史年表』『新編埼玉県史』別4 |
| 一三三五 | 建武2 | 7・22 | 北条時行（高時の遺児）信濃で兵を挙げ、鎌倉を目指して南下。足利直義の幕府軍を女影原・小手指原で破る。 | 『太平記』7―七五九頁<br>『鎌倉大日記』は七月二十五日<br>『新編埼玉県史』通史編2―二五五頁 |
| | | 7・23 | 北条時行、鎌倉を攻め、足利直義迎撃するも鎌倉に敗退、幽閉中の護良親王を殺害。中先代の乱起きる。 | |
| | | 8・18 | 安保光泰勲功により家督安保道潭跡を継承する。 | 『梅松論』7―九二〇頁 |
| | | 8・27 | 足利尊氏、足立郡笹目郷を鶴岡八幡宮に寄進。 | 「足利尊氏寄進状」5―二九〇 |

| 西暦 | 和暦 | 月 | 日 | 事項 | 出典 |
|---|---|---|---|---|---|
| | | 9 | 27 | 足利尊氏、上野守護職を上杉憲房に与える。 | 『国史大辞典』『新編埼玉県史』別4 |
| | | 11 | 9 | 足利尊氏、男衾郡小泉郷・比企郡須江郷・足立郡片楊郷等を岩松経家跡代官に渡す。 | 「橘行貞打渡状写」5―一九一 |
| | | 11 | 19 | 新田義貞、足利尊氏を鎌倉に攻める。 | 『太平記』7―七六二頁 |
| | | 12 | | 河越氏・高坂氏、新田義貞に属し、足利直義と箱根で戦う。 | 『太平記』7―七六五頁 |
| 一三三六 | 建武3 延元1（2・29） | 1 | 9 | 別府幸時、山城国大渡橋上合戦に高名を上げる。 | 「別府幸時軍忠状写」5―二〇三 |
| | | 1 | | 足利尊氏、京に入る。 | 『太平記』7―七七一頁 |
| | | 1 | 晦 | 山城国桂川合戦で四方田太郎左衛門尉の父太郎左衛門尉が先駆けで討死。 | 「足利尊氏感状写」5―二〇二 |
| | | 7 | | 小代重峯、近江西坂本（六月五日）・中尾（六月七日から二十日）・吉田河原（六月晦日）合戦で高名し軍忠状を提出。高師直・師冬から證判を貰う。 | 「小代重峯軍忠状」5―一九七・一九八 |
| | | 11 | 7 | 足利尊氏建武式目制定。幕府を開く。 | 『史料綜覧』巻六―九四頁 |
| | | 12 | 11 | 足利直義、安保光泰の所領を安堵。 | 「足利直義下文」5―二〇四 |
| | | 12 | 17 | 高重茂、足利義詮の命により、安保中務丞（泰規）に正月の出仕を命じる。 | 「高重茂奉書」5―二〇五 |
| | | 12 | 25 | 後醍醐天皇、足利尊氏・直義追討の為、武蔵相模の兵を従えての上洛を睦奥国司北畠顕家に命ず。 | 「後醍醐天皇宸翰案」5―二〇六 |
| 一三三七 | 建武4 延元2 | 4 | 12 | 高重茂、足利義詮の命により、安保光泰に榛澤郡瀧瀬郷、児玉郡枝松名長頸郷（本庄市）を勲功の賞として預ける。 | 「高重茂奉書」5―二〇九 |
| | | 12 | 13 | 北畠顕家、利根川にいたり、北朝方を破る。 | 「国魂行泰軍忠状」5―二一八 |
| | | 12 | 16 | 安保原合戦。 | 『太平記』7―七八七・七八八頁 |
| | | 12 | 23 | 北畠顕家、鎌倉に入る。二十四日・二十五日鎌倉・飯嶋・椙本で合戦。 | |
| 一三三八 | 暦応1 延元3 | 2 | 11 | 別府幸実、北畠顕家を追撃して一月十六日に武州より京に発向。 | 「別府幸実着到状」5―二一六 |
| | | 8 | | 足利尊氏、征夷大将軍に任じられる。 | 『公卿補任中編』国史大系10 |
| 一三三九 | 暦応2 延元4 | 7 | 9 | 葛飾郡下河辺庄合戦。 | 「相馬長胤後家着到状」5―二二五 |
| | | 9 | 20 | 成田基員、崎西郡成田郷成田・箱田・平戸村、賀美郡安保郷内中原屋敷・在家・田などを嫡子くすはうに譲る。 | 「成田基員譲状案」5―二二九 |
| 一三四〇 | 暦応3 | 8 | 22 | 安保光阿（光泰）、所領を惣領中務丞泰規等に譲り渡す。 | 「安保光阿譲状」5―二三六 |
| 一三四一 | 暦応4 興国2 | 4 | 8 | 大慈寺新釈迦堂領比企郡大塚郷（川島町）に制札が出され、諸人の乱暴狼藉を禁ずる。 | 「某制札」5―二三八 |
| 一三四四 | 康永3 | 3 | 17 | 小川町大聖寺開山希融・平貞義等が「石造法華供養塔」を造立。 | 大聖寺蔵「石造法華供養塔銘」『小川町史』 |

| 西暦 | 年号 | 月日 | 事項 | 出典 |
|---|---|---|---|---|
| 一三四九 | 貞和5（興国5） | 9・9 | 足利基氏、関東管領となる。 | 『史料綜覧』巻六—三六一頁 |
| | 正平4 | 12・8 | 野辺盛忠、榛沢郡野辺郷地頭職などを子泰盛に譲る。 | 「野辺盛忠譲状写」5—三六一 |
| 一三五〇 | 観応1 | 11・9 | 足利直冬、小代隆平に小代郡吉田村（坂戸市）内の所領を安堵。 | 「足利直冬下文」5—三六七 |
| 一三五一 | 観応2 | 12・17 | 高麗経澄、足利義詮の命を受けて鬼窪（白岡市）に挙兵。 | 「高麗経澄軍忠状」5—三八〇 |
| | | 12・19 | 羽祢倉合戦（さいたま市）。夜、阿須垣原で合戦（入間市）。難波九郎三郎等討ちとり。 | |
| | | 12・20 | 府中へ進攻、小沢城焼き払い。 | |
| 一三五二 | 文和1（9・27） 正平7 | 2・16 | 足利尊氏、安保信濃守泰規を秩父郡三沢郷、秩父郡内寺尾次郎跡・大河原郷闕所分の地頭に任じる。 | 「足利尊氏袖判下文」5—三八六 |
| | | | 高麗経澄を高麗三郎兵衛跡地頭職に宛行う。 | 「足利尊氏袖判下文」5—三八七 |
| | | ②17 | 将軍足利尊氏、武州へ発向。 | 『鶴岡社務記録』7—八六七頁 |
| | | ②18 | 新田義宗、義興ら武蔵上野を制し、鎌倉に入る。足利尊氏狩野川に敗走。 | 『太平記』7—八一九〜八二四頁 |
| | | ②20 | 人見原・金井原合戦。新田義興敗戦。 | 「高麗経済軍忠状」5—三九二 |
| | | ②28 | 宗良親王・新田義興等入間河原・小手指原・高麗原に戦い、尊氏を破る。 | 「足利尊氏御感御教書写」5—三九一 |
| 一三五三 | 文和2 | 7・28 | 足利基氏、鎌倉を出て関東に下向。入間川在陣。 | 『鎌倉九代後記』8—二八八頁 |
| 一三五六 | 延文1 | 9 | 足利基氏、入間川在陣。 | 「江戸房重代同高泰着到状写」5—四一〇 |
| 一三五七 | 延文2 正平12 | 12・3 | 足利基氏、畠山国清の申請により、教念寺に男衾郡本田郷と小泉郷の地頭職を寄進と伝える。 | 「足利基氏寄進状」5—四一二 |
| 一三五八 | 延文3 | 4・29 | 足利尊氏没。 | 『鎌倉大日記』国立公文書館デジタルアーカイブ版 |
| 一三五九 | 延文4 正平14 | 2・7 | 鎌倉公方足利基氏、別府幸実・高麗経澄・金子忠親等に上洛を命じ、将軍足利義詮の南方凶徒退治に従わせる。 | 「足利基氏軍勢催促状」5—四一七〜四二〇 |
| | | 9・11 | 足利基氏、金子忠親に再びの上洛参陣を命じる。 | 「足利基氏軍勢催促状」5—四二一 |
| 一三六〇 | 延文5 | ④9 | 将軍足利義詮、別府幸実の先月十一日紀州合戦における討死を賞す。 | 「足利義詮御感御教書」5—四二三 |
| 一三六二 | 貞治1（9・23） 正平17 | 2・21 | 足利基氏、岩松直國に白旗一揆等を連れ、伊豆神餘城（伊豆の国市）を築いた畠山国清等を討伐に出陣させる。 | 「足利基氏軍勢催促状写」5—四二七 |
| | | 6・6 | 足利基氏、教念寺に男衾郡小泉郷地頭職および崎西郡鎌塚郷（鴻巣市）などの地を寄進と伝える。 | 「足利基氏寄進状」5—四三八 |
| 一三六三 | 貞治2 | 2・6 | 足利基氏、豊嶋修理亮の伊豆立野城（伊豆市）における軍功を賞す。 | 「足利基氏御感御教書」5—四四一 |

| | | | | |
|---|---|---|---|---|
| | 正平18 | 3・24 | 足利基氏、上杉憲顕に関東管領就任を懇請する。 | 『史料綜覧』巻六—三八九頁 |
| | | 5・16 | 足利基氏、人見郷（深谷市）安保余五郎跡・白鳥郷（長瀞町）青木彦四郎入道跡を鎌倉法華堂に寄進。 | 「足利基氏寄進状写」5—四四三 |
| | | 8・26 | 足利基氏、宇都宮氏綱・芳賀高名らを討伐のため、鎌倉を出陣。氏綱らと東松山市岩殿山で戦い勝利し、その後下野夫玉へ追撃。 | 『鎌倉大日記』等、「中村貞行軍忠状写」他5—四五〇・四五一 |
| | | 9・16 | 足利基氏、秩父郡妙見山下星供在家、加美郡安保の勅使河原跡を岩田太郎に還補す。 | 「足利基氏御感御教書」5—四四九 |
| | | 12・12 | 足利基氏、加美郡安保郷、児玉郡宮内郷を安保泰規に還補する。 | 「足利基氏御感御教書」5—四五三 |
| 一三六七 | 貞治6 | 4・28 | 足利基氏没。 | 『鎌倉大日記』国立公文書館デジタルアーカイ |
| 一三六八 | 貞治7 応安1（2・18） | 2・8 | 平一揆、河越氏・高坂氏等が河越館に立て籠もる。 | ブ版、7—八六一頁 |
| | | 6・17 | 足利氏満、上杉憲顕、同朝房らを率い、平一揆を討つ。 | 「足利金王丸御感御教書」5—四六九 |
| | | 7・12 | 足利氏満、高坂右京亮跡の戸守郷を鑁阿寺に寄進。 | 「足利金王丸寄進状写」5—四七〇 |
| | | 8・6 | 足利氏満、宇都宮城を攻め、九月二十日攻略。 | 『鎌倉九代後記』8—二八八頁 |
| 一三六九 | 応安2 正平24 | 6・15 | 足利氏満、竹沢左近将監入道跡竹沢郷を藤田覚能に預ける。 | 「足利金王丸御教書案」5—四七七 |
| | | 10 | 野上下郷に妙円尼が仲山城主阿仁和直家の供養塔建てる。 | 『信仰利生鏡』長瀞町教委一九三八 |
| 一三七〇 | 応安3 正平25 | 2・15 | 足利満詮（将軍足利義満弟）、関東下着、武蔵本田に陣す。 | 『鎌倉九代後記』8—二八九頁 |
| | | 10・3 | 足利氏満、武蔵府中に在陣。 | 『空華日用工夫略集』7—八九〇頁 |
| | | | 足利氏満、竹沢郷を藤田越中守に与える。 | 「大石能重打渡状案」5—四八〇 |
| 一三七四 | 応安7 文中3 | 10・14 | 幕府、藤田越中守覚能の竹沢郷田畠在家・宮入村について、竹沢二郎太郎等が横領しているとの訴えについて沙汰を下す。 | 「上杉能憲施行状案」5—四八九 |
| 一三八〇 | 康暦2 天授6 | 6・15 | 足利氏満、小山義政追討のため府中に着陣。 | 「庭野貞家軍忠状写」5—五一一 |
| | | 8・29 | 小山祇園城合戦。 | 「大掾某軍忠状」5—五一二他 |
| 一三八一 | 永徳1 | 9・16 | 白旗一揆等、小山義政の鷲城を攻める。 | 『鎌倉大草紙』8—四五頁 |
| | | 11・9 | 小山義政、鷲城を渡し、祇園城へ入る。 | |
| 一三八二 | 永徳2 弘和2 | 3・23 | 小山義政祇園城を自焼、糟原の奥に城を構えて立て籠もる。 | 『鎌倉大草紙』8—四六頁 |
| | | 3・29 | 木戸範季、上杉憲方、白旗一揆等が攻め、四月十三日攻略、義政自害。 | |
| | | 5・1 | 足利氏満、村岡陣より鎌倉に帰陣。 | 『鎌倉大草紙』8—四六頁 |
| | | 10 | 上田蔵人源親忠法名希道、円覚寺の「大般若経」施主。 | 『金沢文庫研究』八巻—九号 |
| 一三八六 | 至徳3 | 3・29 | 足利氏満、比企郡高坂郷を理常大姉の素願により鹿王院に寄進。 | 「鹿王院文書」市史2—六一〇 |

| 西暦 | 年号 | 月 | 日 | 事項 | 出典 |
|---|---|---|---|---|---|
| 一三八六 | 至徳3 | 6 | 26 | 足利氏満、古河で小山義政の子若犬丸と戦う。 | 『鎌倉九代後記』8―二八九頁 |
| 一三九六 | 応永3 | 2 | 13 | 小山若犬丸、小山城に入る。足利氏満古河城に出陣、二十八日若犬丸奥州へ退散。 | 『鎌倉九代後記』8―二八九頁 |
| | | 10 | 18 | 日光輪王寺に新御堂（行田市門井）の別当秀幸（第一巻書写）ら埼玉関係寺院等の僧五十五名が書写した大般若経が奉納される。 | 「輪王寺応永三年大般若経奥書」9―三一一―一一八～一七二 |
| | | | | 五世日叡の頃、上田氏は日蓮宗に帰依したという。 | 『日晴記』『大田区史』社寺編1―九五頁 |
| 一四一六 | 応永23 | 10 | 2 | 足利満隆・上杉禅秀、鎌倉を襲撃、鎌倉公方足利持氏敗走。 | 『鎌倉九代後記』8―二九一頁 |
| | | 12 | 6 | 上田上野介法名貴道、鎌倉六本松にて討死。 | 『鎌倉大草紙』8―五六頁、『浄蓮寺過去帳』 |
| | | 12 | 21 | 上杉憲方、江戸・豊島・二階堂等と入間川に戦い敗走。 | 『鎌倉大草紙』8―五八頁 |
| 一四一七 | 応永24 | 1 | 1 | 足利満隆・氏憲ら江戸・豊島の兵を相模世谷原に破る。 | 『鎌倉大草紙』8―六〇頁、 |
| | | 1 | | 武州白旗一揆など二日庁鼻和陣、四日村岡陣、五日高坂陣、六日入間河原陣、八日久米河陣、九日関戸陣、十日飯田陣、十一日鎌倉と供奉。 | 「別府尾張入道代内村勝久着到状」5―六八九 |
| 一四一八 | 応永25 | 3 | 28 | 安保信濃守宗繁・満春は岩田郷や大路沢村（東秩父村）等の所領が藤田修理亮らに横領されていると訴え、幕府が横領を止めるよう沙汰す。 | 「足利持氏御判御教書」5―六九七 |
| 一四二一 | 応永28 | 9 | 28 | 吉見範直、甲州へ発向。 | 『鎌倉大日記』7―八六四頁 |
| 一四二六 | 応永33 | 8 | 1 | 武州一揆、足利持氏に合わせ、秩父口より甲斐に乱入。 | 『鎌倉大草紙』8―六六頁 |
| 一四三四 | 永享6 | 10 | 21 | 前長門守宗員、寄居町藤田聖天社に護摩供養分などとして極楽寺乗圓坊居屋敷年貢と夫役計四貫四百文を寄進する。 | 「前長門守宗員寄進状」5―七七八 |
| 一四三六 | 永享8 | | | 足利成氏古河城に入る。 | 『鎌倉大草紙』8―六九頁 |
| | | 7 | 26 | 竹沢郷西方など、藤田美作守宗員の後家に安堵。 | 「足利持氏御判御教書」5―七八六 |
| 一四三八 | 永享10 | 8 | 29 | 〔永享の乱〕幕府、上杉憲実の報により足利持氏の追討。 | 『鎌倉大草紙』8―七四頁 |
| 一四三九 | 永享11 | 2 | 10 | 上杉憲実、鎌倉永安寺に足利持氏を攻める。持氏自害。 | 『鎌倉大草紙』8―八一頁 |
| 一四四〇 | 永享12 | 7 | 1 | 一色伊予守、武州北一揆と須賀土佐入道の宿城を攻める。 | 『鎌倉大草紙』8―八六頁 |
| | | 7 | 3 | 庁鼻和上杉性順・長尾景仲成田館を攻囲、一色伊予守と合戦。 | 『鎌倉大草紙』8―八六頁 |
| | | 7 | 4 | 一色伊予守、荒川を越え村岡河原に進出、上杉性順（憲信）、毛呂三河守等に敗退。 | 『鎌倉大草紙』8―八六頁 |
| | | | | 長棟庵主（関東管領上杉憲実）は神奈川を発ち、野本・唐子に逗留し、八月九日小山荘祇園城に着く。 | 『鎌倉大草紙』8―八六～八七頁 |

| 西暦 | 年号 | 月日 | 事項 | 出典 |
|---|---|---|---|---|
| | | 7・29 | 〔結城合戦〕上杉清方・長尾景仲等、結城城を囲む。 | 『鎌倉大草紙』8—八七頁 |
| 一四四一 | 嘉吉1（2・17） | 4・16 | 結城城落城。結城氏朝討死。春王・安王・永寿王捕えられる。 | 『鎌倉大草紙』8—九〇頁 |
| | | 4 | 結城方の慈光寺井上坊・吾那次郎等、古河城にて討死。 | 『鎌倉大草紙』8—九二頁 |
| 一四四九 | 文安6 | 1 | 足利持氏の遺児永寿王(成氏)赦免され、関東管領となる。 | 『鎌倉大草紙』8—九八頁 |
| | 宝徳1（7・28） | 6・19 | 藤田美作守宗員後家紀春、竹沢地内の所領を円覚寺に寄進。 | 「上杉憲忠奉書」5—八二一 |
| | | 9・9 | 足利成氏鎌倉に入り、上杉憲実八月二十六日に伊豆へ落ちる。 | 『鎌倉大草紙』8—九九頁 |
| 一四五〇 | 宝徳2 | 10 | 幕府、足利成氏と上杉憲忠・長尾景仲・太田資清和睦。 | 『鎌倉大草紙』8—一〇三、別4—一一〇頁 |
| 一四五二 | 宝徳4 | 4・16 | 山田伊賀守経光、横浜瀬谷区妙光寺に銅鐘奉納。 | 「妙光寺銅鐘銘」『東松山の歴史』上巻 |
| 一四五三 | 享徳2 | 4・10 | 足利鑁阿寺領比企郡戸守郷代官十郎三郎、尾美野(小見野)・八林用水を戸森郷で止めているという訴えにその顛末を記し、その事実はないと伝える。 | 「十郎三郎目安案」5—八三六 |
| | | 12・15 | 足利成氏、先例に任せ、浄光明寺領男衾郡和田郷等に役夫工米等の諸公事課役等を免除。 | 「足利成氏御判御教書」5—八四二 |
| 一四五四 | 享徳3 | 12・27 | 足利成氏の将、結城成朝・武田信長・里見義実・印東等鎌倉西御門の上杉憲忠の屋敷に攻めよせ、上杉憲忠を討殺。 | 『鎌倉大草紙』8—一〇八頁 |
| | | 12・28 | 立川原合戦はじまる。鎌倉公方の軍勢が山内上杉を追捕。扇谷上杉持朝・長尾景仲（昌賢）・太田道真らは相州島川原(平塚市)に寄せる。 | 「筑波潤朝軍忠状写」5—八五〇 |
| 一四五五 | 享徳4 | 1・6 | 鎌倉公方勢は武田信長・一色宮内大輔を大将に、鎌倉を出陣。 | |
| | | 1・14 | 足利成氏、豊嶋泰景・泰秀に参陣を求める。 | 「足利成氏軍忠催促状」5—八四三他 |
| | | 1・22 | 上杉氏憲（禅宗）の子・上杉憲顕、池上（大田区）で討死。 | 「上杉系図」『群書類従』巻一五三 |
| | | 1・21〜22 | 足利成氏府中高安寺に在陣。上杉房顕・長尾景仲等の兵と立川・府中・分倍河原、高幡に戦う。この時、将軍家からは上杉禅宗の子・上杉憲顕が下向し、千葉介胤直とその弟賢胤は禅秀の姻戚のために上杉に味方し、成氏追討軍に加わるという。上杉憲顕が深手を負って、池上（一説に高幡寺）で自害する等上杉側大敗。常陸小栗城に敗退。 | 「足利成氏書状写」5—八七五 『鎌倉大草紙』8—一〇九〜一一一頁 『鎌倉大日記』 |
| | | | 庁鼻和性順、古河城の向城として崎西城取り立て。鎌倉大草紙には長尾景仲など崎西郡に引き退きて陣を取るとある。 | 『新編埼玉県史』通史2—三九九頁 『鎌倉大草紙』8—一一一頁 |
| | | 2・18 | 村岡御陣。 | 「赤堀政綱軍忠状写」5—八八五 |
| | | 3・3 | 古河へ進攻。 | |
| | | ④・8 | 岩松持国、榛澤郡新開郷の闕所地を望み、足利成氏證判する。 | 「岩松持国闕所地注文写」5—八五四 |

| | | | | | |
|---|---|---|---|---|---|
| | | 5 | 14 | 大袋原（川越市）合戦。 | 「上杉房顕感状」5―八四七 |
| | | 5 | 18 | 足利成氏、村岡陣以来の在陣の赤松下野守時綱の労を賞し、所領安堵。 | 「足利成氏感状」5―八六〇 |
| | | 6 | 2 | 小山在陣の足利成氏、武州の凶徒退治のため岩松持国の出陣を求める。 | 「足利成氏書状写」5―八六一 |
| | | 6 | 16 | 将軍家、今川範忠を大将として鎌倉に足利成氏を攻める。御所をはじめ、社寺悉く焼き払い、鎌倉は亡所となるという。足利成氏菖蒲に落ち、古河に敗走、下川辺城に立て籠もり、関宿城に簗田持助、野田城に野田氏を籠める。 | 『鎌倉大草紙』8―一一一～一一二頁 |
| | 康正1（7・25） | 6 | 24 | 足利御陣。 | 「赤堀政綱軍忠状写」5―八八五 |
| | | 7 | 9 | 小山御陣。 | |
| | | 9 | 3 | 足利成氏、那須資持に武州上州の情勢と武州合戦に備え準備を伝える。 | 「足利成氏書状写」5―八六五 |
| | | 10 | 15 | 宇都宮合戦 | 「赤堀政綱軍忠状写」5―八八五 |
| | | 12 | 3 | 武州須賀合戦。横瀬信濃入道討死、国繁負傷。 | 「足利義政感状写」5―八七一 |
| | | 12 | 11 | 只木山に楯籠もった上杉勢を破る。 | 「赤堀政綱軍忠状写」5―八八五 |
| | | 12 | 6 | （武蔵崎西郡の合戦）足利成氏、庁鼻和性順・上杉房顕・長尾景仲の楯籠もる崎西城を攻める、上杉方惨敗。 | 『鎌倉大草紙』8―一一七頁 |
| 一四五六 | 康正2 | 1 | 16 | 足利成氏、岩松持国に武州・上州出陣に備えるよう伝える。 | 「足利成氏書状写」5―八六六 |
| | | 1 | 25 | 足利成氏、高左京亮に長井辺の武州の敵を退治のため出陣を求める。 | 「足利成氏書状」5―八六八 |
| | | 1 | 27 | 足利成氏、太田庄攻めに備え、岩松持国を上州古戸（太田市）に出陣させる。 | 「足利成氏書状写」5―八六九 |
| | | 1 | 28 | 足利成氏、岩松持国を佐貫庄へ出陣させる。 | 「足利成氏書状写」5―八七〇 |
| | | 2 | 10 | 足利成氏、鷲宮神社に天下泰平・武運長久・凶徒退治などの願文を掲げる。 | 「足利成氏願文」5―八七二 |
| | | 2 | | 長尾尾張守（景棟カ）、越生報恩寺に禁制を出す。 | 「長尾景棟カ禁制」5―八七四 |
| | | 6 | 1 | 権少僧都豪秀、越生郷の是永名内堙上屋敷と良慶が寄進した畠六百文の地並びに、玉川三郎次郎入道一類を禅師頼雲、一期の間譲る。その後は元の如く報恩寺に帰する。 | 「豪秀譲状写」5―八七七 |
| | | 9 | 17 | 足利成氏、上杉房顕の党、庁鼻和上杉性順父子と岡部原に戦う。 | 「足利成氏感状」他5―八七九～八八四 |
| | | 10 | | 人見原合戦 | 『鎌倉大草紙』8―一一七頁 |
| | | | | この年、足利成氏の家老簗田河内守持助が足立郡を制圧、市川城取立。大森氏小田原城取立。庁鼻和性順深谷城取立。 | 『鎌倉大草紙』8―一一七頁 |
| 一四五七 | 康正3 | 4 | | 太田資長（道灌）、江戸城を築く。 | 「江戸城静養軒詩序并江亭記写」8―八〇二頁 |

| | | | | | |
|---|---|---|---|---|---|
| | 長禄1（9・28） | 4 | | この頃、上杉持朝、河越城を築き、太田資長岩付の城を築く。 | 『鎌倉大草紙』8―一一八頁 |
| | | 4 | 13 | 円覚寺塔頭黄梅院領として武蔵州河田村、同植竹郷（さいたま市）、同小玉村（本庄市児玉）が記録される | 「黄梅院領知行注文」5―八八六 |
| | | 6 | 23 | 幕府、渋川義鏡を蕨に遣わし、蕨城を築き在城。上杉房顕を助けて関東を平定。 | 『鎌倉大草紙』8―一一八頁 |
| | | 10 | | 古河城完成、足利成氏古河城へ移る。 | 『鎌倉大草紙』8―一一八頁 |
| | | 12 | | 上杉房顕、五十子に陣を構え、足利成氏と対陣する。 | 『鎌倉大草紙』8―一一九頁 |
| 一四五九 | 長禄3 | 6 | 21 | 将軍足利義政、久下郷内居出庄等を久下重国に安堵。 | 「足利義政御判御教書案」5―八九〇 |
| | | 10 | 14 | 上杉房顕、足利成氏と太田荘会下で戦い、上杉教房敗死。房顕は五十子へ引き、持朝は河越に在陣。 | 「足利義政御内書写」5―八九二他<br>「香蔵院珎祐記録」8―一六二頁 |
| | | 10 | 15 | 佐貫庄羽継原（館林市）合戦。 | 「足利義政御内書写」5―八九九～九〇二 |
| 一四六〇 | 寛正1 | 4 | 19 | 将軍足利義政、上杉教房討死を受けて息三郎に足利成氏誅罰を命じる。 | 「足利義政御内書写」5―八九二 |
| 一四六一 | 寛正2 | 10 | 23 | 足利義政、上杉政憲の関東下向について、足利政知・渋川義鏡・上杉持朝等に伝える。 | 「足利義政御内書写」5―九〇九～九一一 |
| 一四六二 | 寛正3 | 2 | 24 | 岡部長門守憲澄、飯能市我野神社を造営する。 | 「我野神社棟札銘」9―一―四―三七 |
| | | 3 | 6 | 足利義政、河越城主上杉持朝の離反を足利政知・越後守護上杉房定に慰留させる。 | 「足利義政御内書写」5―九一四 |
| | | 12 | 7 | 足利義政、上杉持朝に河越庄を預け、知行させる。 | 「足利義政御内書写」5―九二六 |
| 一四六五 | 寛正6 | 12 | 8 | 足利成氏、武州太田口出陣。将軍義政、これを迎え撃つため、今川義忠・武田信昌に出陣を要請したが、遅参の事を咎め、改めて下総口出陣を要請。 | 「足利義政御内書写」5―九三九 |
| 一四六六 | 寛正7<br>文正1（2・28） | 2 | 11 | 足利成氏五十子に出兵。関東管領上杉房顕と対陣。十二日房顕没す。 | 『鎌倉大草紙』8―一二〇頁 |
| | | ② | 4 | 南多賀谷・北根原合戦。 | 「足利成氏感状写」11―五三三 |
| | | 6 | 3 | 上杉房定、五十子難儀に際して、発智六郎左衛門尉(景儀)の参陣を賞す。 | 「上杉房定感状」5―九四一 |
| | | | | 将軍足利義政、上杉龍若（顕定）に房顕の遺領引き継ぎを認める。 | 「足利義政御内書写」5―九四三 |
| | | 10 | 2 | 室町幕府管領畠山政長、将軍御内書により関東管領故上杉房顕の遺領を越後守護上杉房定の子・顕定に与える事を認めると伝える。 | 「畠山政長書状写」5―九四七<br>「細川勝元書状写」5―九四八 |
| 一四六七 | 応仁1（3・5） | 5 | 26 | 京にて応仁の乱起こる。 | 『鎌倉大日記』『新編埼玉県史』別4 |
| | | 9 | 6 | 上杉持朝、河越にて没す。 | 『鎌倉大草紙』8―一二〇頁 |

| | | | | |
|---|---|---|---|---|
| | | | 長尾景仲、上杉顕定を越後より招き、平井城を築き、足利成氏と合戦。その後、鎌倉山内に住む。上杉定正は扇谷に住む。両管領をして足利政知に随うとある。 | 『鎌倉九代後記』8―一二九九頁 |
| | | 11・15 | 足利成氏、玉井・長井・別符などの不参を非難し、長井庄以下の所領を没収し、結城氏広に与える。 | 「足利成氏書状」5―九五二 |
| 一四六八 | 応仁2 | 10・8 | 上野綱取原（伊勢崎市）合戦。 | 「上杉龍若感状写」他、11―五三八〜四〇 |
| 一四六九 | 文明1（4・28） | 11・12 | 高師久、比企郡戸森郷・大里郡小江郷の本領安堵を古河公方に申し出、成氏これに證判を与える。 | 「高師久申状」5―九五九 |
| 一四七一 | 文明3 | 4・13 | 足利義政、越後守護上杉房定の関東出陣を要請する。 | 「足利義政御内書写」5―九六三 |
| | | 4・16 | 足利庄赤見城（佐野市）が攻略され、上杉顕定、この攻略に高名を上げた豊嶋泰景等に感状を与える。 | 「上杉顕定感状」5―九六四他 |
| | | 5・23 | 佐貫庄館林城を攻略。 | 「上杉顕定感状」5―九六五・九六六 |
| | | 6・24 | 長尾景信等、赤見城（四月十五日・佐野市）・樺崎城（同日・足利市）・館林城（五月二十三日・館林市）・舞木城（同日・千代田町）を落とし、この日古河城攻略。足利成氏、千葉に落ちる。 | 『鎌倉大草紙』8―一二五頁、「足利義政御内書写」5―九六八〜九、七一「上杉顕定感状」5―九六四〜六 |
| 一四七二 | 文明4 | 8・16 | 越生下野守季信、越生安楽寺天神社を造立。 | 「安楽寺天神宮棟札銘」9―一―四―三九 |
| | | | 騎西の佐々木氏等、成氏に従い古河城奪回、五十子を攻める。 | 『鎌倉大草紙』8―一二五頁 |
| 一四七三 | 文明5 | 11・24 | 上杉政真、足利成氏と五十子に戦い、敗死。子定正跡を継ぐ。 | 同前 |
| 一四七四 | 文明6 | | 上田上野介在郷の地小河の太田道灌宿所に長尾景春が早朝訪問。 | 「太田道灌書状写」5―一〇〇三 |
| 一四七六 | 文明8 | 3・3 | 駿河の騒乱に乗じ、長尾景春鉢形城に移る。 | 右同、『鎌倉大草紙』8―一二六 |
| | | 6 | 長尾景春、鉢形城に拠り、五十子陣を攻撃。 | 「太田道灌書状写」5―一〇〇三 |
| | | 8 | この年の「江戸城静勝軒詩序并江亭記写」に江戸城は太田道灌築城と記される。 | 「江戸城静勝軒詩序并江亭記写」8―七六九頁 |
| 一四七七 | 文明9 | 1・18 | 長尾景春、五十子で上杉顕定、定正を破る。顕定等、利根川を越え、河内に移陣。豊嶋泰経・泰明は石神井城、練馬城取立。 | 「太田道灌書状写」5―一〇〇三『鎌倉大草紙』8―一二六頁 |
| | | 3・18 | 溝呂木城自落。小磯城、小沢城攻略。 | 「太田道灌書状写」5―一〇〇三 |
| | | 3 | 太田道灌、長尾景春と戦い、上田上野介らに河越城を守らせる。 | 「太田道灌書状写」5―一〇〇三 |
| | | 4・10 | 長尾方の矢野兵庫助、河越城を攻める為、苦林に在陣。河越城将の上田・太田氏等は、勝呂原（坂戸市）で矢野兵庫助等を破る。 | 『鎌倉大草紙』8―一二七頁「太田道灌書状写」5―一〇〇三 |

| 西暦 | 和暦 | 月 | 日 | 事項 | 出典 |
| --- | --- | --- | --- | --- | --- |
| | | 4 | 13 | 太田道灌、石神井城・練馬城を攻める。二十八日外城攻略。 | 「太田道灌書状写」5―一〇〇三 |
| | | 5 | 13 | 太田道灌、上杉顕定・定正を五十子に迎え、景春を用土原に破る。 | 「太田道灌書状写」5―一〇〇三 |
| | | 7 | | 古河公方足利成氏の上野出陣に際し、上田上野介は太田道灌を助け、上杉顕定・定正軍の白井城への撤退を図る。 | 『鎌倉大草紙』8―一二七頁 |
| 一四七八 | 文明10 | 11 | 11 | 応仁の乱終わる。 | 『新編埼玉県史』別編4 |
| | | 1 | 1 | 両上杉と長尾景春の和議の話あり、戦やむ。二日和睦。成氏成田に退く。 | 『鎌倉大草紙』8―一二八頁、5―一〇〇三 |
| | | 1 | 24 | 上杉定正、太田道灌と共に河越城へ帰城。 | 『鎌倉大草紙』8―一二八頁・同左 |
| | | 1 | 25 | 太田道灌平塚城攻略。 | 「太田道灌書状写」5―一〇〇三 |
| | | 2 | 9 | 扇谷上杉定正軍河越・吉見口へ進出。太田道灌は小机城を攻める。 | 「足利成氏書状」5―九九〇 |
| | | 4 | 10 | 太田道灌、小机城を攻略。 | 「太田道灌書状写」5―一〇〇三 |
| | | 7 | 13 | 上杉定正、河越を上旬に立ち、井草を経て、この日青鳥に寄陣。 | |
| | | 7 | 17 | この日荒川を越え、鉢形と成田の間に張陣し、景春陣に向かったところ、景春退散。この隙に公方は古河へ帰陣。道灌は成田に張陣。上杉顕定の榛澤帰着を待つ。榛澤に陣を構える場所が無いと言うので鉢形城が最適と進言。 | 「太田道灌書状写」5―一〇〇三 |
| | | 7 | 18 | 太田道灌、長尾景春を鉢形城に攻め敗走させる。足利成氏、上杉顕定と和睦、古河城へ入る。顕定鉢形城入城。道灌は成田に張陣。 | 「太田道灌書状写」5―一〇〇三<br>『鎌倉大草紙』8―一二八頁 |
| | | 11 | 24 | (この頃)上田左衛門尉(宗伝)、下人打ち殺しなどについて、不満を述べる。 | 「長尾忠景書状」6―三六 |
| | | 12 | 10 | 下総境根原（柏市）合戦。 | 「足利成氏感状」5―九九七 |
| 一四七九 | 文明11 | 1 | 8 | 古河公方、境根原合戦での安保中務少輔(氏泰)の勲功を賞す。 | 「足利成氏感状」5―九九七 |
| | | 7 | 15 | 太田道灌、下総臼井城攻略、この時鴻台城を築く。 | 『鎌倉大草紙』8―一三〇頁 |
| | | 8 | 9 | 矢野安芸守等、上野円光寺の銅鐘を、鎌形八幡社に寄進。 | 「浄蓮寺銅鐘銘」市史2―六七九 |
| | | ⑨ | 24 | 古河公方、別府宗幸に上杉顕定に合力し、成田と相談し、忍城用心に油断無きようにと指示する。長尾景春は長井城へ楯籠もる。 | 「足利成氏書状」5―九九八 |
| | | 11 | 28 | 太田道灌、河越を出る。金鑽談所に十二月十日に着陣予定。 | 「太田道灌書状写」5―一〇〇三 |
| | | 12 | 29 | 太田道灌、金鑽で成田の危機を聞き、久下移陣。忍城の成田顕泰に合力。 | |
| 一四八〇 | 文明12 | 1 | 4 | 長尾景春、児玉で蜂起。道灌は六日塚田・十三日沓掛にはいる。夜飯塚の景春陣を攻める。 | 「太田道灌書状写」5―一〇〇三 |
| | | 1 | 20 | 太田道真、越生で長尾景春を破る。 | 「太田道灌書状写」5―一〇〇三 |

| 西暦 | 和暦 | 月 | 日 | 事項 | 出典 |
| --- | --- | --- | --- | --- | --- |
| | | | | 太田道灌、竹沢・高見（小川町）の間に在陣。 | 「太田道灌書状写」5−一〇〇三 |
| | | 2 | 6 | 長尾景春、敵が長井要害へ二回に亘り攻撃してきたが、城方が勝利し、敵は手負い死人数百人を出したと西谷右馬頭に伝える。 | 「長尾景春書状写」11−五六七 |
| | | | | その後太田道灌、長井要害攻略。 | 「太田道灌書状写」5−一〇〇三 |
| | | 3 | 18 | 上杉房定、江口能親の秩父郡内在陣を賞す。 | 「上杉房定感状写」5−一〇〇一 |
| | | 6 | 13 | 道灌、秩父御陣に参陣。 | 「太田道灌書状写」5−一〇〇三 |
| | | 6 | | 太田道灌は日野城（秩父市）を陥す。長尾景春敗退。 | 「太田道灌書状写」5−一〇〇三 |
| | | 11 | | 上田上野介、かねてから多比良治部少輔の所領につき上杉顕定に訴える事あり果たせず、太田道灌を訪ね談合する。 | 「太田道灌書状写」5−一〇〇三 |
| 一四八一 | 文明13 | 4 | | 矢野安芸守寄進の鎌形八幡社（嵐山町）の銅鐘、浄蓮寺へ寄進される。 | 「浄蓮寺銅鐘銘」市史2−六七九 |
| 一四八五 | 文明17 | 10 | 2 | 万里集九、江戸城に太田道灌を訪ねる。 | 『梅花無尽蔵』8−七七五頁 |
| 一四八六 | 文明18 | 6 | 10 | 万里集九、太田道灌と共に越生の太田道真の自得軒を訪問。 | 『梅花無尽蔵』8−七七〇頁 |
| | | 7 | 26 | 上杉定正、糟屋館にて道灌を誅す。河越には曽我兵庫頭、江戸城には曽我豊後守を置く。 | 『鎌倉九代後記』8−三〇〇頁 |
| | | | | 上杉顕定は定正の援軍として高見に出陣。 | 「上杉定正状写」5−一〇一九 |
| 一四八七 | 長享1 （7・20） | ⑪ | | 上杉顕定・定昌（越後守護）の扇谷上杉家に通じた長尾房清の下野国足利勧農城攻めを契機として、長享年中の大乱起る | 通史編2−四四〇頁 |
| 一四八八 | 長享2 | 2 | 5 | 上杉定正、実時原で上杉顕定に勝利。 | 「上杉定正書状写」5−一〇一九 |
| | | 2 | 9 | 上杉顕定、実蒔原合戦での赤堀上野介の勲功を賞す。 | 「上杉顕定書状」5−一〇一一 |
| | | 6 | 2 | 秩父札所三十三ヶ所番付が小鹿野法性寺に残される。 | 「秩父札所長享番付」9−一−二−一五五、鉢二−121 |
| | | 6 | 7 | 上杉定正、勝呂に在陣。 | 「上杉定正書状写」5−一〇一九 |
| | | 6 | 8 | 松山で両上杉合戦。『続本朝通鑑』には山内上杉が松山にて合戦。 | 『関東管領記』『続本朝通鑑巻一七五』 |
| | | 6 | 18 | 〔須賀谷原の合戦〕扇谷上杉定正・朝良・足利政氏・長尾景春対山内 | 『鎌倉九代後記』8−三〇一頁 |
| | | | | 上杉顕定・憲房・長尾景長。顕定等退く。 | 『梅花無尽蔵』8−七八四頁 |
| | | 8 | 17 | 万里集九、太田資康の平沢陣を訪ねる。 | 『梅花無尽蔵』8−七八四頁 |
| | | 9 | 26 | 万里集九、須賀谷を発ち、鉢形に向かう。 | 『梅花無尽蔵』8−七八六頁 |
| | | 11 | 15 | 高見原の合戦（扇谷上杉定正対山内上杉顕定）顕定等退く。 | 『梅花無尽蔵』8−七八七頁他 |
| | | | | 上田中務丞、鷹野（高見）原にて討死。 | 『本土寺過去帳』 |
| | | 11 | 23 | 御所様（足利政氏）、横田（小川町）在陣と記し、顕定これを討つため参陣を中条定房に要請する。 | 「上杉顕定書状」5−一〇一五 |

| | | | | |
|---|---|---|---|---|
| | | 12・3 | 須賀谷で両上杉再び合戦。 | 『鎌倉大日記』国立公文書館デジタルアーカイブ資料 |
| | | 12・19 | 扇谷上杉は横田陣、山内上杉は児玉陣にありと記される。 | 『梅花無尽蔵』8—七八七頁 |
| 一四八九 | 長享3 | 12・8 | 越生下野守季信、越生安楽寺天神社を再建。 | 「安楽寺天神宮棟札銘」9—一—四—四一 |
| 一四八九 | 延徳1 | 3・1 | 長享年中の大乱の事などについて記述している。 | 「上杉定正書状写」5—一〇一九 |
| | (8・21) | 12・2 | 浄蓮寺第二世日詮没。 | 『浄蓮寺過去帳』 |
| 一四九〇 | 延徳2 | 4 | 岡部新三郎員忠、飯能市熊野宮を再興する。 | 「我野神社棟札銘」9—一—四—四二 |
| | | 9・13 | (この年カ)小沢河原(多摩市)合戦で上杉定正勢勝利。一両日中に鉢形近在へ出陣。 | 「上杉定正書状」11—六〇九 |
| | | 10・20 | (この年カ)上杉顕定は笠原(鴻巣市)在陣、上杉定正は箕田(鴻巣市)在陣。 | 「上杉顕定書状写」11—六一〇 |
| | | 12 | 山内上杉氏と扇谷上杉氏が和睦。古河公方足利政知、忍城から古河城へ帰座。 | 『鎌倉大日記』 |
| 一四九一 | 延徳3 | 4・3 | 堀越公方・足利政知、茶々丸に攻められ自害。伊勢長氏、茶々丸を攻め自害させると記される。 | 『鎌倉大日記』 |
| | | 10・25 | 上田叡朝没。 | 『浄蓮寺過去帳』 |
| | | | この頃、扇谷上杉氏松山城築城。 | 『松陰私語』8—二七五頁 |
| 一四九二 | 明応1 | 2・2 | 太田道真没。 | 『寛政重修諸家譜』 |
| 一四九三 | 明応2 | 9 | 伊勢宗瑞、駿河から伊豆へ進攻。 | 『妙法寺記』『勝山記』 |
| 一四九四 | 明応3 | 7・21 | 両上杉の争乱再発。 | |
| | | 8・15 | 上杉顕定、関戸城を攻め攻略。 | |
| | | 9・19 | 山内側の玉縄城落城、矢野右馬助討死。伊勢宗瑞越山す。 | 『石川忠総留書』8—四九七頁 |
| | | 9・28 | 伊勢宗瑞、扇谷へ合力、武州打入久米川着陣、定正と対面。 | 『松陰私語』8—二七五頁 |
| | | 10・2 | 伊勢宗瑞は塚田在陣、藤田・小前田在陣の顕定と対陣。 | 「足利政氏書状」戦古—三四九 |
| | | 10・3 | 赤浜で定正頓死。(護国院殿大通範亭四九歳) | 『鎌倉大日記』 |
| | | | 伊勢宗瑞は暫く高坂在陣、則足立進陣。 | |
| | | | この頃、上杉顕定勢は須賀谷旧城を再興する。 | |
| 一四九五 | 明応4 | 9 | 伊勢宗瑞、小田原城を攻略。 | 『鎌倉大日記』 |
| | | 11・26 | 岡部新三郎員忠を大旦那、平沼兵衛次郎重政を修造奉行、大工小室藤三郎、鍛冶中沢次郎五郎政広として我野神社を造営。 | 「我野神社棟札銘」9—一—四—四六 |
| 一四九六 | 明応5 | 1・20 | 上田河内守叡本没。 | 『浄蓮寺過去帳』 |

| 西暦 | 和暦 | 月日 | 事項 | 出典 |
|---|---|---|---|---|
| 一四九七 | 明応6 | ② | 足利茶々丸、甲斐国正覚庵（富士吉田市）へ移り、駿河進出を図る | 「勝山記」『山梨県史資料編』6 |
| | | 5 | 上杉顕定、足利政氏を奉じ武蔵柏原に陣し、上杉朝良と戦う。 | 『狭山市史』中世資料編 |
| | | 7・4 | 顕定、長尾左衛門尉伊玄の相模西郡の陣城等を攻略。 | |
| | | 7 | 上杉顕定勢は伊勢弥次郎、大森藤頼・刑部大輔、上田名字中、三浦、太田六郎右衛門尉等の要害攻略。「西郡一変」という。 | 「上杉顕定書状」6－一四 |
| | | | 上田左衛門尉、相模実田城に拠り、上杉顕定軍と合戦。この時、足利政氏が出陣したので、その警護の為、庁鼻和三郎・同蔵人大夫・上州一揆等を差し置いたと越後守護代の長尾能景に伝える。 | 『妙法寺記』にも記録有り |
| | | 11・23 | 上田（左衛門尉）宗伝没、（上田内）秀幸没。 | 『浄蓮寺過去帳』 |
| | | | 上杉顕定、上戸に陣し、足利政氏を招き在陣。政氏数ヶ月在陣し帰るという。顕定以後七年間陣を置く。 | 『新編埼玉県史』通史2－四四五頁<br>『松陰私語』8－二七五頁 |
| | | 夏 | この年の詩軸に「岩付自耕斎正等（岩付左衛門尉顕泰養父）文明の頃、岩付城築城」と記す。 | 「自耕斎詩軸并序」関東禅林詩文集抄録<br>『信濃史料』第十巻 |
| | | 9・30 | 前古河公方足利成氏没（乾亨院殿久山道昌六十七歳）。 | 『鎌倉九代後記』8－三〇二頁 |
| 一四九八 | 明応7 | 7・5 | 阿那志村（美里町）円福寺僧裕重は桜沢雅楽助入道性善夫妻を本願主として大般若経を書写。 | 「長久寺明応七年大般若経奥書」9－三一一－二四四～二五九 |
| | | 8 | 伊勢宗瑞、茶々丸を自害させる。 | 黒田基樹『山梨県史』通史編中世七－一－一 |
| 一四九九 | 明応8 | 10・16 | 足利政氏と両上杉和睦。政氏古河に帰座 | 『戦国時代年表』後北条氏編 |
| 一五〇二 | 文亀2 | 7・24 | 上戸は山内の陣所と伝える。連歌師宗祇、相模の守護代上田の館で連歌千句を興行。 | 「宗祇終焉記」『川越市史』中世Ⅱ<br>『再昌草』市史2－七二八 |
| | | | 足利政氏、上杉顕定を援け上戸に出陣、在陣数ヶ月に及ぶも病にてに帰座。 | 『松蔭私語』8－二七五頁 |
| 一五〇四 | 永正1（2・30） | 8 | 両上杉の争乱再発。 | 『石川忠総留書』8－四九七頁 |
| | | 8・21 | 上杉顕定、上戸陣から仙波陣に移り、上杉朝良の河越城に迫る。 | 『鎌倉九代後記』8－三〇二頁 |
| | | 9・6 | 顕定が河越仙波陣から江戸にむけ進軍、白子に着陣。 | 『石川忠総留書』8－四九七頁 |
| | | 9・18 | （この年カ）横瀬宗功、坂田備前守に深谷国済寺の小屋を攻略した高名に対して、川向に一所宛行うところであるが、場所が無い事、朝駆けを致し、川向の道を遮断するなどの動きをするよう要請する。 | 「横瀬宗功書状」6－九四 |
| | | 9・20 | 扇谷上杉・伊勢宗瑞・今川氏親は、立川着陣。上杉顕定と合戦。 | 『石川忠総留書』8－四九七頁 |
| | | 9・25 | 上杉顕定、大森顕隆に上杉朝良・今川氏親・伊勢新九郎と対陣を伝え、公 | 「上杉顕定書状写」6－四六 |

| 西暦 | 和暦 | 月日 | 事項 | 出典 |
|---|---|---|---|---|
| | | | 方足利政氏も出陣するので急ぎの出陣と武田信虎への連絡を要請する。 | |
| | | 9・27 | 上杉朝良、顕定と立河原に戦う。今川氏親、伊勢宗瑞、朝良を助け、上杉顕定は討死二千余人を出し、鉢形城に敗走。 | 『宗長手記』8—七四一頁、『鎌倉九代後記』8—二〇一頁、「上杉顕定書状」6—四六 |
| | | | 毛呂土佐守入道幻世(顕季)は立川原合戦の死者を慰霊する為、百万遍念仏のための鉦を造る。その銘文に「為百面念仏所求之鐘四十八ケ武刕立川原合戦々死不知員依之思立者也・永正元年甲子九月廿七日毛呂土佐入道幻世」と陰刻される。 | 「永正元年名鉦銘文」9—一一一四 |
| | | | 『松陰私語』では「顕定負合戦也」鉢形城へ撤退と記す。 | 『松陰私語』8—二七六頁 |
| | | 10 | 上杉顕定、河越を囲み、再び戦う。上杉憲房・房能、長尾能景同陣。 | 『鎌倉九代後記』8—二〇一頁 |
| | | 11・26 | (この年カ)河越府川口(入間川と越辺川合流点付近カ)で合戦。 | 「上杉顕定書状写」6—六五 |
| | | 12・1 | 上杉朝良、上戸陣を攻める。長尾弥五郎以下百人討死。 | 『石川忠総留書』8—四九八頁他 |
| | | | 上杉房顕椚田要害攻略 | 「上杉房能感状」12—一一四 |
| | | 12・26 | 上杉顕定、実田要害を攻落。上田備前守朝直討死。『松陰私語』では上田上野守とする。 | 『続本朝通鑑』一七七、『石川忠総留書』8—四九七頁、『松陰私語』8—二七六頁 |
| | | | 上田備前守(朝直)法名行本・同息妙寿没 | 『浄蓮寺過去帳』 |
| 一五〇五 | 永正2 | 3 | 上杉顕定、朝良を河越城に囲む。和睦し、朝良江戸城に退隠。顕定須賀谷に移陣(四月)。 | 「上杉顕定書状」6—五一、『鎌倉九代後記』8—二〇二頁 |
| | | 12 | 上杉憲顕の子、憲定(法名朗俊・日蓮宗九世日純父・上田氏親類)没。 | 「上杉系図」『群書類従』巻一五三 |
| 一五〇六 | 永正3 | 4・23 | 古河公方足利政氏と足利高基が抗争。永正の乱起こる。 | 『史料綜覧』巻九—一六七頁「年代記配合抄」 |
| 一五〇九 | 永正6 | 6・23 | 政氏と高基和睦。その後、伊勢宗瑞が相模に進攻。 | 『戦国時代年表』後北条氏編 |
| | | 7・28 | 上杉顕定・上杉憲房、越後へ出陣し長尾為景と合戦。為景西浜へ敗走。 | 「上杉可諄(顕定)書状写」6—五七他 |
| | | 8・11 | 宗長、勝沼(青梅市)の領主三田弾正忠氏宗の館に着く。 | 『東路のつと』8—七四三頁 |
| | | 8・14 | 上杉朝良・足利政氏と高基父子が和談と伝える。 | 「上杉建芳書状写」12—一二六他 |
| | | 8・15 | 三田氏宗・政定父子は宗長と共に長尾顕方の鉢形逗留の館に着く。翌日長井に宿す。翌日利根川を渡船、新田の庄岩松尚純の所に滞在し、後に又戻って、忍の成田顕泰の所に宿す。 | 『東路のつと』8—七四三頁 |
| | | 10カ | 宗長、鉢形を出て須賀谷の小泉掃部助の宿所に一泊。その後勝沼、江戸上杉朝良館に逗留して十二月初めに鎌倉に入る。 | 『東路のつと』8—七四四頁 |
| 一五一〇 | 永正7 | 5 | 伊勢宗瑞、関東進攻開始、豹徳斎等、上杉顕定を助け出陣。 | |
| | | 6・12 | 上杉顕定、伊勢宗瑞の武蔵出陣、椚田要害自落。太田庄での戦火。長尾伊玄 | |

| | | | | |
|---|---|---|---|---|
| | | | (景春)等再び背き津久井城に拠り、宗瑞へ味方した事等を伝え、鉢形や忍城での防備に怠り無い事など、細かな考えを述べる。上杉憲房、長尾為景を討ち果たして直ぐに関東に帰陣するので、それまで守るように長尾景長につたえる。 | 「上杉可諄書状」6―六三 |
| | | 6 20 | 上杉可諄(顕定)長森原合戦で討死。(海龍寺可諄皓峯五十七才) | 「上杉憲房書状写」6―六六他 |
| | | 7 | 上杉朝良家臣上田蔵人入道(政盛)、長尾景春・長尾為景と共に伊勢宗瑞を助け権現山城に拠る。上杉憲房・朝良、成田・藤田・大石・渋江・南一揆等引き連れ、十一日から権現山城を攻め、十九日これを攻略。上田氏逐電。又、松山城の事について御内書が下されお礼申し上げたと記す。 | 『続本朝通鑑』一七八<br>『鎌倉九代後記』8―三〇三頁 |
| 一五一一 | 永正8 | | 古河公方の弟、上杉顕定の遺言により養子になる。顕実と名乗り鉢形城に住す。 | 『鎌倉九代後記』8―三〇四頁 |
| | | 11 8 | 上杉朝良と伊勢宗瑞和談。 | 「福島範為書状」6―六八 |
| 一五一二 | 永正9 | 6 3 | 平井城在城の山内上杉憲房が上杉顕実を鉢形城から逐う。 | 「上杉建芳書状」6―六九 |
| | | 6 18 | 足利政氏、高基との内訌により古河城を追われ、小山政長を頼る。 | 『年代記配合抄』北区史2―一四六 |
| | | 6 19 | 上杉朝良、某へ鉢形在城の上杉顕実と平井城在城の上杉憲房の和睦不成立を伝える。 | 「上杉建芳書状」6―六九 |
| | | 7 7 | 足利政氏と高基の内訌再発。政氏、小山祇園城へ入る。 | 「足利政氏書状」6―七三 |
| | | | 足利城主長尾景長、成田下総守(顕泰)一跡等を横瀬国經に与えるという高基の決定を伝える。 | 「長尾禅香(景長)書状」6―七四 |
| | | 8 12 | 「岡崎台合戦」三浦道寸、伊勢宗瑞に岡崎城を攻略され敗走。この時、伊東へ感状を与える。 | 「伊勢宗瑞・伊勢氏綱連署判物」戦北―二四 |
| | | 8 19 | 伊勢宗瑞、当麻宿に制札を掲げる。 | 「伊勢宗瑞制札」戦北―二五 |
| | | 9 5 | 「椙山之陣以来、相守憲房走廻之条、神妙之至候、謹言」とある。(杉山陣は六月の時カ、これより以前、杉山城築城カ。) | 「足利高基書状写」戦古―六〇六 |
| 一五一三 | 永正10 | 1 29 | 伊勢宗瑞、三浦道寸が鎌倉周辺で合戦。三浦道寸三崎城へ敗走。 | 「遊行歴代譜」小一―五四〇 |
| 一五一四 | 永正11 | 5 | 上杉建芳の重臣、太田永厳カが相模西郡に進攻、制札を掲げる。 | 「太田永厳カ禁制写」12―七〇 |
| | | 8 24 | 長尾伊玄(景春)没す。 | 『史料綜覧』巻九―三〇〇頁 |
| 一五一五 | 永正12 | ② 22 | 戸森郷(川島町)代官希宥、鑁阿寺に度々の不作で百姓困窮のため救済を依頼する。 | 「希宥注進状」6―七八 |

| | | | | |
|---|---|---|---|---|
| 一五一六 | 永正13 | 7 11 | 伊勢宗瑞、新井城を攻め、三浦義意討死。 | 『年代記配合抄』北区史2―一四六 |
| | | 12 27 | 足利政氏、高基と抗争し下野祇園城から岩付城に移る。 | 『史料綜覧』巻九―三三〇頁 |
| 一五一八 | 永正15 | 2 3 | 伊勢宗瑞、再び当麻宿へ進攻し、制札を掲げる。 | 「伊勢宗瑞制札」戦北三四 |
| | | 4 21 | 上杉建芳（朝良）没。足利政氏が岩付城を出て、甘棠院に隠遁。 | 「足利道長書状写」12―八二他 |
| | | 7 | 足利義明、小弓城に拠る。 | 『戦国時代年表』後北条氏編 |
| | | 12 26 | 上田能登守蓮忠没。 | 『浄蓮寺過去帳』 |
| 一五一九 | 永正16 | 8 15 | 伊勢宗瑞没。 | 『石川忠総留書』8―四九八頁 |
| | | | 上田上野入道源正忠（宗詮）の神奈河の城へ教訓に日純出向。 | 『東松山市の歴史』上五〇四頁 |
| 一五二〇 | 永正17 | 5 13 | 上田上野入道正忠没。 | 『浄蓮寺過去帳』 |
| | | 8 | 神川町の丹生神社に阿須和明神に真下蔵人入道全能奉納の棟札がある。 | 「丹生神社棟札銘」9―一一四―六〇 |
| 一五二一 | 大永1 （8・23） | 8 28 | 関東管領山内上杉憲房、扇谷上杉朝興の河越城を攻略。 | 『妙法寺記』 |
| | | 10 10 | 青梅市天寧寺の銅鐘に「大旦那平朝臣将門之後胤三田弾正忠政定」と追刻される。 | 「天寧寺銅鐘銘」9―一一―一二三 |
| | | 11 3 | 上田藤六法名妙行、子息妙定没。 | 『浄蓮寺過去帳』 |
| | 大永2 | 1 16 | 太田資家、岩付城にて没す。 | 『太田家譜』9―四七九頁 |
| | | 2 2 | 太田資正誕生。 | 『年代記配合抄』北区史2―一四六 |
| | | 9 25 | 上田行専没。 | 『浄蓮寺過去帳』 |
| | | 12 3 | 須賀合戦 | 「足利高基感状」6―九六 |
| | | | 須賀合戦の時、横瀬信濃守国経討死。 | 「足利義晴（カ）御内書」6―九七 |
| | | この年 | 伊勢（北条）氏綱、太田道可に岩付城を攻略させる。 | 『年代記配合抄』北区史2―一四六 |
| 一五二三 | 大永3 | 3 12 | 伊勢家（後の北条家）、相州・豆州の宿に伝馬手形を出し、長慶寺（熊谷市中奈良）道者十五人馬四匹の通行を許可する。 | 「伊勢家伝馬手形」6―九八、戦北五五、鉢三―1 |
| | | 夏頃 | 伊勢氏綱、北条と改姓。 | 『北区史』 |
| 一五二四 | 大永4 | 1 3 | 上杉朝興、河越着陣。 | 『石川忠総留書』8―四九八頁 |
| | | 1 10 | 北条氏綱と敵対した上杉朝興、上杉憲房と和解。扇谷上杉氏の代官太田永厳出仕し、羽尾峯で憲房対面。 | 同前 |
| | | 1 13 | 上杉朝興、武蔵高縄原で戦い負ける。上杉朝興、葛西城の太田源六郎資高が北条氏に与し、北条氏綱に江戸城を追われ、十四日に河越城から松山城に移る。十五日、藤田陣に移る。上杉朝興・憲房同陣。 | 『鎌倉九代後記』8―三〇四頁 『石川忠総留書』8―四九八頁 |

| 西暦 | 年号 | 月 | 日 | 事項 | 出典 |
| --- | --- | --- | --- | --- | --- |
| | | 2 | 2 | 岩付城落城。 | 「石川忠総留書」8－四九八頁 |
| | | 3 | 22 | 山田伊賀守直義、法名道存没。道存の五輪塔、安戸山田屋敷跡裏山に所在。 | 『浄蓮寺過去帳』「山田氏一族墓」 |
| | | 3 | 30 | 武田信虎、秩父出陣。上杉憲房と対陣。 | 『王代記』山資6中世3上一八八頁 |
| | | 4 | 1 | 北条氏綱、三月二十日に蕨城攻略し、橋・門を焼き、破却して江戸城へ引き上げる。 | 「足利高基書状」12－九四 |
| | | 4 | 10 | 北条家、当麻宿に伝馬の法を定める。虎印持たざる者伝馬押立べからず。虎印も三日過ぎたら無効。（小田原より毛呂・石戸へ往復の者） | 「北条家制札」6－九九、戦北五九 |
| | | 6 | 8 | 成田親泰没。 | 『龍渕寺年代記』8－四八一頁 |
| | | 6 | 18 | 上杉朝興、河越城再興。太田道可（資頼）帰参。 | 『石川忠総留書』8－四九八頁 |
| | | 7 | 20 | 武田信虎関東出陣、岩付城を攻める。 | 『高白齋記』山資6中世上八四頁 |
| | | 8 | 26 | 北条氏綱、三室郷（さいたま市）に禁制を出す。 | 「北条氏綱制札」6－一〇〇、戦北六一 |
| | | 10 | 10 | 上杉憲房・朝興は毛呂城攻囲。 | |
| | | 10 | 16 | 北条氏綱江戸城出陣、毛呂城救援の為、勝沼（青梅市）に在陣。 | 「北条氏綱書状」6－一〇一、戦北六五 |
| | | 11 | 23 | 勝沼の遠山直景・秩父次郎左衛門の陣所で藤田右衛門佐と小幡氏の仲介で北条氏綱と上杉憲房和議成立、毛呂城は上杉憲房に属すと伝える。 | |
| 一五二五 | 大永5 | 2 | 6 | 北条氏綱、四日に江戸へ出陣し、六日、太田資頼の岩付城を攻略。早速渋江に岩付城を渡す。三千余人討死。九日江戸帰陣。太田資頼（道可）は石戸城へ退く | 「北条氏綱書状」6－一〇三 『本土寺過去帳』、『年代記配合抄』。 |
| | | 2 | 26 | 真理谷城主武田恕鑑（信清）、長尾為景に北条氏綱は同盟を望んでいるが、両上杉からの申し入れもあり、北条と絶って両上杉氏に従う事への助言を求める。 | 「武田恕鑑書状」6－一〇二、 |
| | | 3 | | 北条氏綱は武田氏と和睦し、銭千貫文を贈る。駿河と甲州の和睦なし。 | 『妙法寺記』『勝山記』山資6中世上 |
| | | 3 | 10 | 北条氏綱、長尾為景に岩付城を攻略し渋江に渡し、九日に帰陣。上杉憲寛様が菖蒲城を攻めたが岩付から援軍を出したので勝利出来るだろう。甲州は某に別儀無しというので出羽の通過を依頼したが、長尾に遺恨有りと言う。種々行を尽くして使者が秩父を通過出来る事を願っていると伝える。 | 「北条氏綱書状」6－一〇三、戦北七〇 |
| | | 3 | 23 | 上杉朝興、長尾為景に関東では北条の進攻で壊滅的となっていると伝え援軍を要請する。 | 「上杉朝興書状」6－一〇五、戦北七一 |
| | | | | 三戸義宣、長尾為景に江戸城落城、二月六日には岩付城も落城と伝え、援 | 「三戸義宣書状」6－一〇六 |

| 西暦 | 和暦 | 月 | 日 | 事項 | 出典 |
|---|---|---|---|---|---|
| | | | | 軍を要請する。 | |
| | | 3 | 25 | 関東管領上杉憲房没す。 | 『妙法寺記』 |
| | | 8 | 22 | 白子原合戦に上杉朝興が北条氏綱を破る。八百余人討死。 | 『石川忠総留書』8―四九八頁 |
| | | 12 | 13 | 八王子市浄福寺に大石源左衛門入道道俊、子息憲重を大旦那とする棟札がある。 | 「浄福寺棟札銘」9―一―四―六二一 |
| 一五二六 | 大永6 | 6 | 7 | 河越城主上杉朝興、蕨城を奪回。 | 『蕨市史』資料編1―六二二頁 |
| 一五二八 | 大永8 | 9 | 25 | 毛呂顕繁、毛呂の出雲伊波比神社社殿を造営。 | 「出雲伊波比神社棟札」9―六三 |
| 一五三〇 | 享禄3 | 1 | 3 | 上杉朝興、遠山直景を吾名蜆城（蜆坂カ）に攻め破る。 | 『石川忠総留書』8―四九八頁 |
| | | 1 | 8 | 上杉朝興江戸城攻撃、根古屋を焼き、即河越に帰陣。 | 同前 |
| | | 6 | 15 | 上杉朝興、難波田弾正・上田蔵人等の軍を率いて府中へ出陣、北条氏康と小沢原に対陣し敗退。 | 『鎌倉九代後記』8―三〇四頁<br>『北条記』8―三五九頁 |
| | | 10 | 25 | （この年カ）関東管領上杉憲寛、三富平六に用土新三郎跡の赤浜を宛行。用土新三郎業国はその後天文五年九月六日の熊野神社鰐口奉納によって、存命が確認され、この宛行はあくまでも予約宛行であろう。 | 「上杉憲寛感状」12―一〇八 |
| | | 10 | 26 | 太田道可（資頼）、道祖土図書助に二十九貫五百文の地を宛行。 | 「太田道可判物」6―一一三 |
| | | | | この年、山田誓順（十日）・道誉（十二月十三日）没す。 | 『浄蓮寺過去帳』 |
| 一五三一 | 享禄4 | 4 | 2 | 大道寺盛昌、鈴木入道繁宗・同小太郎に、鈴木氏は江梨以来、北条早雲殿より不入を申し付けられている事などを伝える。 | 「大道寺盛昌書状」『神奈川県史』資料編3―六八九五 |
| | | 7 | 18 | 足利政氏、久喜甘棠院で没す。 | 『鎌倉九代後記』8―三〇五頁 |
| | | 7 | 29 | 宗長、宗祇の年忌を毎年七月二十九日に（柴屋の草庵・静岡市駿河区丸子カで）行っているが、あらまし終了と言い、（これに参列カ）勝沼の三田弾正忠政定が二十八日には帰城した事、名残り惜しいと記す。 | 「宗長日記」『続群書類従』巻五百二十三 |
| | | 7 | | 榛沢郡藤田（寄居町）の住人小菅加賀守繁家、秩父札所三十番法雲寺に巡礼札を納める。 | 「法雲寺巡礼納札」9―一―四―六四、鉢二―115 |
| | | 9 | 24 | 太田資頼、岩付城奪回。渋江三郎討死。 | 「年代記配合抄」北区史2―一四六 |
| 一五三三 | 天文2 | 2 | 9 | 秩父孫次郎・藤田小三郎・久下左近将監・杉本伊豆守・成田等、北条氏綱の鎌倉八幡宮への奉加の求めに応じ、三田弾正忠・大石真月斎・小菅宗右衛門などは承知しない、上杉憲政は上杉朝興支援しており俄には応じるのは叶わないと記す。 | 『快元僧都記』8―五三四頁 |

| 西暦 | 和暦 | 月 | 日 | 事項 | 出典 |
| --- | --- | --- | --- | --- | --- |
| | | 7 | | 三峯神社造営の棟札があり、「維時郡主藤田右金吾業繁」等と記される。 | 「三峯神社棟札」9—二一九頁、鉢二—118 |
| | | 8 | 17 | 上杉朝興、江戸城を攻め、北条氏綱と芝・原宿で合戦。 | 「北条氏綱書状写」12—一一三、戦北一〇七 |
| | | 11 | 12 | 上杉朝興、大磯・平塚・一宮を焼く。 | 『快元僧都記』8—五四〇頁 |
| 一五三四 | 天文3 | 6 | 2 | 北条氏綱、玉縄城へ着城。 | 『快元僧都記』8—五四五頁 |
| | | 8 | 30 | 安保弾正全隆（泰広）金鑽神社に多宝塔寄進。 | 「金鑽神社多宝塔真柱墨書」9—一八五、鉢四—82 |
| | | 9 | | 秩父札所三十三番菊水寺の住侶荒舟和泉守善慶が定春を願主として菊水寺へ鰐口奉納。 | 「高崎神社鰐口銘」9—一一二—一三七、鉢四—82 |
| | | 9 | 吉 | 岩田三郎五郎家吉、秩父市坂氷の十一番観音に栄春を本願主として三十三回巡礼満願供養の為、懸仏を奉納。 | 「中雙里諏訪神社懸仏銘」鉢四—132、9—一一二—一三八 |
| 一五三五 | 天文4 | 8 | 22 | 北条氏綱、今川氏輝を助け、十六日甲州へ出陣、武田信虎を破る。 | 『快元僧都記』8—五六一頁 |
| | | 9 | 11 | 越生町梅園神社に安楽寺再建をした大旦那毛呂土佐守顕季の棟札有り。 | 「梅園神社棟札銘」9—一—四—六八 |
| | | 9 | 下 | 上杉朝興、相模に出陣、大磯・平塚・一宮などを焼く。 | 『快元僧都記』8—五六一頁 |
| | | 10 | 8 | 足利高基没す。 | 『戦国時代年表』後北条氏編 |
| | | 10 | 13 | 北条氏綱、河越口に出陣。 | 『快元僧都記』8—五六二頁 |
| | | 11 | | （長瀞町下郷カ）小坂下の岩田吉春、岩田家吉奉納の鰐口に栄春を本願主とする供養の追刻を施し、秩父札所十一番坂氷観音に再掲する。 | 「中雙里諏訪神社懸仏銘」鉢四—132、9—一一二—一三八 |
| | | | | 陸奥国住の道安、関東札所三十三回巡礼結願として巡礼札を三十番の法雲寺に納める。 | 「法雲寺納札」10—一—四—六九、鉢二—115 |
| 一五三六 | 天文5 | 2 | | 松山城上田氏の一族・成田長泰の臣上田刑部丞友久の子・鴻巣勝願寺中興二世不残生れる。（元和三年九月三日没） | 『浄土伝燈総系譜』巻中、浄土宗全書巻一九、『檀林鴻巣勝願寺志』浄土宗全書巻二〇 |
| | | 3 | | 陸奥国葛西（岩手県一関市）の住人赤荻伊豆守清定は一人で西国板東秩父札所百ヶ寺巡礼の中で巡礼札を三十番の法雲寺に納める。 | 「法雲寺納札」10—一—四—七〇、鉢二—115 |
| | | 5 | | 広田直繁・河田谷（木戸）忠朝は羽生の小松神社に三宝荒神を寄進する | 小田原安楽寺蔵「三宝荒神銘」9—一四九頁 |
| | | 9 | 6 | 寄居町用土熊野神社に用土新三郎業国、鰐口一口奉納。 | 「能野神社鰐口銘」『寄居町史』原始古代中世編、鉢三—130 |
| 一五三七 | 天文6 | 2 | 28 | 西之入の新井弾正家吉、良秀寺（寄居町）に阿弥陀如来座像寄進。 | 「良秀寺阿弥陀如来座像銘」鉢三—133 |
| | | 3 | 4 | 武州・甲州の敵軍相模より退散、分国静謐。 | 『快元僧都記』8—五七一頁 |
| | | 4 | 27 | 扇谷上杉朝興、河越城内にて没す。朝定が継ぐ。 | 『快元僧都記』8—五七三頁 |
| | | 7 | 15 | 〔河越合戦〕上杉朝定、狭山の三木で北条氏康に敗れ、河越城から難波田弾正の守る松山城に退く。この時、深大寺城再興。 | 『妙法寺記』、『北条記』『鎌倉九代後記』、8—三〇六・三六一頁 |

| 西暦 | 和暦 | 月 | 日 | 事項 | 出典 |
|---|---|---|---|---|---|
| | | 7 | 18 | 北条勢松山城へ追撃「松山城風流歌合戦」。 | 『河越記』『鎌倉九代後記』8—三〇六頁 |
| | | 7 | 20 | 松山城合戦。難波田勢三十余人討死。 | 『快元僧都記』8—五七七頁他 |
| | | 7 | 23 | 北条氏綱・氏康父子、笹目郷（戸田市）を鶴岡八幡神社に寄進。 | 「北条氏綱・氏康連署判物」6—一四三 |
| | | 8 | 7 | 上杉憲政が次郎（深谷城主上杉憲賢カ）に松山城の危機的状況を伝え、氏綱の動向が判明次第出馬という。藤田業繁・成田長泰にも援軍を依頼。 | 「上杉憲政書状写」12—一一九 |
| | | | | 秩父住の汰目の菊子は秩父札所三十三回巡礼中の土佐の聖に依頼して巡礼札を三十番の法雲寺に納める。 | 「法雲寺納札」10—一—四—七一、鉢二—116 |
| 一五三八 | 天文7 | 2 | 2 | 北条氏綱出陣、葛西城を攻略。岩付城へ向かい近辺に放火。 | 『快元僧都記』8—五七八頁 |
| | | 4 | 12 | 鉢形の新井弾正・保泉雅楽助・大島弥五郎・せんりん坊願文を奉じる。 | 「實報院旦那願文写」6—一四四 |
| | | 10 | 6 | 北条氏綱、江戸城を出陣、国府台で足利義明と対陣。 | 『快元僧都記』8—五八〇頁 |
| | | 10 | 7 | 北条氏大勝利。足利義明父子が討死し、小弓公方が滅亡。 | |
| 一五三九 | 天文8 | 2 | 3 | 北条氏綱、河越今成郷を代官領とし、代官に宇野定治を置く。 | 「北条氏綱判物写」6—一四五 |
| | | | | 北条氏綱、金谷斎（大藤信基）に上峰（さいたま市）雑色分と中林分を与える。 | 「北条氏綱判物」6—一四六 |
| | | 6 | | 桜沢美濃守員行法名常勝と嫡子左京亮業員、藤田聖天宮に金光明最勝経十巻を奉納。 | 法善寺『金光明最勝経奥書』9—三—一—一七四〜一八三 |
| | | 8 | 13 | 北条氏綱、足利晴氏と娘（芳春院殿）との婚儀成立より簗田高助に盟約締結の起請文を送る。 | 「北条氏綱起請文写」6—一四七 |
| | | 9 | | 栃木市太平山神社に長沼弾正中弼成勝（皆川成勝）が奉納した鰐口が、東秩父村浄蓮寺にある。 | 「浄蓮寺鰐口銘」9—一—二—一五〇 |
| 一五四一 | 天文10 | 7 | 19 | 北条氏綱没す。（春松院殿快翁宗活大居士・五十五歳） | 『快元僧都記』8—五九二頁他 |
| | | 10 | | 〔河越合戦〕上杉朝定が江戸周辺に進攻、後に河越城を攻め敗退。 | 「北条氏康感状」6—一五一〜一五六 |
| | | | | この頃、松山城主難波田善銀正直の娘と太田資正が婚姻。 | 『広沢家系別録』『坂戸市史』中世史料編 |
| | | 11 | 2 | 北条氏康、河越合戦で活躍した篠窪出羽入道・大藤与次郎・竹本源三・重田杢之助・太田弾正らに感状を与える。 | 「北条氏康感状」6—一五二ほか 戦北一九九〜二〇三、鉢二—57 |
| | | 12 | 15 | 北条家、本庄に制札を掲げる。 | 「北条家制札」12—一二六 |
| | | | | 藤田虎寿丸（邦広）法名業繁没。 | 『武蔵藤田氏と北条氏邦』 |
| 一五四二 | 天文11 | 5 | 3 | 北条為昌没。遺領の玉縄領は北条綱成、小机領は北条宗哲、河越城領は大導寺盛昌が支配、三浦郡は北条氏康直轄領となる。 | 『戦国時代年表』後北条氏編 |

| 西暦 | 和暦 | 月 | 日 | 事項 | 出典 |
| --- | --- | --- | --- | --- | --- |
| | | 10 | | 信濃から越後における武田軍の略奪・人取り記録される。 | 『甲陽軍鑑』『妙法寺記』等 |
| 一五四三 | 天文12 | 7 | 1 | 大石道俊、飯能の長念寺へ年貢納入を命じ、今後滞る事の無い事、門前の者共の寺への奉公を命じる。 | 「大石道俊判物」6—一六一、戦北二三二 |
| | | 7 | 23 | 安保全隆（泰広）、嫡子又三郎（泰忠）に家督を譲る為、置文を発給。 | 「安保全隆置文」6—一六二、鉢四—1 |
| | | 12 | 8 | 上田蓮聖没。 | 『浄蓮寺過去帳』 |
| 一五四四 | 天文13 | ? | 21 | 上田息経寿没。 | 同前 |
| | | | | 北国の人龍福坊房大有松、秩父札所三十三回巡礼札を三十番の法雲寺に納める。 | 「法雲寺納札」10—一—四—七五、鉢戦史二—116 |
| | | 4 | 15 | （この年カ）北条氏康、竹本源三に荒川端より小用領で殿を務めた忠節に褒美を与える。志村弥四郎にも同様な感状を与える。 | 「北条氏康感状」戦北二四五、6—一六七「北条氏康感状写」12—一二七 |
| | | ⑪ | 3 | 児玉の久米大膳亮に北条家は十疋・十人分の分国中関渡朱印状を与える。 | 「北条家朱印状」6—一六三、鉢四—21 |
| | | ⑪ | 24 | 太田全鑑（資時カ）、泰翁宗安（安蔵主）と妙高庵主に書状を送り、妙高庵主の万一の時は平林寺・大安寺・安楽寺を宗安に譲りたいとの事了承と伝える | 「太田全鑑書状」6—一六四・一六五 |
| 一五四五 | 天文14 | 5 | 27 | 上杉憲政、小山高朝に北条氏康の進攻が続き、成田長泰攻撃の為近日出陣と伝える。（年比定は『戦国年表』後北条氏編による） | 「上杉憲政書状写」行田市史資料編古代・中世二〇三 |
| | | 8 | 14 | 上杉憲政、小林平四郎に北条の支配する河越城を攻める為、近く出陣するので急ぎ準備しての参陣を要請する。 | 「上杉憲政書状」藤岡市史資一二六一 |
| | | 8 | 吉 | 児玉金屋鋳物師中林次郎太郎、御正体を三峯神社に寄進。 | 「三峯神社御正体」9—一—二—一五五、鉢二—117 |
| | | 9 | 26 | 上杉憲政、砂久保に陣し、河越城を攻める。北条綱成他籠城戦。 | 『関東管領記』「北条氏康書状写」6—一七一、「徳真書状」6—一六六、「年代記配合抄」 |
| | | 10 | 27 | 古河公方足利晴氏、難波田善銀の画策により上杉勢を助けるため河越に出馬。 | |
| 一五四六 | 天文15 | 3 | 7 | 北条氏康、上原出羽守に岩付城の太田全鑑との仲を深め、北条方への与力に奔走する事を依頼。 | 「北条氏康書状」戦北二六九 |
| | | 4 | 10 | （この年カ）足利晴氏、安保泰忠に高柳移座に伴う懇意に謝意を表す。 | 「足利晴氏書状」6—二五九、鉢四—3 |
| | | 4 | 20 | 〔河越夜戦〕上杉朝定、上田小三郎蓮順、難波田弾正正直（善銀）・隼人（善鉄）父子討死。藤田氏・大石氏ら北条氏に帰順という。松山城落城、北条氏は垪和伊予守（刑部少輔とも）を城代に置く。上杉氏敗走、上田又次郎政広は安戸の砦に退去。 | 『浄蓮寺過去帳』「上杉憲政書状」「北条氏康書状写」6—一七一「太田資武書状」『関東管領記』巻之下、『北条記』「年代記配合抄」 |

| 西暦 | 和暦 | 月 | 日 | 事項 | 出典 |
|---|---|---|---|---|---|
| | | | | 上田行宗・上田小三郎蓮順没。 | 『浄蓮寺過去帳』 |
| | | 4 | 26 | 上杉憲政、河越合戦における本庄宮内少輔の活躍を賞し感状を与える。 | 「上杉憲政感状写」6―一六八、鉢四―80 |
| | | 4 | 27 | 上杉憲政、河越合戦で討ち死にした赤堀上野介娘に名代を安堵。 | 「上杉憲政書状」6―一七〇 |
| | | 5 | 10 | 北条氏康、那珂郡小栗郷を伊豆三嶋神社に寄進。 | 「北条氏康判物写」6―一七二 |
| | | 5 | 25 | 下里袋方、上田内の長尾弾正女蓮意没。 | 『浄蓮寺過去帳』 |
| | | 6 | 1 | （この年カ）足利晴氏、河越合戦で出座した時、毛呂土佐守顕季が鷹を献上した事への感謝を伝える。 | 「足利晴氏書状写」12―一三五 |
| | | 7 | 5 | 上杉憲当、本庄宮内少輔に本庄藤三郎の河越討死の忠信を賞し宛行を約す。 | 「上杉憲當判物写」12―一三六、鉢四―80 |
| | | 9 | 28 | 太田資正、松山城奪回。上田又二郎政広に二の郭を預ける。「太田資武状」（市史2―八一六）では八月二十八日。 | 「太田道誉書状写」千四―東京都二一、 |
| 一五四七 | 天文16 | 2 | 1 | 上杉憲当、本庄松寿丸に旧領の久下塚の継承を認める。 | 「上杉憲当書状写」12―一三七、鉢四―80 |
| | | 7 | 10 | 太田左京亮資顕（全鑑）、泰翁宗安に平林寺門前・安楽寺・大安寺および門前の諸公事を免除。 | 「太田全鑑書状」6―一七四 |
| | | 8 | 7 | 北条氏康、太田氏家臣上原出羽守が氏康に加担し、太田資顕を味方につけた事の功績を認め、本領安堵。 | 「北条氏康書状写」6―一七七、戦北二八九 |
| | | 8 | 28 | 北条氏康、岩付太田氏家臣上原出羽守の氏康加担を賞し、都築郡市郷の城米・押立夫（武器武具の輸送や土木工事等の夫役）・棟別銭・段銭等の諸公事免除。 | 「北条氏康判物」6―一七八、戦北二九〇 |
| | | 10 | 9 | 太田信濃守資顕（全鑑）（岩付城主）没。 | 『太田系図』、黒田基樹（一〇三）他 |
| | | 12 | 9 | 太田資正、岩付城を攻め入城。上田又次郎を松山城に置く。 | 「年代記配合抄」『北区史』資料編古代中世2 |
| | | 12 | 13 | 北条氏康に上田又次郎内応、松山城攻略。太田資正を岩付城に囲む。 | ―一四六頁、「太田資武状」2―八一六他 |
| 一五四八 | 天文17 | 1 | 18 | 太田資正、北条氏康に攻められ和睦、従属する。 | |
| | | 1 | 21 | 北条氏康、遠山綱景に岩付の者で、北条に味方した者には、本領の他新たな所領を出し引き立てるので、忠節を尽くすよう申し伝える。 | 「北条氏康書状」戦北三三五、6―一八三 |
| | | 4 | | 神川町上阿久原の阿須和大明神を松本拾郎右門・同左馬助が再建。大旦那として長尾但馬守とある。 | 「丹生神社棟札2」鉢四―83 |
| | | 5 | 7 | 北条氏康、上原出羽守に久良岐郡戸部郷七十貫文の地を宛行。 | 「北条氏康判物写」6―一八二 |
| | | 7 | 13 | 太田資正、松野左馬助に浦和郷宮内分二十貫文宛行。 | 「太田資正証文」12―一四〇 |
| | | 10 | 5 | 上田朝直・日蓮宗両山九世日純は本門寺山門造立。 | 「本門寺山門仁王像修理銘」9―一―一―五四 |

| 西暦 | 和暦 | 月 | 日 | 事項 | 出典 |
|---|---|---|---|---|---|
| | | 12 | 5 | 国峯城の小幡氏が北条氏に与し、小林氏の在所（緑野郡）へ攻撃をかけ、反撃される。平井攻撃の先駆けという。 | 「上杉憲当書状」藤岡市史資料編原始古代中世－一二七五 |
| 一五四九 | 天文18 | この年 | | 北条氏邦生まれる。 | 「法養寺薬師堂十二神将申神墨書」鉢四－129 |
| | | 2 | 3 | 小鹿野法性寺に斎藤右馬允行定、大般若経巻五八を奉納。 | 「法性寺大般若経巻五八奥書」9－三－一－二八七、鉢二－123 |
| | | 8 | 15 | 北条氏康、養竹院の奇文禅才に岩付城の太田資正との和睦以来懇意にしているが、かねて約束の鎌倉大慶寺分の所領を与えると伝える。 | 「北条氏政判物」6－一八九、戦北三五四 |
| | | 9 | 3 | 太田資正、岩付の慈恩寺に本坊・新坊六十六坊安堵。 | 「太田資正判物」6－一九〇 |
| | | | | この年、松田左馬助、北条氏から松山筋に五百貫文・三田谷に五百貫文を与えられる。 | 『小田原衆所領役帳』市史2－八三二 |
| | | | | この頃、松山城主上田朝直、慈光寺を焼き討ち。 | 『慈光寺実録』梅沢二〇〇六 |
| 一五五〇 | 天文19 | 2 | 19 | 北条氏康、用土新左衛門に高山知行の内、神田・川除郷を宛行。 | 「北条氏康判物写」6－一九一、鉢四－76 |
| | | 3 | 15 | 上田朝直の母法名を栖林院殿妙光日開大禅尼と伝え、朝直は栖林院（妙光寺）を建立という。 | 「日現筆十界曼荼羅」他・市史2－八三三・八三四、『妙賢寺過去帳』 |
| | | 3 | 21 | 日蓮宗両山第九世日純没。六十九才。 | 「本化別頭仏祖統記十五」市史2－八二四 |
| | | 4 | 1 | 北条氏、郷村疲弊退転の為、徳政令を出し救済、越訴の制度を実施。 | 「北条家朱印状」戦北－三六五～七二 |
| | | 6 | 9 | （この年カ）北条氏康、用土新左衛門に上野金井村（藤岡市）を宛行。 | 「北条氏康判物写」6－三八、鉢四－77 |
| | | 8 | 23 | 北条氏康、岩付城の太田源五郎（黒田氏は資正に比定）に書状を出し、松山城へ着城した事を伝えると共に、（太田資正を通じて太田金山城主横瀬成繁に）同時に敵地に取りかかる事はどの様な理由からかといい、本庄城を取り立てている間は、城に籠もり前後の敵地から兵を出させない事等計略が必要な事等を伝え、証人は松山城着城前に時期を違わぬように行う事。人物は舎弟左衛門四郎が良い事、証人について難渋するならこれまでの調略に対する忠功も無になる事、既に西上野に滞陣しているので時間が無い事、利根川以東については諸勢が安心していられるようする事、河西については本意の上は何事においても指図はしない事等を伝え、忠信を信頼する等という。 | 「北条氏康書状」6－一九五、戦北三八三　黒田二〇〇四・一九五頁 |
| | | 10 | 6 | （この年カ）上田朝直、堀之内道場について、今後も今まで通りとする。 | 「上田朝直書状」6－一九四 |
| | | 11 | | 北条氏康、平井城を攻める。上杉憲当防戦。小林平四郎に感状を出す。 | 「上杉憲当書状」藤岡市史資料編中世 |
| | | 12 | 13 | 上田朝直、浄蓮寺に若林四郎右衛門の所から出した四貫文をまず先に | 「上田宗調寄進状」梅沢二〇一一、 |

| | | | | | |
|---|---|---|---|---|---|
| | | | | 受け取る事、十貫文の内、残り三貫文はこれより進ぜると伝える。 | 6—一一六八 |
| | | 12 | 30 | 上田朝直、浄蓮寺に大河原の内斎藤分の地、ならびに平村の内山王免の士貢三貫文を加えて寄進。 | 「上田宗調寄進状」6—一九二、戦北三八七 |
| 一五五一 | 天文20 | | | 氏康、平井城攻略。この頃、忍城主成田長泰、天神山城主藤田泰邦、滝山城主大石道俊等、北条氏康に帰順という。 | 『豆相記』8—四六七頁 |
| | | 5 | | 黒澤右衛門太郎政信、寄居町少林寺の八幡大菩薩へ鰐口奉納。 | 「少林寺鰐口銘」9—一—一一—二五九、鉢三—130 |
| | | 7 | 21 | 北条氏康、大石道俊へ松山普請の事、高松筋へ敵の動きがあり、藤田に対処を指示したと伝える。また御蔵島へ筑紫薩摩船漂着、積荷は分国中の大社の修理に使用する事、六所宮にも出す事、少しであるが唐物があるので唐紙百枚、竹布五端差し上げるという。 | 「北条氏康書状写」6—一〇三、戦北三五二、鉢四—87 |
| 一五五二 | 天文21 | 2 | 11 | 北条氏康、金鑽御嶽城攻囲。 | 「仁王経科註見聞私奥書」9—七六三頁、鉢四—119 |
| | | 2 | 15 | 北条氏、金鑽御嶽城焼き討ち。 | |
| | | 2 | 26 | 長尾当長、金鑽御嶽城堅固を祈願して浄法寺村内五百疋の地を寄進。 | 「長尾当長寄進状」12—一四八 |
| | | 3 | | 金鑽御嶽城（城主安保信濃守泰広）攻略。 | 「仁王経科註見聞私奥書」9—七六三頁 |
| | | 3 | 14 | 北条家、小幡憲重に朱印状を発給し、児玉郡今井郷の百姓らの還住を命じる。 | 「北条家朱印状」6—一九八、戦北四〇九、鉢四—6 |
| | | 3 | 20 | 北条家、三波川北谷の百姓中に在所立ち帰り早々の作毛を命じる。 | 「北条家朱印状」鉢四—95、戦北四〇九 |
| | | 4 | 3 | 忍城主成田長泰・子左衛門次郎（氏長）・長泰母が地頭手嶋美作守高吉に命じて妻沼聖天堂建立。 | 「歓喜院聖天堂棟札銘」9—一—四—七八 |
| | | 5 | 初 | 上杉憲政が平井城から越後長尾氏の元に拠る。 | 『戦国時代年表』後北条氏編、 |
| | | 5 | 9 | （年推定）藤田泰邦、斎藤右馬允に屋敷分十貫文宛行を約す。 | 「藤田泰邦書状」鉢戦史一—4 |
| | | 7 | 3 | 上杉成悦（憲政）平子孫太郎（小千谷蒔生城主）に平井から越後転進の次第をのべ、景虎の上野進攻に協力を依頼す。 | 「上杉成悦書状写」6—二〇一 |
| | | 7 | | 長尾景虎、岡部房忠在所の地、北川辺矢嶋（深谷市カ）に制札を掲げる。 | 「長尾景虎制札」12—一五〇 |
| | | 12 | 12 | 足利晴氏、梅千代王丸（義氏）に家督を譲る。 | 「足利晴氏判物」6—二〇四 |
| 一五五三 | 天文22 | 4 | 1 | 北条氏康、東松山市市ノ川永福寺に木製の制札を掲げる。 | 「永福寺制札」6—二〇七、戦北四三七 |
| | | 6 | 11 | 太田資正、埼玉郡忠恩寺門前の人足・棟別銭を免除。 | 「太田資正判物」6—二一一 |
| 一五五四 | 天文23 | 4 | 8 | 太田資正、清河寺の昌書記の入寺と同寺への僧侶以外の入寺を規制、門 | 「太田資正書状」6—二一三 |

| 西暦 | 和暦 | 月 | 日 | 事項 | 出典 |
|---|---|---|---|---|---|
| | | | | 前の者の他所移転を厳禁する。 | |
| | | 5 | 5 | 上田案独斎母蓮池院殿妙芳没。 | 『東光寺過去帳』梅沢二〇〇六 |
| | | 5 | 26 | 将軍足利義輝から横瀬成繁に鉄炮一挺が贈られる。 | 「足利義輝御内書」群7―二〇二三 |
| | | 10 | 4 | 北条氏康、古河城攻める。足利晴氏父子を捕らえ相州秦野配流。 | 『鎌倉九代後記』8―三〇八頁 |
| | | 11 | 13 | 足利晴氏、古河城落城の時の太田豊後守の活躍・忠信に感状を与える。 | 「足利晴氏感状写」6―二一八 |
| | | 12 | 24 | 足利梅千代王丸(義氏)は野田左衛門大夫に落居先の地、下総国幸嶋郡栗橋など二十五郷他を与え、小山領の所領はそのまま伝える。 | 「足利梅千代王丸朱印状写」6―二二〇 |
| 一五五五 | 天文24 | 3 | 18 | 秩父山田住、関口大學助等、秩父札所三十三回巡礼札を三十番の法雲寺に納める。 | 「法雲寺納札」10―一―四―八二、鉢一―116 |
| | | 4 | 4 | 北条氏康、太田資正に白河城主結城晴綱からの書状を受けて、佐竹義昭と北条の同盟の噂は事実でない事。申し入れがあったが断った事を白河(結城晴綱)に伝えるよう要請する。 | 「北条氏康書状」6―二二九、戦北五一五 |
| | | 6 | 12 | 北条幻庵、平井の砥商弾左衛門の国払いによる跡職を人見の太郎左衛門に宛行う。 | 「北条幻庵朱印状」ほか、6―二三三～四、戦北四八九、四九〇、四九三、鉢三―19・20 |
| | | 9 | 13 | 藤田泰邦、法名祖繁没。(浄蓮寺過去帳は素繁) | 「正龍寺宝篋印塔銘」鉢三別―55 |
| | 弘治1 (10・2) | ⑩ | 15 | 武田晴信、信州に七月二十三日出陣。村上・高梨の要請を受け長尾景虎が援軍を出し、この日善光寺で合戦。勝敗着かず、今川義元の仲介で和睦。 | 「妙法寺記」下 |
| | | 11 | 22 | 足利梅千代王丸、元服し、義氏を名乗る。 | 「足利義氏安堵状」戦古―八一〇 |
| | | 12 | 17 | 北条氏康、足利義氏の元服を祝し、古河移住を簗田晴助に伝える。 | 「北条氏康書状写」6―二二六 |
| | | | | この年、北条氏康は入間郡・比企郡などに検地を行う。 | 『小田原衆所領役帳』市史2―八四三 |
| 一五五六 | 弘治2 | 1 | 14 | 足利義氏、太田資正家臣に下野守の受領名を与える | 「足利義氏判物」6―二二七 |
| | | 4 | 5 | 北条氏康は小田氏治と合戦、小田氏は土浦城に逃れる。 | 『年代記配合抄』北区史資料編他 |
| | | 4 | 12 | 太田資正、氏康の書状を付けて、白河城主結城晴綱に今後佐竹との間は資正が仲介するので、資正の所へ連絡するよう要請する。 | 「太田資正書状」6―二三〇 |
| | | 7 | 1 | 太田資正、赤井坊(伊奈町小室)に制札を出し、立野の竹木伐採を禁止。 | 「太田資正制札」6―二三六 |
| | | 7 | | 正龍寺開山藤田泰邦の肖像画箱に天文二十四年四月十五日上棟、九月五日に肖像画ができ、大いに喜んだが、十三日未の刻に泰邦死すと記す。 | 「正龍寺泰邦肖像画箱」銘10―1―四―八三<br>鉢三―132 |
| | | 11 | 16 | 足利義氏、森孫八郎に安中城攻略の高名を賞し、馬一匹を贈る。 | 「足利義氏感状写」群7―二〇五三、鉢四―14 |
| 一五五七 | 弘治3 | 3 | | 太田資正次男元服、源太政景を名乗る。 | 『年代記配合抄』北区史資料編 |

| 西暦 | 和暦 | 月 | 日 | 事項 | 出典 |
|---|---|---|---|---|---|
| | | 4 | 8 | 三保谷郷（川島町）の伝馬役について、田畠差し上げの百姓があるが、しっかりと断罪する事が必要。余地については田地役を掛ける事等、道祖土図書助に命じる。 | 「太田資正判物」6－二三四 |
| | | | | 赤井坊の寺領について、前代から引き続き、新たに寄進する。 | 「太田資正判物写」6－二三五 |
| | | 5 | 10 | 北条家は深谷城主上杉静賢（憲賢）の要請により長楽寺の寺領安堵。 | 「北条家朱印状」6－二三七、戦北五四六 |
| | | 7 | 26 | 小川町奈良梨の諏訪神社に鉢形領西之入の新井佐土守が鰐口寄進。 | 「八和田神社鰐口銘」小川町史、鉢二－131 |
| 一五五八 | 永禄1（2・28） | 4 | 11 | 北条氏康、簗田晴助に起請文を送る。義氏の関宿移座、晴助の古河移城と知行安堵を約す。 | 「北条氏康起請文写」6－二四〇、戦北五七八 |
| | | 5 | 11 | 北条家は撰銭令を恒岡氏と長尾（川崎市）の百姓中に出す。 | 「北条家朱印状」戦北五八〇 |
| | | 6 | 1 | 足利義氏は簗田晴助に関宿城を北条氏康に従属して進上し、古河城に移るよう要請する。足利義氏関宿城に入城。簗田氏の知行安堵ほか。 | 「足利義氏書状写」ほか戦古八三一～四 6－二四一～三 |
| | | 7 | 19 | 北条氏康が天神山城の老母（藤田泰邦の室・氏邦義母カ）に神川町小浜の北谷川屋敷分五貫五百文を宛行う。 | 「北条家朱印状」12－一七九、戦北五九三 |
| | | 11 | 2 | 北条氏政、金子左衛門大夫・山角定勝に河越城定番の足軽衆人数不足を指摘、河越城の番は逃亡の無いよう、境目の城のため敵の攻撃に備えるよう指示。 | 「北条氏康書状写」12－一八二 戦北六五四 |
| | | 11 | 9 | 小幡憲重、児玉今井の百姓に河越往来の飛脚について、憲重の印判なくば夫馬の貸し付け・宿泊・食事提供を禁止する。 | 「小幡憲重印判状」6－二四四、鉢四－7 |
| 一五五九 | 永禄2 | 2 | | このころ『小田原衆所領役帳』できる。 | 『小田原衆所領役帳』新編埼玉県史付録 |
| | | 3 | 24 | 太田資正、大嶋大炊助に知行地の開発を深井と相談して行うよう指示。 | 「太田資正判物」6－二四五 |
| | | 7 | 29 | 聖護院門跡、宝積坊に榛沢郡十箇村年行司職について、東林坊の違乱を認め安堵する。 | 「聖護院後門跡御教書」6－二四八、鉢四－45 |
| | | 10 | 2 | 北条氏康、美里町白石の宝積坊に聖護院門跡の書出に任せ、榛沢郡内十ケ村年行司職を安堵。 | 「北条家朱印状写」6－二四九、鉢四－46 |
| | | 10 | 13 | 太田資正、足立郡金剛寺の門前に公方人の立ち入りを禁ず。 | 「太田資正書状」6－二五〇 |
| | | 10 | 下 | 長尾景虎、平井城に入り、北條孫二郎の沼田城を取り、厩橋の城を取る。来年に関東出陣の旨、触を出す。 | 『関東管領記』巻之下 |
| | | 12 | 23 | 北条氏康が隠居、氏政が家督を継ぐ。 | 『年代記配合抄』北区史資料編 |
| 一五六〇 | 永禄3 | 3 | 15 | 関東八ヶ国の衆、長尾景虎の関東管領就任の祝に太刀を献 | 「越後平定以下祝儀太刀次第写」『大日本古文書』 |

| 月 | 日 | 事項 | 出典 |
| --- | --- | --- | --- |
| | | 上する。 | 家わけ十二ノ二、五五三頁 |
| 4 | 21 | 上杉憲政、長尾政景に書状を出し、長尾景虎の越中からの帰陣を祝し、直ちに関東への出陣を要請する。 | 「上杉光哲書状」6－二五二 |
| 5 | 27 | 足利晴氏没す。（『年代記配合抄』は二十六日没） | 『史料綜覧』巻十－四九九頁 |
| 8 | 13 | 用土新左衛門重利没とされる。 | 『管窺武鑑』 |
| 8 | 24 | 長尾景虎、館林城主長尾顕長に関東出陣を伝える。 | 「長尾景虎書状写」6－二六九 |
| 9 | 1 | 北条家は隔年で徴収してきた正木棟別銭四十銭を二十銭毎年徴収とする。 | 「北条家朱印状」戦北六四〇 |
| 9 | 5 | 長尾景虎、上杉憲当（光哲）を擁して倉内着陣。沼田城・岩下城攻略。十五日北条康元（沼田城将）敗退。 | 『戦国時代年表』後北条氏編<br>「長尾景虎書状写」6－二七九 |
| 9 | 9 | （この年カ）北条家、大河原谷へ制札を出す。 | 「浄蓮寺制札」戦北三八一五 |
| 9 | 15 | 太田資正、長瀬（毛呂山町）において江戸衆討ち取り。平岡孫六の長瀬における戦功を賞す。 | 「太田資正書状写」6－二七〇 |
| 9 | 23 | 足利義氏、那須資胤に長尾景虎等の沼田へ越山を伝え、北条氏康の出馬を伝える。 | 「足利義氏書状」戦古八四九 |
| 9 | 28 | 北条氏康は真壁城主真壁宗幹に長尾景虎への対応に河越城出馬在陣を伝える。 | 「北条氏康書状」6－二七一、戦北六四四 |
| 10 | 2 | 里見の重臣正木時茂、北条勢の久留里城張陣を長尾景虎に伝え、越山を歓迎、関東静謐を願う。 | 「正木時成書状写」6－二七二 |
| 10 | 4 | 横瀬成繁が上杉陣に加わったため、その口（小泉）が最初の合戦地となる等を（冨岡氏カ）伝え、鉄砲玉薬を送る。 | 「北条氏康書状」6－二七三<br>戦北六四五 |
| 10 | 6 | 北条氏康が野田弘朝に館林の下に舟橋架橋の材料を集めさせる。 | 「北条氏康書状」12－一九一、戦北六四七 |
| 10 | 9 | 北条氏康、太田資正に起請文を送り、二十年来の友好関係と長林院との婚約による氏資との親族関係を述べ、筋目を守って盟約したいと伝える。 | 「北条氏康起請文写」戦北六四九、<br>6－三八三 |
| 10 | 22 | 木呂子新左衛門は飯田村（小川町）で若林出羽守他十人討ち取り、北条氏政より感状を得る。氏政は大塚郷（小川町）を任せ置くよう具申。 | 「北条氏政書状写」市史2－八五〇<br>戦北七二〇 |
| 10 | 25 | 足利義氏は蘆名盛氏に長尾景虎関東出陣を伝え、これに備え北条氏康、松山城在城を伝える。 | 「足利義氏書状」6－二七八、戦古八五四 |
| 10 | 29 | 長尾景虎、龍渓寺の僧に上杉憲当の関東入国に供奉して出陣してきた事、常陸・下野の武将に出陣を要請してきたが遅れているので、急ぎ出陣し供奉するよ | 「長尾景虎書状」6－二七九 |

| 西暦 | 和暦 | 月 | 日 | 事項 | 出典 |
| --- | --- | --- | --- | --- | --- |
| | | | | う伝える事を要請する。 | 「北条氏康書状」戦北六五二 |
| | | 11 | 7 | 成田長泰、長尾景虎の小田原攻めに同陣し鎌倉妙本寺に制札を出す。 | 「成田長泰制札」6―二八五 |
| | | 11 | 12 | 長尾景虎、市田氏（熊谷久下城主）に藤田秩父・広田・河田の一跡・小田助三郎方前の事・毛呂土佐守前事などを記した条書を出す。 | 「長尾景虎条書写」6―二八〇 |
| | | 12 | 2 | 北条氏康、長尾景虎の来攻に備え、池田安芸守を河越城に籠城させ、借銭・借米を赦免し、本意の上は忍・岩付領内に望みの地を宛行と約す。 | 「北条氏康・氏政連署判物写」6―二八六、戦北六五六 |
| | | 12 | 10 | 太田資正、越生の岩崎上殿分・田代・大間・富澤・山田分の六ケ所に制札を出す。 | 「太田資正制札写」6―二八七 |
| | | 12 | | 太田資正、江戸へ進攻。品川妙国寺・本光寺に制札を出す。 | 「太田資正制札」6―二九二 |
| | | 12 | 14 | 太田資正、台東区内にあった石浜宗泉寺に制札を出す。 | 「太田資正制札写」6―二八八 |
| | | 12 | 24 | 長尾景虎、安房正木憲時と下総原胤貞の抗争を太田資正に和解させる。 | 「長尾景虎書状」6―二八九 |
| | | 12 | 27 | 上田宗調、木呂子新左衛門に比企郡大屋郷を給し、横見郡下細谷の代官を命ずる。 | 「上田宗調判物写」12―一九四、戦北六五八、鉢四―46 |
| | | | | 北條高広等、聖護院の決定を受け榛沢郡内の年行事職を寶積坊に安堵 | 「北條高広・長尾藤景連署奉書」6―二九〇、鉢四―47 |
| | | 12 | 30 | 太田資正、潮田出羽守（資忠）に大宮・浦和宿を宛行。 | 「太田資正判物」6―二九一 |
| 一五六一 | 永禄4 | 1 | | 北条氏は松山筋・河越で上杉勢と戦う。河越城籠城。 | 「北条氏政感状」6―三〇四ほか |
| | | | | この頃、長尾景虎の小田原進攻に合わせ、太田資正、各地に制札発給。 | 「太田資正制札」6―二九一～九 |
| | | 1 | 21 | 北条氏照、小田野源太左衛門尉に由木の郷人が相談の上、敵との出合いに忠信を尽くせば望みに任せ恩賞を与えると伝える。 | 「北条氏照朱印状写」戦北六六二 |
| | | 2 | | この頃『関東幕注文』作成される。 | 「関東幕注文」8―六二八頁、 |
| | | 2 | 22 | 長尾景虎、松山城着陣。 | 「年代記配合抄」北区史資料編 |
| | | 2 | 27 | 近日中に小田原に向け進軍という。 | 「長尾景虎願文」上別I―二五八 |
| | | 2 | 30 | 太田資正、高尾山麓の小仏谷、案内谷に制札を出す。 | 「太田資正制札」6―二九六～七 |
| | | 3 | 2 | 北条氏照、高尾山へ椚田三千疋（三十貫文）寄進、戦勝祈願依頼。 | 「北条氏照書状」12―二〇二 |
| | | 3 | 6 | 北条氏照、福生郷、大久野郷に制札を出す。 | 「北条氏照奉行人連署制札」12―二〇六～七 |
| | | 3 | 12 | 北条氏康、八王子の小田野源太郎へ、上杉勢が小田野屋敷へ攻撃を仕掛けてきたが防戦に努め、高名を挙げた事に忠節比類無き事と判物を出す。 | 「北条氏康判物写」戦北六八〇 |

| 月 | 日 | 事項 | 出典 |
|---|---|---|---|
| 3 | 18 | 高麗郡内で合戦。清田内蔵助高名、一人打ち取り。 | 「北条氏康感状写」6―二九八、 |
| 3 | 24 | 北条宗哲は大藤政信に小田原城に援軍として、今川氏真も出陣し、武田は一万の大軍で河村城に着陣予定。鉄炮五百挺を用意し、敵は堀端にも近づけないと伝える。 | 「北条宗哲書状」戦北六八七 |
| 3 | | 長尾景虎、小田原城下を攻める。 | 「長尾景虎書状写」6―三〇〇 |
| 3 | 22 | 太田資正、鶴岡八幡宮に制札を出す。 | 「太田資正制札」6―二九九 |
| 3 | 27 | 長尾景虎、小田原城下を攻め、二十一日には下野榎本から出馬された那須氏の出陣に礼を述べる。詳しくは太田美濃守が伝えるという。 | 「長尾景虎書状写」6―三〇〇 |
| ③ | 4 | 長尾勢、酒匂陣から撤退。今川氏真家臣小倉内蔵介河越城在陣。 | 「今川氏真書状写」6―三〇一 |
| ③ | 16 | 長尾景虎、鎌倉八幡宮参拝。上杉を襲名し、関東管領に就く。上杉政虎名乗る。 | 「上杉政虎起請文写」6―三〇二 |
| ③ | 27 | 小机城主北条氏尭、畑彦十郎の河越城籠城の戦功を賞す。 | 「北条氏尭判物」6―三〇三、鉢四―14 |
| 4 | 2 | 北条氏は金子大蔵丞に三田弾正小弼が敵対したが、金子は忠節を申し出たので金子郷宛行を約す。 | 「北条家朱印状」12―二一二、戦北四六五九 |
| 4 | 8 | 北条氏政、河越城籠城の畑彦十郎に感状を与え、今川氏真に伝える。 | 「北条氏政感状」6―三〇四、鉢四―18 |
| 4 | 13 | 武田信玄、次郎等に書状を出し由井へ進軍した氏康の動向を尋ねる。長尾弾正（上杉政虎）は草津で湯治中。上野勢は倉賀野周辺に在陣中で、上杉勢が動いたら直ぐに知らせるので急ぎの参陣を待つと伝える。 | 「武田信玄書状写」12―二一四・二一五 戦武七三五 |
| 4 | 22 | 今川氏真、畑彦十郎の河越城籠城の戦功を賞す。 | 「今川氏真感状」6―三〇六、鉢四―19 |
| 4 | 30 | 大道寺周勝は河越宿の清田内蔵助に河越城籠城の高名を認め、宿の商人と問屋の管理等を任せる。 | 「大道寺周勝条書」6―三〇八、戦北六九九 |
| 5 | 22 | 上田蓮久没。 | 『東光寺過去帳』 |
| | | 太田資正、比企左馬助に勝呂の西光寺分、河越の小室・矢澤百姓分安堵。 | 「太田資正判物写」6―三〇九 |
| この頃 | | 北条氏康、箱根権現別当に長尾景虎の進攻で国中が退転したが、来る秋には武田晴信と一緒に戦線を有利に決着させるとして、指導を仰ぐ。 | 「北条氏康書状」6―三三一 |
| 5 | 28 | 北条氏康、箱根権現別当金剛王院融山に宛てた書状の中で、武蔵・相模の内で江戸・河越城七・八箇所の地を守った事、昨年氏政に家督を譲り、郷村が疲弊しており、徳政を行い、百姓に礼を尽くし、意見を聞き、十年来越訴を認めており、家中は慈悲の心と深い信仰心で導く等と述べる。 | 「北条氏康書状写」6―三二一、戦北七〇二 |

| | | | |
|---|---|---|---|
| 6 | 3 | 北条氏康、金子家長・充忠に勝沼（青梅市）の三田氏との合戦で今日直ちに参陣し、忠節を尽くせば、高麗郡の本領安堵の他、郡内で百五十貫文宛行を約す。 | 「北条氏康判物」12―二二〇、戦北七〇三 |
| 6 | 10 | 近衛前嗣、上杉政虎に太田源五郎等の動静、成田長泰などの人質について報告する。成田はこの時幼児を人質に出す。政虎の腹の病を大いに気遣っている。 | 「近衛前嗣書状」6―三二二 |
| 7 | 3 | 上杉政虎、那須資胤に勝沼口の情報入手を謝し、勝沼口に城郭を築城し、堅固に備えているので安心して欲しいと伝える。 | 「上杉政虎書状写」6―三二三 |
| 7 | 10 | 武田信玄、加藤忠景などに、三田氏が上杉政虎の要望で青梅に辛垣城築城。氏康は由井に在陣、敵との距離は三十里等を伝える。 | 「武田信玄書状」12―二二三、戦武七四六 |
| 7 | 15 | 北条氏康、野田弘朝に足利義氏が関宿城を出て下総小金城に移った事に祝意、九日の晴氏の室芳春院（氏綱娘）の死去に落胆したと伝える。 | 「北条氏康書状写」戦北七〇八 6―三二四 |
| 7 | 25 | 北条氏政、石川十郎左衛門尉に的場（川越市）での敵との遭遇戦における高名に感状を与える。 | 「北条氏政感状写」6―三二五、戦北七一〇 |
| 末頃 | | 北条氏は青梅の三田氏辛垣城など攻略。 | 「北条氏政書状写」6―一六四五 |
| 9 | 5 | 北条氏康、用土新左衛門尉に河南郷・白石弥三郎跡地を宛行。 | 「北条氏康判物写」6―三二七、鉢四―78 |
| 9 | 8 | 乙千代、斎藤新四郎に難所を凌がし連絡してきた忠節を認め、本意の上は一箇所宛行を約す。 | 「乙千代判物」6―三五八、鉢一―6 |
| 9 | 10 | 上杉政虎の指示により、太田資正は松山城を攻略、上杉憲勝を置く。 | 『北条記』8―三八七頁 |
| 9 | 11 | 北条氏政は勝沼攻略後、この日高坂に着陣。先陣が日尾城・天神山城攻略した事を太田新六郎に伝える。 | 「北条氏政書状写」6―一六四五、鉢四―117 戦北七一六 |
| 9 | 27 | 北条氏、高岸氏に諸役免除を与え、忠節を重ねるなら所領を与えるという。 | 「北条家朱印状」鉢一―36、『中世の秩父』 |
| 10 | | 秩父大宮合戦。 | 「北条氏康判物」6―二七五 |
| 10 | 5 | 近衛前久、上杉政虎に、北条氏康松山口（高坂陣）張陣を伝え、雑説かも知れないが、松山城危急を告げ、関東出陣を促す。 | 「近衛前久書状」6―三三〇（この前に前嗣から前久に改名） |
| 10 | 17 | 北条氏康、大宮合戦に高名をあげた斎藤八右衛門に三沢谷で二十貫文宛行。 | 「北条氏康判物」、鉢一―7、6―二七五 |
| 11 | 19 | 上田宗調、関口帯刀助に在所立ち帰りを許し、その知行安堵。 | 「上田宗調書状」6―三三一、戦北七二三 |
| 11 | 27 | この日、上杉政虎は児玉生山に北条氏政と戦う。上杉勢敗北、利根川端まで追い詰められる。 | 「北条氏政感状」6―三三三〜三三六 戦北七二五〜二九・三二 |

| | | | | | |
|---|---|---|---|---|---|
| | | 12 | 3 | 北条家、立て籠もりの衆に高松城明け渡しを命じる。 | 「北条家朱印状」6—三二七、鉢二—37 |
| | | 12 | 18 | 乙千代、秩父衆に対して千馬山城の用土氏に証人を出し、忠誠を誓えば、知行従前通りを約す。 | 「乙千代判物」6—三五九～六〇、戦北七四〇～四一、鉢二—16・38 |
| | | 12 | 21 | 太田資正、比企左馬助の戦功を賞し、比企郡代とする。 | 「太田資正書状写」6—三二九 |
| | | 12 | 24 | 太田資正、比企左馬助に松山における働きに朱印状を与える。 | 「太田資正朱印状写」6—三三一 |
| 一五六二 | 永禄5 | 1 | | 北条氏、足立郡太田領に進攻。水判土慈眼寺焼失。 | 「氷川女体神社大般若経奥書」9—三—一—三一三 |
| | | 1 | 6 | 上杉輝虎は、由良成繁が館林城の後詰めするのでと富岡重朝に出陣を要請。冨岡氏は再び北条氏から離反。 | 「上杉輝虎判物写」群7—二一五六 |
| | | 1 | 29 | 乙千代、秩父衆中に走廻り次第では知行すると伝える。 | 「乙千代判物」6—三五五、戦北七四四、鉢二—65 |
| | | | | 氷川女体神社の大般若経に永禄四年からの争乱に関する追記が各所に見られる。「景虎・氏康、武・上鉾楯、万民不安故真読畢」「西ノ大乱勝敗未決、為天下一統真読中院、景虎・氏康朝敵」などの追記あり。この日「氏康下足立御動」「美濃守対治」、「岩付大切ノ間為安全真読」 | 「氷川女体神社大般若経奥書」9—三—一—三〇七～三一八 |
| | | 2 | 1 | 蕨・笹目が北条氏康により放火され、焼失。 | |
| | | 2 | 2 | 北条氏康、足立へ御動、笹目放火。 | |
| | | 2 | 9 | 上杉輝虎、館林城攻撃。 | 「須田栄定書状」6—三三四 |
| | | 2 | 17 | 上杉輝虎、館林城攻撃、城主赤井照康、城を出る。赤井は忍城へ入る。成田長泰、氏康へ輝虎の佐野移陣を伝える。直ぐに後詰めし、甲州衆の小山田・加藤も半途へ進攻したので、輝虎、佐野城攻略失敗。 | 「北条氏照書状」6—三三六 |
| | | 2 | 28 | 館林の城将須田栄定は梶原政景に書を送り、佐野進攻などを伝え、厩橋進攻と共に岩付城留守の防備を厳重にと伝える。 | 「須田栄定書状」6—三三四 |
| | | 2 | | 足利藤氏の古河城が北条氏に攻められ落城。藤氏は捕虜となり小田原へ。 | 『戦国時代年表』後北条氏編 |
| | | 3 | | （この頃カ）北条氏は甲山に在陣、松山城を攻める。 | 「北条家掟書写」6—三四一、戦北七五四 |
| | | 3 | 2 | 北条氏康、鴻巣の小池長門守屋敷に制札を掲げる。 | 「北条家制札写」6—三三五、戦北七四五 |
| | | 3 | 14 | 北条氏照、佐野の天徳寺宝衍（佐野房綱）に輝虎の佐野攻略失敗を祝し、甲州衆の進陣、氏康河越出陣等を伝える。 | 「北条氏照書状」6—三三六、戦北七四六 |
| | | 3 | 22 | 北条氏康、本田（正勝）が忍びを使って葛西城を奪えれば、本田に葛飾郡内に三カ所の領地と、同類に代物五百貫文宛行を約す。 | 「北条氏康判物」12—二三二一 |
| | | 4 | 2 | 乙千代、用土新左衛門に憲政・景虎帰国、厩橋の焼き払いに満足と伝える。 | |

| | | | |
|---|---|---|---|
| | | （鉢形城）普請について大方ができたというが水の手に十分意を払い、金鑽御嶽城に人数を籠め置く事などを指示する。敵が正龍寺辺りまで出張する事は疑うに足る事である事、藤田右衛門佐の老母（泰邦室カ）が正龍寺へ欠落し不審の様子と云うが、こちらから知れずともどこにでも自由にさせるよう。また、高松衆が走り回っているようで、祝着と伝える。高松衆の進退が決まらずとも秋までは待ち、一様に扶持する考えであるという事を伝える。 | 「乙千代書状写」6−三三九、戦北七五二、鉢一−43、二−39 |
| 4 | 5 | 北条氏、甲山在陣衆の松山本郷への出入り禁止、陣中へ在所から運送の小荷駄・伝馬次については相違なく行うよう申し付け、掟書を出す。 | 「北条家掟書写」6−三四一、戦北七五四 |
| 4カ | | 北条氏康出陣「武州ノ大ガラン岩殿ヲ始トシテ大加ラン悉クハウ火」する。 | 「松橋血脈裏文書」市史2−別二五 |
| 4 | 16 | 北条氏政は本田が自力で葛西城を攻略した場合、葛西領金町・曲金・小松川の他、飯倉を与え、同心には五百貫文を扶持給として与えるという判物を出す。 | 「北条氏政判物」12−二三四、戦北七五九 |
| 4 | 17 | 秩父左衛門尉も其の地（鉢形城）の番や普請に携わり、折々御嶽筋へ見回りをし、効果を上げている事、用土新左衛門から申してきているので忠節を認め扶持すると伝える。 | 「乙千代書状写」6−三五六、戦北三九七一、鉢一−110 |
| 4 | 24 | 葛西城攻略。 | 「北条氏政感状」12−二三六、戦北七六五 |
| 4 | 29 | 藤田泰邦室、西福没。法名嶺梅芳春大姉。 | 「正龍寺墓地宝篋印塔」鉢三別編 |
| 5 | 17 | 武田信玄、鎌原重春に敵地の麦作刈り取り、倉賀野等の苗代薙ぎ払い、本庄久々宇等放火と伝える。 | 「武田信玄書状」戦武七八六 |
| 6 | 2 | 河田忠朝、林平右衛門尉に忍の成田が攻めてきたが、二回に亘って勝利した事を上杉輝虎に披露するよう伝える。 | 「河田忠朝書状」6−付二八 |
| 6 | 4 | 北条氏政、平井郷（多摩郡日の出町）の伝馬奉行に伝馬は一日三匹までとし、北条氏が必要なときは一日十匹とする事。伝馬賃は一里一銭半を定めとし、飛脚以下の公用は無賃とする事を伝える。 | 「北条家朱印状」12−二三七、戦北七六七 |
| 6 | 5 | 北条家、平澤村（日高市）の百姓に徴発した馬一匹を今日中に小田原へ引いて参り太田豊後守泰昌に渡すよう命じる。 | 「北条家朱印状写」12−二三八 |
| 6 | 21 | 北条氏照、伊奈（五日市市）・平井両郷で交代に伝馬を勤めるよう、北条家から命じられた事を伝える。 | 「北条氏照朱印状」12−二四一 |

| | | | |
|---|---|---|---|
| 6 | 26 | （この年カ）河越が石戸を攻めた時、活躍して敵を討ちとった深谷左馬助に太田資正感状を出す。 | 「太田資正感状」12－付一二五 |
| 7 | 16 | 太田資正、道祖土図書助に八林（川島町）の内深谷民部分、石戸野場（北本市）の地を宛行。 | 「太田資正判物」6－三四六 |
| 7 | 26 | 山田伊賀守直定、道祖土図書助と赤浜の原（寄居町）に戦い討死。 | 「太田資正感状」6－三二六 |
| | | 山田存久（山田直定）・法要・助左衛門道久没。 | 『浄蓮寺過去帳』梅沢二〇〇六 |
| 8 | 4 | 乙千代は用土新左衛門に金鑽御嶽城への対応を指示、木部の旧領を安堵する。 | 「乙千代書状写」6－三五七、鉢二－112 |
| 8 | 7 | 北条氏康、黒川城の蘆名盛氏に常陸・下野の和議が整った事。白河と相談して佐竹に対処して欲しい事。氏康は信玄と打ち合わせ、五日の内に岩付方面へ出陣と伝える。 | 「北条氏康書状」12－二四四、 |
| 8 | 12 | 南図書助は奉行人として、出浦小四郎に去年以来の日尾での高名を認め、末野他に八貫文宛行を伝える。 | 「北条氏判物」12－二四六、戦北七七五、鉢一－28 |
| 8 | 24 | 上杉輝虎、小泉城主冨岡重朝に書状を送り、来月の越山を伝え、参陣の用意を命じる。 | 「上杉輝虎書状」6－三四八 |
| 8 | 26 | 北条家は本田氏に朱印状を出し、越谷・舎人を宛行うとしたが、（三月二十二日の）判物に記されていないので出せない事、両郷は大郷であり、さらに忠節を尽くせば与えると伝える。 | 「北条家朱印状」6－三四九、戦北七八三 |
| 9 | 3 | 北条氏康、小田城主小田氏治との和睦交渉成立の高名により渋江弥十郎に足立郡浦寺郷（鳩ケ谷市）を与える。 | 「北条氏康判物写」6－三五一、戦北七八六 |
| 9 | 11 | 北条家は上原出羽守に朱印状を出し、船橋用の竹三十本（円周六～七寸）を市郷（横浜市青葉台）から伐採して準備でき次第江戸城に運び、遠山氏代官吉原に渡すよう命じる。 | 「北条家朱印状」戦北七八八 |
| 9 | 18 | 武田信玄、宇都宮広綱に箕輪・総社・倉賀野の郷村を撃破し、作毛刈り取り、十月下旬今川・北条と申し合わせ利根川を越えると伝える。 | 「武田信玄書状写」6－三五二、戦武七九六 |
| 9 | | 上杉輝虎、太田父子に越中の長陣により人馬疲労の為、越山困難を伝え、来春の上野出陣に備え、軍勢催促し整えておく事を命じる。 | 「上杉輝虎書状写」6－三五三 |
| 10 | | 北条氏康、松山城を攻める。 | 「上杉輝虎書状」6－三七一 |
| 10 | 10 | 乙千代、逸見蔵人に寄居町飯塚、秩父市贄川に六貫三百文宛行。 | 「乙千代判物」6－三五四、鉢一－40 |

| 西暦 | 和暦 | 月 | 日 | 事項 | 出典 |
|---|---|---|---|---|---|
| | | 11 | 11 | 武田信玄の援軍松山着陣。北条氏康・武田信玄は松山城を攻囲。 | 『鎌倉九代後記』8—三二一頁 |
| | | 12 | 16 | 上杉輝虎、十六日倉内着陣、松山城は攻囲されているが堅固な守備という。倉内着陣を味方へ伝えるよう北條高広に申し渡す。 | 「上杉輝虎書状写」6—三六六 |
| | | 12 | 18 | 上杉輝虎、那須資胤に、この初秋には人馬疲労のため出馬が困難と伝えたが、武田と北条が松山に張陣したので、雪が深い時期であるが、越山をした。由良成繁・太田資正に伝えて欲しいと依頼する。 | 「上杉輝虎書状写」6—三六七、 |
| 一五六三 | 永禄6 | 1 | 8 | 上杉輝虎、関宿の簗田氏に松山城は日を追って力がなくなり岩付衆の援軍も遅れ、今後直接後詰めをする事。昨日は深谷に放火。今日は高山や小幡の守る谷（山中地域）へも進軍した事等を伝える。 | 「上杉輝虎書状写」12—一二五四 |
| | | 2 | 1 | 里見正五（義尭）、上杉政虎から参陣が遅れているとの督促の書状が正月三十日に届いた。二月一日には市川十里以内に着陣すると返事する。 | 「里見正五書状」6—三三二 |
| | | 2 | 4 | 岩付太田方の松山城、北条・武田軍に敗れ落城。<br>上杉憲勝、城を明け渡す。北条氏康、上田又次郎に元のごとく守らす。 | 「北条氏康書状写」6—三六九<br>『鎌倉九代後記』8—三二一頁 |
| | | 2 | 6 | 上杉輝虎、救援のため石戸に至る。帰途騎西城攻める。 | 「上杉輝虎書状」6—三七二 |
| | | 2 | 17 | 北条氏康、騎西城救援のため出陣。成田氏家臣手嶋美作守に使者との談合を命ず。（書状写には三月とある） | 「北条氏康書状」6—三六八、戦北八〇七 |
| | | 2 | 21 | 北条氏康、白河小峰城主結城晴綱に松山城本意、佐竹は上杉に味方した事、景虎は十一日に岩付を退き、利根川端張陣、切所故攻め倦ねている事、佐竹義昭は景虎に味方して出陣しているので、佐竹攻めに出陣を依頼。 | 「北条氏康書状」6—三六九、戦北八〇五 |
| | | 2 | 26 | 北条氏康・氏政父子が用土新左衛門尉に一乱以来の功績を認め、旧領を安堵し、長浜郷など三箇所を宛行う。 | 「北条氏康・氏政連署状写」6—三七〇、戦北八〇六、鉢四—79 |
| | | 4 | 8 | 北条家、金子家長に河越への伝馬忠節を認め、金子屋敷・桑良屋共に棟別銭・反銭を免除、手形の無い伝馬付加を禁止する。 | 「北条家朱印状写」12—一二五八、戦北四六六六 |
| | | 4 | 12 | 北条氏照、安中丹後守に堤郷（上里町）・篠塚・中嶋（邑楽町）を宛行。本領の替え地については大途に申し上げて進ぜると伝える。 | 「北条氏照判物」6—三七一、戦北八〇八 |
| | | 4 | 14 | 足利義氏の奉公衆河村対馬守定真は白川城主結城晴朝に北条氏康が結城へ出馬する事になった事、小田氏治と結城晴朝の了承を得た氏康の誓詞と定書を届ける事、氏康は二十日の内に利根川を越え、上杉輝虎と対陣する事、 | 「河村定真書状」6—四〇〇 |

| 月 | 日 | 事項 | 出典 |
| --- | --- | --- | --- |
| | | 皆川・笠間・佐野・成田は北条氏に従属し、騎西と小山は上杉に従属した等と伝える。 | |
| 4 | 15 | 上杉輝虎、黒川城主蘆名左京大夫に松山城救援に昨年出陣した。松山城は数千人で守らせていたが、勝式部の謀略により松山城を明け渡してしまった事。騎西城を攻め中城まで攻め落としたが、太田美濃守資正が懇願したので実城は攻め落とさず赦した事。その後下野に進軍、小山弾正の城を攻めたところ息子や親類など多数の人質を出してきた事。結城は小山弾正の兄弟なので攻めるのを中止した事などを伝える。 | 「上杉輝虎書状」6―三七二 |
| 4 | 16 | 北条家、入間郡大井郷百姓中に還住と田畠開発を命じる。 | 「北条家朱印状」6―三七三 |
| 5 | 10 | 北条氏康・氏政父子は武田信玄と申し合わせのとおり、安保中務少輔泰忠・同左衛門尉（泰通カ）に上野・足利領内で二十七の郷村等を宛行う。 | 「北条氏康・氏政連署判物」6―三七五、戦北八一三、鉢戦史四―4 |
| 5 | 28 | 広田直繁、永明寺の再興と寺領を安堵する | 「広田直繁判物写」6―三七六 |
| 6 | 10 | 北条家は相模国田名郷に玉縄城の塀の普請役を命じ、中城の塀五間を二十人で一日で仕上げる事を命じる。この朱印状には一間に付、男柱（円周一尺三寸長さ九尺栗材）一本立て等、用材・仕様等についての具体的な指示が記されており、北条氏の築城時の塀の造り方を知る事ができる。 | 「北条家朱印状」戦北八一五 |
| 6 | 18 | 太田資正、赤井坊（伊奈町小室）に制札を出し、沼の埋め立てを禁止。 | 「太田資正制札写」6―三七七 |
| 7 | 2 | 太田資正、民部大輔。氏資は大膳大夫に任ぜられる。 | 「正親天皇口宣案」6―三七八・三七九 |
| 7 | 25 | 大洪水で飢饉となる。 | 『年代記配合抄』 |
| 8 | 17 | 北条家、牛込宮内少輔の中間が敵陣の中で命を落とした。その忠節について彼の子に牛込村（豊島区）の棟別銭一貫四百文を与えるが、いずれは足立郡の田地をもって与えるので、その時は棟別銭は前々の如く納める事という。 | 「北条家朱印状」12―二六二 |
| 10 | 13 | 三田弾正少輔綱秀没。 | 「海禅寺位牌銘」『新編武蔵風土記稿』六―一七七頁 |
| 10 | 24 | 館林城主長尾景長、北爪助八に石打に居住するについて（邑楽町）狐塚の内十貫文と篠塚十貫文、石打郷の内十貫文の地を給する。 | 「長尾景長證状」6―三八四 |
| 10 | | 岩槻山城西藤氏攻略の記録に「矢根上手」の権田政重の事有り。 | 『加澤記』巻一　二五頁 |
| 11 | 12 | 北条氏照、駒木野領分百姓中に漆七つの購入分として一貫四百文を渡し、十二月十日までに購入して納めるよう命じる。 | 「北条氏照朱印状」12―二六五 |

| | | | | |
|---|---|---|---|---|
| | | 11 24 | 太田資正、代山の寺山・たい野端（さいたま市）を三戸駿河守妻としように宛行。 | 「太田資正書状」6—三八五 |
| | | 12 9 | 武田信玄は五・六日箕輪城を攻め、七日は木辺古城（高崎市木辺城）を再興し、守備を伝え、近日中に氏康が金鑽御嶽城に寄陣するという。 | 「甘利昌忠書状写」12—二六六、戦武八四八 |
| | | | 用土新左衛門、高岸三郎左衛門の小屋役について指南。 | 「用土新左衛門書状」6—付六一、鉢一—37 |
| | | ⑫ 3 | 太田資正、三戸伊勢寿丸の知行不入を確認、上杉輝虎への忠信肝要という。 | 「太田資正書状」6—三八七 |
| | | | 井草郷（川島町）に水害が有り、牛村助十郎に築堤を命じる。 | 「恒岡資宗・佐枝信宗連署状写」6—三八九 |
| | | ⑫ 5 | 上杉輝虎、冨岡重朝に武田・北条両軍が東上野に進攻、金山城を攻めた。上杉勢は後詰めし、早急に太田資正・成田氏長に羽生移陣を伝えるよう協力を依頼。 | 「上杉輝虎書状写」群7—二二〇七 |
| | | | 太田氏資家臣恒岡資宗・佐枝信宗は連署して牛村助十郎に井草郷の水害について政所免と堤免を預け、来春田口伊与守と相談の上堤防築造を命じる。 | 「恒岡資宗・佐枝信宗連署状写」6—三八九 |
| | | ⑫ 10 | 北条氏照、結城親朝に関宿城を守り、上杉勢が利根川を越えれば上野新田口に出陣と伝える。 | 「北条氏照書状」6—三九〇 |
| | | ⑫ 26 | 渋川津久田城攻め。狩野大学助・南雲地衆に任せるので、氏照の指示に従って働くよう伝える。 | 「北条氏照書状」6—三九一 |
| | | ⑫ 27 | 上杉輝虎、北条・武田両軍が二十日、上野に進攻した事、これにより厩橋城着城したところ北条武田両軍は東上野から撤退し、北条氏康、松山城に在城、武田晴信は西上野に在陣と里見義弘に伝える。 | 「上杉輝虎書状写」6—三九二 |
| 一五六四 | 永禄7 | 1 1 | 江戸城太田康資が北条氏を離反。里見に与し、里見氏が葛西城を攻囲。太田資康が里見に寝返ったので、その家中について一段と心配。寄子・中間・小者まで改め、葛西城への入城を禁止する事、また、葛西城へ進攻が有れば太田次郎左衛門（康宗）・恒岡弾正忠（信宗カ）ら妻子を北条孫二郎（康元）に渡し、江戸城中城に入れて対処する事を申しつける。 | 「北条氏康書状写」6—三九四、戦北八三五 |
| | | 1 4 | 北条氏康、伊豆衆の秩父（次郎左衛門カ）氏や西原（次郎右衛門カ）氏に房州勢が市川に在陣したので、腰兵粮・乗馬にて江戸城へ至急参陣し、兵粮が用意できない者は江戸城にて借りるよう。陣夫は連れず、中間・小者は残らず連れて来るよう命ずる。 | 「北条氏康書状」6—三九五 戦北八三六 |
| | | 1 7 | 国府台合戦。北条氏康父子は里見義弘・太田資正等と戦う。 | 『鎌倉九代後記』8—三二二頁 |

| | | | |
|---|---|---|---|
| 1 | 8 | 北条氏勝利し、下総国葛西領・香取郡を領有す。（江戸太田氏の江戸城接収、江戸太田氏没落） | 「北条氏康・氏政連署状写」12―二七〇、戦北八四四～七 |
| 1 | 24 | 上杉輝虎、佐野へ出陣。富岡重朝に出陣を促す。 | 「上杉輝虎書状写」群7―二二一九 |
| 2 | 4 | 上田妙題没。 | 『浄蓮寺過去帳』 |
| 2 | 7 | 上杉輝虎小田城攻略、小田氏治（松山城へ）逃亡し、残党千人程討死。証人は赦免と伝える。 | 「柿崎景家書状」上別Ⅰ―三八二 |
| 2 | 17 | 佐野進攻に対して高名を上げた諸将に感状を与える。 | 「上杉輝虎感状」上別Ⅰ―三八六他 |
| 2 | 28 | 北条氏照、国府台合戦で高名を上げた小田野氏等に感状を与える。 | 「北条氏照感状」12―二七二～四 |
| 4 | 14 | 足利義氏の家臣・河村定真、白河の結城晴綱に北条氏康二十日迄に結城へ出陣と伝える。 | 「河村定真書状」6―四〇〇 |
| 5 | 13 | 将軍足利義輝、北条氏との和睦を上杉輝虎に勧告。 | 「足利義昭御内書」上別Ⅰ―四〇七 |
| 5 | 16 | 上杉輝虎、梶原政景に太田美濃守資正の房州からの帰城について何事もなくめでたいと伝え、特に房・総を堅く守る事を里見と取り決め、酒井胤治を味方につけた事を讃え、東国の合戦も終わるだろうとその労をねぎらい、来春は越山と伝える。 | 「上杉輝虎書状」12―二七六 |
| 5 | 17 | 武田信玄上野出陣。鎌原重春に敵地の麦作刈り取り、倉賀野等の苗代薙ぎ払い、本庄・久々宇等放火と伝える。民は農務があり、改めて来月下旬出陣という。 | 「武田信玄書状写」6―四〇一 |
| 5 | 23 | 北条氏照、三田治部少輔・師岡秀光に岩付境目の大切な清戸番所在番に関する清戸三番衆法度を定める。 | 「北条氏照朱印状」6―四〇二、戦北八五四 |
| 5 | 27 | 結城晴朝、白河小峰城主結城義親に武田信玄上州出陣、北条氏康の岩付城着陣を伝え、義親の出陣を要請。 | 「結城晴朝書状」6―四〇三 |
| 6 | 18 | 北条氏邦、斎藤八右衛門に三沢二十貫文の不足分として公方綿四抱などを一回免除。（氏邦朱印状初見） | 「北条氏邦朱印状」6―四〇五、戦北八五七、鉢一―8 |
| | | 同、児玉の久米大膳亮に通行手形を与え、氏邦知行内における諸役免除の朱印状を出す。（氏邦朱印状初見） | 「北条氏邦朱印状」6―四〇六、戦北八五六、鉢四―22 |
| 7 | 23 | 岩付城主太田資正、出陣で留守にした時に倅氏資に追放される。 | 「上杉輝虎書状」6―四〇九 |
| 7 | 29 | 二十九日以前に岩付で合戦ありと富岡重朝に伝え、この所業言語道断であるが資正には別段何事も無いと伝える。輝虎は今日川中島に出陣し、近日 | 「上杉輝虎書状」6―四〇八 |

（永禄7）

| | | |
|---|---|---|
| | 中に佐久から碓井峠を通過するという。 | |
| | 北条氏邦、猪俣左衛門尉・用土新六郎・黒澤右馬助・逸見左馬亮らに八月十日迄に江戸城着城を命ず。（用土新六郎がいるのでこの年カ） | 「北条氏邦書状写」6—一七〇七、戦北—三九八八、鉢三—62 |
| 8 4 | 上杉輝虎、将軍家からの和睦せよとの御内書を請け取り恐縮していること。板東の事では、古河様（義氏）が成敗された上、図らずも管領職を受けざるを得なかった事、北条の数々の不忠不義の事、小田城攻めなどの事、岩付城が奪取された事等、北条は討つべきと思っている事。和睦せよと言われた事への不信と不満を幕府の重臣大館晴光に述べる。 | 「藤原景虎書状写」6—四〇九 |
| | 上杉輝虎、川中島出陣。佐竹義昭に後詰めとして上武境出陣を要請。 | 「上杉輝虎書状」12—二七八 |
| 8 6 | 小田城主小田氏治、松山城在城。武田信玄西上野出陣。今川は七月末に小田原に着陣、氏康は七月二十六日には(昭島市)大神まで出陣した。洪水で（多摩）川を越えられ無いと白川義親カに伝える。 | 「小田氏治書状」6—四一〇 |
| 9 6 | 館林城主長尾景長、河田備前守長親に北条氏康が関宿城を攻撃したが多数を討ち取られ退陣し、行田市清水張陣。景長は備えの為、南部の川辺を固めている事を伝える。 | 「長尾景長書状」12—二八〇 |
| 9 7 | 太田氏資、内山弥右衛門尉に足立郡柴之郷沼尻十九貫文、柳崎原分一貫五百文宛行。 | 「太田氏資判物写」6—四一二 戦北八六四 |
| 9 15 | 武田信玄安中城攻略。北条氏康・氏政父子は四日に石戸・河越着陣後、岩付近くに在陣して越年。 | 「那須資矩書状」6—四一三 |
| 9 20 | 北条家、入間川宿に当年より三カ年諸役免除するが、陣夫役は務める事という。 | 「北条家朱印状」6—四一四、戦北八六五 |
| 10 15 | 太田氏資、井草郷を十年荒野とし、百姓・脇百姓共に還住しての開発を命じる。 | 「太田氏資朱印状写」6—四一五 戦北八七一 |
| 10 19 | 北条氏照、高麗郡内の長田・分田金の名主百姓に他所へ欠落した百姓がおり、至急検査し、所在の確認を命じる。今後、このような話を聞いたら名主百姓の首を刎ねるという。 | 「北条氏照朱印状」6—四一六、戦北八七三 |
| 10 27 | 三春城主田村顕広、太田三楽齊の宇都宮移住を慰める。 | 「田村月斎書状」6—四一七 |
| 11 24 | 足利義氏、上総佐貫城の御座所から鎌倉に移座。 | 「足利義氏感状写」戦古八八三 |
| 11 27 | 太田道誉、沼田城将河田長親に上杉輝虎からの黄金百両の礼を述べ、 | 「太田道誉書状」6—四一九 |

| 西暦 | 和暦 | 月 | 日 | 事項 | 出典 |
|---|---|---|---|---|---|
| | | | | 自身の引退。梶原政景の引き立てを依頼す。 | |
| | | 11 | 28 | 太田氏資、渋江鋳物師の諸公事を免除。 | 「太田氏資判物写」6—四二一、戦北八七九 |
| | | 12 | 19 | 太田氏資、清河寺の諸公事免除。 | 「太田氏資書状写」6—四二二、戦北八八四 |
| 一五六五 | 永禄8 | 1 | 7 | 北条氏邦、用土新六郎に吉田天徳寺門前から出す舟役一艘免除。 | 「北条氏邦朱印状」6—四二三、鉢一—99、 |
| | | 1 | 15 | 北条氏邦、野上足軽衆に西之入の小屋の番を命じる。 | 「北条氏邦朱印状」6—四二五、鉢一—41 |
| | | 2 | 11 | 北条氏邦、長吏太郎左衛門に鉢形領内における砥商を許し、盗商について荷馬を押さえ、関山（寄居町鉢形内宿内）に召し連れるよう命じる。 | 「北条氏邦朱印状」6—四二六、鉢三—21<br>戦北八九四 |
| | | 2 | 12 | 北条氏政、臼井城の酒井胤治を攻める。城方はこの合戦で五十余人討取。 | 「酒井胤治書状写」6—四二七 |
| | | 2 | 13 | 臼井城金谷口合戦、百余人討取。善生寺口合戦、十余人討取。 | |
| | | 2 | 20 | 太田氏資、大行院に上足立三十三郷の伊勢熊野先達職衆分の旦那職を安堵する。 | 「太田氏資書状写」6—四二八 |
| | | 2 | 24 | 北条氏邦、日尾の忠信で出浦左馬助に阿左美郷の内十貫文宛行。 | 「北条氏邦判物」12—二八二、鉢一—29、 |
| | | | | 上杉輝虎、小山高朝、成田左衛門次郎に書状を出し、加賀に出陣する予定であったが、関東の危急を聞き今日出馬と伝え、急ぎ厩橋への着陣を指示。 | 「上杉輝虎書状写」6—四二九<br>「上杉輝虎書状」6—四三〇 |
| | | 3 | 1 | 深谷城際合戦の時、敵討ち取りの高名を上げた正木図書助に感状を出す。 | 「成田氏長感状」12—二八三 |
| | | 3 | 2 | 北条氏康、関宿城を攻め、宿内外一宇も残さず焼き払う。 | 「足利義氏感状写」6—四三一、<br>「簗田晴助書状写」12—二八四 |
| | | 3 | 4 | 北条軍関宿撤退。 | |
| | | 3 | 6 | 北条氏政、再び関宿に入る。 | 『長楽寺永禄日記』8—六四八頁 |
| | | 3 | 17 | 成田勢進攻し、深谷にて鐘・法螺貝激しく鳴る。 | |
| | | 3 | 23 | 北条氏康、布施田山城守に大里郡内に五百貫文宛行、深谷合戦の戦功を賞す。 | 「北条氏康判物写」6—四三三 |
| | | 4 | 1 | 金鑚御嶽城の平沢政実、黒澤玄蕃允に渡瀬・児玉等の地五貫二百文宛行。 | 「平沢政実書状」6—四三四、鉢四—88 |
| | | 4 | 20 | 北条氏照、水口百姓の北嶋弥十郎に、用水の水口は長田（飯能市）に設置すると昨年決定したが、百姓が異議を申し、年貢を納めていないので、昨年と今年分の年貢を納めるように命じる。 | 「北条氏照朱印状」6—四三五、戦北九〇一 |
| | | 4 | 28 | 北条氏照、柏原鍛冶新居新左衛門尉に棟別役十二間分免除し、年二十丁の槍の納入を命ず。公用以外の注文は朱印状で依頼し、公物を払うという。 | 「北条氏照朱印状」6—四三六、戦北九〇三 |
| | | 5 | | 忍城主成田氏長、藤田甘粕の商人長谷部源三郎は忍領の足軽と証明。 | 「成田氏長判物」6—四三九、鉢三—32 |
| | | 5 | 7 | 太田資正、岩付奪回のため攻めるも破れ、成田氏の下へ退く。 | 『長楽寺永禄日記』8—六四九頁 |

（永禄８）

| 月 | 日 | 事項 | 出典 |
|---|---|---|---|
| 5 | 8 | 太田資正、渋江まで攻入るも内部から内応者が出て栗橋へ退く。 | |
| 5 | 15 | 太田氏資、宮城四郎兵衛尉（泰業）に度々の忠信を讃え舎人郷（足立区）宛行。 | 「太田氏資書状」6―四三八、戦北九〇六、 |
| 5 | 17 | 関宿への陣触れ有り。 | 『長楽寺永禄日記』8―六四九頁 |
| 5 | 24 | 北条氏政、関宿から退陣。 | |
| 6 | 9 | 北条家は森遠江守に岩付本領の替地として河越池辺郷を宛行。 | 「北条家朱印状」6―四四一、戦北九一三 |
| 6 | 13 | 北条氏政、宮城美作守為業に先に笠幡郷を宛行ってきたがこれに代わり菅生郷を宛行。 | 「北条氏政判物」6―四四二、戦北九一五 |
| 6 | 21 | 太田資正、足立郡加村本領などの地を高麗豊後守に宛行。 | 「太田道誉書状写」6―四四三 |
| 6 | 27 | 上杉輝虎、安房里見義弘に岩付回復のために太田資正を案内者にして出陣を要請。 | 「上杉輝虎書状」6―四四四 |
| 7 | 2 | 梶原政景、木崎郷（さいたま市）内細谷刑部左衛門拘地を三戸十郎に宛行。 | 「梶原政景書状」6―四四五 |
| 7 | 8 | 輝虎、としように太田父子が岩付城奪回を心がけるよう意見せよと伝える。 | 「上杉輝虎書状」6―四四六 |
| 7 | 16 | 上杉輝虎、三戸駿河守に太田道誉と心を合わせ岩付城奪回心懸けを命ず。 | 「上杉輝虎書状」6―四四七 |
| 8 | 12 | 北条家は相模田名郷に、五年に一度の玉縄城清水曲輪塀普請を命じる。この中に塀普請の日程・仕様・用材・経費等詳細な指示がある。 | 「北条家朱印状」戦北九二五 |
| 8 | 16 | 平沢政実、黒澤源三に五明兵庫屋敷など三十貫五百文の地宛行。 | 「平沢政実判物」6―四四八、鉢四―89 |
| 8 | 16 | 北条勢、忍へ進攻。 | |
| 8 | 17 | 藤田新太郎（氏邦）方は、鉢形の関山にて深谷上杉と談合する。 | |
| 8 | 23 | 北条方、関宿での動きありと伝える。 | 『長楽寺永禄日記』8―六五二～三頁 |
| 8 | 24 | 関宿より北条軍撤退。北条氏康、鉢形へ寄陣。金鑽御嶽城へ進軍。以後、市田・忍等攻め、成田・北河原を焼く。 | |
| 8 | 26 | 北条氏邦、先に出浦左馬助に宛行った阿左美村の十貫文の知行を改めて示す。 | 「北条氏邦朱印状」12―二八二、鉢一―33<br>戦北九二七 |
| 8 | 29 | 市田にて火の手上がると伝える。 | |
| 9 | 6 | 北条勢、御正新田に着陣。 | |
| 9 | 15 | 北条勢、肥塚に移陣。 | |
| 9 | 20 | 北条勢、肥塚陣を払って奈良に移陣。 | 『長楽寺永禄日記』8―六五三～四頁ほか |
| 9 | 21 | 北条軍は成田・北河原を焼き、聖天の南、堰宮ハッツケバに移陣。 | |

| 西暦 | 和暦 | 月 | 日 | 事項 | 出典 |
| --- | --- | --- | --- | --- | --- |
| | | 9 | 25 | 北条勢堰宮陣を払い、羽生須賀山へ移る。金山城主は今日も川辺に出陣。 | |
| | | 9 | 27 | 成田より鉄炮の音聞こえると記される。 | |
| | | 10 | 21 | 長尾景長、大畠与五右衛門尉に深谷口での敵討ち取りの高名を賞す。 | 「長尾景長感状」12―二九四、 |
| | | 11 | 21 | 上杉輝虎、十月下旬越後を発ち、雪で遅れ、今日浅貝着陣、里見義堯の太田道誉と相談の上の出陣を促す。 | 「上杉輝虎書状」6―四五一 |
| | | 12 | 18 | 梶原政景、叔母の三戸駿河守室「としよう」に河越庄府川郷鷲ケ岫内古谷分、代山の内寺山などの地を不入として安堵。 | 「梶原政景書状」6―四五二 |
| 一五六六 | 永禄9 | 1 | | 上杉輝虎、小田城攻囲。この時の参陣衆に成田二百騎・広田五十騎・木戸五十騎・太田百騎など見ゆ。 | 「上杉輝虎陣立覚書写」6―四八一 |
| | | 1 | 13 | 北条氏照、日高長念寺領を安堵。 | 「北条氏照朱印状」6―四五三、戦北九三四 |
| | | 2 | 16 | 上杉輝虎、小田城攻略。人身売買の市立が行われる。 | 『越佐史料』巻四―五五三頁 |
| | | 3 | 25 | 北条氏政、上杉輝虎が二十三日に数千人で臼井城を攻めるも手負い・討死を出して敗北必定と武田信玄に伝え、急ぎの出陣を依頼。 | 「北条氏政書状写」6―四五七、戦北九三九 |
| | | 4 | 1 | 北条氏康、（富岡氏宛カ）臼井城自落と伝え、佐野城も自落するよう走り廻る事を求める。 | 「北条氏康書状」戦北九四〇 |
| | | 4 | 15 | 北条氏邦、末野の惣衛門に一ケ月に二十疋分の砥売買を許可し、人見の太郎左衛門と一緒に鉢形の御用を勤めるようにと申し伝える。 | 「北条氏邦朱印状写」鉢三―123 6―九五二、 |
| | | 5 | 5 | 北条氏邦、山口二郎五郎に末野少林寺門前に一貫三百文の領地宛行。 | 「北条氏邦朱印状」6―四五九、鉢一―96 |
| | | 5 | 13 | 北条氏照、上総の正木左近大夫（時忠）に小田氏治・結城晴朝・小山秀綱・宇都宮弘綱が証人を出して従属した事を伝え、正木十郎（時通）の着陣を氏政が喜んでいると伝える。 | 「北条氏照書状写」12―二九九、戦北九四八 |
| | | 6 | 13 | 北条氏邦、塀和又八郎に日根雅楽助跡・野上白岩分・下冨田・千代・板井の内など百五十貫文を宛行。 | 「北条氏邦判物」12―三〇一、戦北四六七四 |
| | | 6 | 21 | 北条氏照、来住野大炊助（多摩郡五日市）に軍役着到を改めて示し、竹槍禁止・立物の無い冑禁止、二十才以下の者に武器を持たせない事等を伝え、来秋から違犯すれば知行召し上げという。 | 「北条氏照朱印状写」12―三〇三、戦北九五六 |
| | | 6 | 28 | 太田道誉は常陸片野城主、梶原政景は常陸柿岡城主となる。 | 「佐竹義重書状写」6―四六二 |
| | | 7 | 10 | 北条氏邦、津久井五郎太郎の六具（寄居町）の高名を賞す。 | 「北条氏邦朱印状」戦北九六二、鉢三―63 |
| | | 7 | 25 | 足利義氏、芹沢土佐守に北条氏政が常陸・下野方面に進攻し、結城晴朝を | |

（永禄9）

| 月 | 日 | 事項 | 出典 |
|---|---|---|---|
| | | 始め家臣達は残らず着陣し、人質を出し、河内の大半が静謐になった事。また、その際に白薬・万病円・長命丸の薬を貰い感謝していると伝える。 | 「足利義氏書状」12—三〇四、戦古八九六 |
| 8 | 23 | 北条家、成田表（熊谷）で合戦。二十三日、北条氏政、浜野弥六郎の敵討取りの高名を賞し、感状を与える。 | 「北条氏政感状写」12—三〇六、戦北九七〇 |
| 8 | 25 | 北条家、豊前山城守の望みを聞き届け、江戸城下の有滝屋敷（豊島区）を与える。 | 「北条家朱印状」戦北九六八 |
| 8 | 29 | 氏邦、白石の寶積坊に使僧役を命じ、成し遂げたら扶助するという。奏者が猪俣左衛門尉。 | 「北条氏邦朱印状」6—四六三、戦北九七二、鉢四—48 |
| ⑧ | 2 | 氏邦、斎藤八衛門尉に忠節により、一カ所後日に出すとしたが、相応の地がなかったので改めて広木の黒沢新右衛門分三貫八百文の地宛行。 | 「北条氏邦朱印状」6—四六四、戦北九七三、鉢一—9 |
| ⑧ | 25 | 北条氏照は正木時忠に上総への出陣が遅延したのは大雨洪水で交通が遮断されたため、上杉勢が上州境へ出陣との噂があるが実情が知りたい事、関東東口では宇都宮・両皆川（俊宗・忠宗）・新田は当方へ味方している事、成田も今日明日中には代官が味方になる事を伝えてくる等を伝える。 | 「北条氏照書状」6—四六五、戦北五七七 |
| ⑧ | 29 | 北条氏政、上杉輝虎が新田に向け出陣と氏照に伝え、五日の内に先衆派遣を命じる。 | 「北条氏政書状」6—四六六、戦北九七八 |
| 9 | 5 | 北条氏康・氏政は由良成繁父子に、このたび味方になれば、これまでの遺恨を忘れ、将来に亘って見放さない事などを記した起請文を出す。 | 「北条氏康・氏政連署起請文」6—四六七、戦北九七九 |
| 9 | 17 | 太田氏資、奉行に対して内山弥右衛門の足立郡柴郷（川口市）の棟別五間免除を通知する。 | 「太田氏資朱印状写」6—四六八、戦北九八一、 |
| 9 | 26 | 氏邦、逸見蔵人・四方田源左衛門尉・大浜式部に広木（美里町）五カ村の竹藪検分し、竹を減らす事の無く、いくら伐採できるか竹の数を報告させる。 | 「北条氏邦朱印状」6—四六九、戦北九八三、鉢二—42 |
| 9 | 27 | 上杉輝虎、由良父子の離反を受け、江戸重道・東義久等に、佐竹義昭の在世の時のように義重と共に参陣協力を要請する。道誉が斡旋する。 | 「上杉輝虎書状写」6—四七〇・四七一 |
| 9 | 29 | 箕輪城落城、西上野は武田氏支配に入る。 | 『群馬県史』通史編六二二頁 |
| 10 | 11 | 北条氏政は足利義氏臣豊前山城守に大病を患い、医者も行を失い死ぬかと思ったが、豊前の治療によって平癒した事を感謝し、正宗の刀を一本与え肌身離さず持っているように伝え、さらに黄金三十両を与える。 | 「北条氏政書状」戦北九八五 |
| 10 | 24 | 太田氏資、内山弥右衛門尉に原地（川口市）三貫文・大串（吉見町）の銀屋 | 「太田氏資判物写」6—四七三、戦北九八八 |

| 西暦 | 和暦 | 月 | 日 | 事項 | 出典 |
|---|---|---|---|---|---|
| | | | | 不作十七貫文、計二十貫文の領地宛行。 | |
| | | 10 | 25 | 武田信玄、新田・足利を焼く。この時五料（玉村）・二本木（板倉町カ）・葛和田（妻沼）を渡河するとある。 | 『甲陽軍鑑』巻十一 |
| | | | | （この日カ）北条氏照、川上権左衛門尉に近年の上紙は漉き切れがあり用に立たない事、さらに昨年分は破れもあった。今年はそのような漉き切れや破れがないよう漉く事、今年より倍の紙を納めるように命じる。 | 「北条氏照朱印状」12－三〇七 |
| | | 11 | 10 | 上杉輝虎、富岡重朝に八日大胡着陣を伝え、北条勢が在陣しているので、藤岡市高山から深谷近辺まで放火。敵五十余を打ち取り、人馬を多く略奪し、本陣に帰った事。今後、金山・由良攻めに進軍するので参陣を依頼す。 | 「上杉輝虎書状写」上別Ⅰ－五三八、6－五〇五 |
| | | 11 | 18 | 太田氏資、足立郡小室閼伽井坊寺内門前を前々の如く不入とする。 | 「太田氏資判物」6－四七五、戦北九九二 |
| | | 11 | 19 | 上杉輝虎、佐野進攻。近日中に新田へ進軍と富岡重朝に伝える。 | 「上杉輝虎書状」上別Ⅰ－五四〇 |
| | | 11 | 21 | 北条氏照、三沢衆にこの度の出陣について冑の立物が無い冑使用は改易にする事、出立は煌びやかにして走り廻る事を命じる。 | 「北条氏照朱印状」12－三〇九、戦北九九五 |
| | | 11 | 23 | 太田氏資、飯塚法華寺（さいたま市岩槻区）と内野の清河寺（さいたま市西区）の門前にかかる諸公事・棟別・諸勧進を停止する。 | 「太田氏資判物」6－四七六～七、戦北九九六～七 |
| | | 11 | 28 | 太田氏資、足立郡小室（伊奈町）閼伽井坊に寺領安堵。 | 「太田氏資判物」6－四七八、戦北一〇〇〇 |
| | | 12 | 4 | 北条家、児玉今井郷へ禁制を出す。 | 「北条家禁制」6－四七九、鉢四－8 |
| | | 12 | 13 | 上杉輝虎、総社の加勢として、沼田城将松本景繁を差し向けたところ、北條高広はその身柄を北条方の陣へ連れていった。これは前代未聞の事、長尾為景の代から心を寄せ、関東における輝虎の代官として処遇してきた事は誰もが知っており、これは天魔の所行、面目を失ったと本庄美作守実乃に伝える。 | 「上杉輝虎書状」上別Ⅰ－五四三 |
| | | 冬 | | 膳・山上両氏について、五十子陣以来、横瀬成繁に与力していたが、天文十年秋に庁鼻和の上杉城賢・那波宗俊らと謀って横瀬を攻め、北条に付く。上杉輝虎代になって北条の下にあったが輝虎敗北を受けて、永禄九年冬佐野在陣の折、氏邦の陣に入り北条に与したもので、氏邦から意見もあって、会おうと思うと伝える。 | 「由良成繁事書案」『金山城と由良氏』一四一、12－三三二 |
| 一五六七 | 永禄10 | 1 | 10 | 北条氏政、古河公方家臣・豊前山城守に北条氏照が病なので一泊で出向き治療をと依頼。 | 「北条氏政書状」戦北一〇〇四 |
| | | 1 | 26 | 佐野在陣中の上杉輝虎は太田道誉と佐竹が同陣しない事を咎め、書状 | |

| 月 | 日 | 事項 | 出典 |
|---|---|---|---|
| | | を送り、明日中に同陣するよう申し付け、叱責する。皆川氏等について上杉は思いをかける事はない、この文は他に見せるなと伝える。 | 「上杉輝虎書状」6―四八六 |
| 1 | 28 | 上杉輝虎、佐竹義重に武田・北条氏の手切れ近いと伝える。 | 「上杉輝虎書状」上別Ⅰ―五四七 |
| 2 | 1 | 太田氏資、鎌倉円覚寺首座に八林（川島町）分の内長福寺分、駒形免一町九反、雷電宮免田畠二町の三カ所について前々の様に安堵する。解決次第検地すると伝える。 | 「太田氏資判物写」6―四八七、戦北一〇〇八 |
| 2 | 10 | 太田氏資、上落合（さいたま市）の百姓の土地は三年荒野と定めたので、諸公事はないと伝える。 | 「太田氏資朱印状」12―三一一 |
| 4 | 2 | 上杉輝虎、沼田城将に厩橋城の北條高広を脅かしのためにも上田の勢と相談して攻撃し、十～二十人討ちとるよう指示。 | 「上杉輝虎書状」上別Ⅰ―五五四 |
| 4 | 18 | 北条氏政・氏照父子、簗田父子へ進退保証の起請文を渡す。 | 「北条氏政起請文写」他、戦北一〇一七、6―四八八 |
| 4 | 21 | 先の起請文により簗田氏は古河城を足利義氏に進上。 | 「足利義氏契状」戦古八九八 |
| 5 | 9 | （この年カ）北条氏邦、砥役の扱いについて昨年の朱印状について帰城の上究明し改めて申し付ける事とし、帰城までの当分の間は先の朱印状に基づき藤田領中の砥役の事を行うよう末野の惣衛門に伝える。 | 「北条氏邦朱印状写」鉢三―124、6―九五四 |
| 7 | 1 | 将軍足利義秋、北条氏政に上杉輝虎との和睦を要請と直江政綱に伝える。 | 「足利義秋御内書」上別Ⅰ―五七〇 |
| 7 | 19 | 北条氏資、平林寺の安首座（泰翁宗安）の上洛に当たり、寺領と末寺を安堵する。 | 「太田氏資書状」6―四九一～二 |
| 8 | 7 | 山中衆の黒澤駿河守等、国峯城主小幡信真に起請文を出す。 | 「土屋重綱等連署起請文」山5―一四一二 |
| | | 上杉輝虎、太田道誉に佐野より東は佐竹・宇都宮両家に任す事を伝える。 | 「上杉輝虎書状写」6―五一九 |
| 8 | 23 | 北条氏、里見氏の本拠久留里城を攻める。岩付城主太田氏資、君津の三船台合戦で大敗し、氏資・恒岡越後守討死。 | 「太田資武書状」市史2―九〇八註、「芳林寺供養塔銘」『戦国時代年表』後北条氏編 |
| 9 | 10 | 北条家、当主不在となった岩付領を直轄とする。 | 「北条家禁制写」6―四九五など参考 |
| | | 北条氏政、太田氏資が上総三船台で討死の時、討ち死にした恒岡越後守の忠節を賞し、子がないため平林寺の泰翁宗安にその遺領相続を認める。 | 「北条氏政判物」6―四九三、戦北一〇三五 |
| | | 北条氏政、太田氏資が上総三船台で討死の時、殿を守って討ち死にした将の遺児達に判物を与え相続を認める。 | 「北条氏政判物」6―四九三～四、戦北一〇三六～七 |
| | | 北条家、飯田郷（さいたま市）に禁制を出し、北条勢の乱暴狼藉禁止、田畠の刈田・竹木伐採をした者は北条氏の中間小者、御一家衆・家老の被官 | 「北条家禁制写」6―四九五、戦北一〇二八 |

| 西暦 | 和暦 | 月 | 日 | 事項 | 出典 |
| --- | --- | --- | --- | --- | --- |
| | | | | でも捕らえて岩付城当番頭に披露させる。 | |
| | | 9 | 17 | 北条氏照は入間宮寺郷志村分の検地を行いその明細書を出す。年貢高は五十二貫八百十六文。免除分二十八貫九百三十二文を除き二十三貫八百八十四文は滝山城の蔵へ収める事と通知。この年の増分は十一貫八百八十四文。 | 「北条氏照朱印状」6―四九六、戦北一〇三九 |
| | | 9 | 27 | 輝虎、としように、再び太田父子への岩付城奪回を働きかけるよう尽力を要請する。 | 「上杉輝虎書状」6―四九七 |
| | | 9 | 30 | 北条家、太田氏資の時のように平林寺の泰翁宗安に原宿（上尾市原市）代官、道祖土図書助に三尾谷・戸森（川島町）代官を命じる。 | 「北条家朱印状」6―四九八～九、戦北一〇四二～三 |
| | | 10 | 5 | 上杉輝虎、小山高朝に北条氏康が（厩橋城カ）近辺を荒らし、上州境在陣、輝虎は近日中に越山すると伝える。 | 「上杉輝虎書状」6―五〇一 |
| | | 10 | 25 | 輝虎、厩橋・新田・足利通過。二十七日佐野城取りつめ在陣。 | 「上杉輝虎書状写」6―五〇八 |
| | | 10 | 吉 | 飯能市八王子（竹寺）の懸仏に柏原鋳物師の神田□□とある。 | 「八王子懸仏銘」9―一―二―一七二 |
| | | 11 | 1 | 北条氏邦、大森越前守・長谷部兵庫助に小前田を永禄十一年から六年間荒野と定め、諸役免除として開発させる。 | 「北条氏邦朱印状」6―五〇三、戦北一〇五三、鉢三―33 |
| | | 11 | 12 | 上杉輝虎、沼田まで退陣。北条氏政江戸城に帰陣。 | 「北条氏政書状写」6―五〇六、戦北一〇五五 |
| | | | | 大幡寶生寺、滝山へ新築移転される。 | 「北条氏照判物」戦北一〇五六 |
| | | 11 | 21 | 上杉輝虎、佐野城を退き、証人として預かった佐野小太郎等を連れ帰国。 | 「上杉輝虎書状写」6―五〇八 |
| | | 12 | 17 | 北条氏邦、深谷市人見の太郎左衛門に前々からの御朱印の筋目により領内の砥商を安堵。 | 「北条氏邦朱印状写」6―五〇九、戦北一〇六二、鉢三―22 |
| | | 12 | 23 | 北条家、足立郡原宿（上尾市原市）の検地を実施。田一町八段百歩、分銭は反三百文で五貫四百九十文、畠十町八反四歩、分銭反百六十五文で十七貫八百二十四文。 | 「北条家朱印状写」6―五一〇、戦北一〇六四 |
| | | | | 北条家、内山彌右衛門尉に太田氏資の證文に委ね、原地（草加市）三貫文と大串（吉見町）の内、銀屋不作分十七貫文を宛行う。 | 「北条家朱印状写」6―五一一、戦北一〇六三 |
| 一五六八 | 永禄11 | 1 | 8 | 上杉輝虎、沼田城将の松本石見守・河田伯耆守・小中大蔵少輔・小国刑部少輔・新発田右衛門大夫に関東の情況を知らせ沼田勢の武装充実などを指示。 | 「上杉輝虎書状写」上別Ⅰ―五九一 |
| | | 1 | 10 | 北条氏政、佐野を攻める。根小屋にて合戦、多数打ち取る。上杉輝虎、広田直繁の忠勤に感謝を伝え、一生忘れないという。 | 「上杉輝虎書状写」6―五一二 |

（永禄11）

| 月 | 日 | 事項 | 典拠 |
|---|---|---|---|
| 2 | 10 | 北条家、山角同心小窪六右衛門は先の上杉輝虎が石戸進攻の時の褒美として入西郡萱方十貫文を宛行われた物として安堵し、近年同心となったが今後も活躍をするよう伝える。 | 「北条家裁許状」6—五一三、戦北一〇六七 |
| 3 | 3 | 北条氏邦、糟尾伊予に金屋の内に三貫文と屋敷一間を宛行。 | 「北条氏邦朱印状写」6—五一四、鉢四—65 |
| 3 | 6 | 足利義秋、上杉輝虎に甲相越三和に付、北条・武田に御内書を出し、受け入れる旨の返事があったと伝える。 | 「足利義秋御内書」上別Ⅰ—五九六 |
| 3 | 27 | 北条家、泰翁宗安に野本の上田氏領を除く鎌倉方を安堵。 | 「北条家朱印状」6—五一五、戦北一〇七〇 |
| 5 | 26 | 北条氏政、簗田氏から古河城を受け取り、足利義氏の依頼通り古河城と相馬（森屋敷）の普請を指示し帰陣。 | 「北条氏政書状」戦北一〇七五 |
| 6 | 23 | 北条家、泰翁宗安に私領の内、加倉十分の一と野本の代官職安堵す。 | 「北条家朱印状」6—五一六、戦北一〇七九 |
| | | 北条氏政、河越の古尾谷庄を福盛寺知楽庵へ寄進。 | 「北条氏政判物写」12—三二五、戦北一〇七八 |
| 6 | 29 | 北条氏邦、井上雅楽助に二貫二百文宛行。 | 「北条氏邦朱印状」6—五一七、戦北一〇八一、鉢二—1 |
| 6 | 30 | 北条氏邦、小園（寄居町）の白岩惣次郎分の検地を実施。その詳細を町田雅楽助と百姓中に渡す。 | 「白岩惣次郎検地書出写」6—五一八、戦北一〇八三、鉢三—43 |
| 8 | 5 | 簗田晴助、久留里城主里見義尭に足利義氏が古河城に進攻し、晴助の関宿城も困窮し、簗田の知行地へも小金城・岩付城の北条勢が進攻し無念である事。しかし、里見の思し召しを以て下総口で打ち負かす事を両酒井が願っている事を聞いたが、本意に達する事を願う。北条氏政は羽生口へ出陣と聞くがこちらは十分に備えているので安心をと伝える。 | 「簗田道忠（晴助）書状」12—三二七 |
| 8 | 28 | 北条家は兵船で下総塚崎に進攻したが、関宿からも兵船を出し戦う。 | 「簗田持助感状写」12—三二九 |
| 10 | 17 | 関宿城の簗田晴助が上杉輝虎に味方し、北条氏は同城として山王山砦（五霞町）・不動山砦を築く。（第二次関宿合戦） | 「北条氏政書状写」12—三三二<br>戦北一一〇一 |
| 10 | 23 | 北条氏邦、井上孫七郎に兵粮の他所運搬を禁止、見つけ次第足軽に渡し磔にする事。（監視）小屋を金尾・風布・鉢形・西之入に定めると伝える。 | 「北条氏邦朱印状」6—五二〇、戦北一一〇二、鉢一—2 |
| 11 | 26 | 北条家、毛呂土佐守顕季に入間郡吉田郷南北の陣夫二人使用を認める。但し岩付領では地子は大凡不入で有り、何時も召し使う時は朱印状を以て命じるという。 | 「北条家朱印状写」12—三三三、<br>戦北一一一〇 |
| 11 | 27 | 北条氏政、薩埵山に出陣し、武田信玄と対陣。 | 「武田信玄書状写」12—三三五、 |
| 12 | 3 | 北条氏政が岩田孫三郎・冨永新三郎・太田越前守に、信玄が急に伊豆口 | 「北条氏政書状写」『岩田家系録』1 |

| 西暦 | 和暦 | 月 | 日 | 事項 | 出典 |
|---|---|---|---|---|---|
| | | | | へ出陣したので急ぎ出陣準備をして、連絡を待つよう伝える。 | 鉢三―103 |
| | | 12 | 6 | 北条氏邦、定峰谷の炭焼中触口斎藤八衛門尉に諸役免除と荒川における通船料と筏通行料徴収を免許。 | 「北条氏邦朱印状」鉢一―10<br>6―五二二、戦北一一二二 |
| | | 12 | 9 | 北条氏邦、山口二郎五郎に末野の検地増分九百四十四文宛行。 | 「北条氏邦朱印状」6―五二三、戦北一一二三、鉢一―97 |
| | | 12 | 12 | 武田信玄は駿河に進攻し、薩埵山で合戦。 | 「武田信玄感状写」戦武一三四〇 |
| | | 12 | 13 | 興津にて甲州勢四百人余討ち取られる。 | 「由良成繁書状写」6―五二六 |
| | | 12 | 17 | (この年カ)北条氏政、遠山康英に岩付城の防備は心配ないが、(越相交渉の為に)沼田へ移る事なので一札差し出した事。小金城の高城胤辰を江戸城大橋宿に移し、下総衆は葛西城へは無用である事。太田四郎兵衛(遠山衆)を江戸城の本丸・二の丸の守将に任命する事等を指示。 | 「北条氏政判物」戦北一三五六 |
| | | 12 | 19 | 北条氏照、上杉方へ和睦を申し入れ打診。 | 「北条氏照書状」12―三三四、戦北一一二七 |
| | | | | (元文書の月日は十月十九日であるが、他の史料との整合性から二が脱落)武田信玄は高尾を使者として太田三楽斎に遣わし、北条氏政が十一月二十七日薩埵山に出陣した事を伝え、太田の本意の時は今で有り、躊躇されると後悔すると伝える。 | 「武田信玄書状写」12―三三五 |
| | | 12 | 23 | 北条氏邦、駿河へ出陣。 | 「由良成繁書状写」6―五二六 |
| | | | | 武田信玄、徳川家康に駿河出陣について謝意を述べ、急ぎ掛川へかけつけ、対面したいと伝える。 | 「武田信玄書状」戦武一三四三 |
| | | 12 | 24 | 上杉輝虎、本庄城下(村上市)へ進攻。本庄繁長が北条氏照の参陣を要請。 | 「本庄繁長書状写」6―五二四 |
| | | 12 | 26 | 北条氏邦、沼田在番衆へ上杉氏との講和について打診。 | 『上杉御年譜』 |
| | | 12 | 27 | 佐竹義重、上杉輝虎に武田信玄が駿河へ進攻し、駿府を攻め、北条が取り乱している。この時が越山の好機で、多少兵が少なくとも急ぎ出陣が望まれるといい、詳しくは太田資正が申し伝えると連絡する。 | 「佐竹義重書状」6―五二五 |
| 一五六九 | 永禄12 | 1 | 2 | 北条氏康、沼田城将に輝虎へ和睦三条件を示したので、講和斡旋を依頼。昨年の十二月十三日、武田が駿河進攻し、今川氏真は掛川城に敗走などを伝える。 | 「北条氏康書状写」6―五二七、<br>戦北一一三四 |
| | | 1 | 7 | 北条氏照、上杉輝虎に今川が信玄に攻められ、掛川城に敗退し、船で北条勢を三百人程加勢を送った。武田と手切れしたので信玄を滅亡させる良い機会、当方に味方し、積年の恨みを果たす良い機会などを伝える。 | 「北条氏照書状」6―五二八、<br>戦北一一三六 |

（永禄12）

| | | | |
|---|---|---|---|
| 1 | 9 | 武田信玄、織田信長に駿河へ出陣したところ、一戦に及ばず今川氏真が敗北し掛川城に籠城と伝える。 | 「武田信玄書状」戦武一三五一 |
| 1 | 16 | 山王山砦の北条氏照勢、小田原に撤退。 | 「蘆名止々斎（盛氏）書状写」6—六二四 |
| | | 由良成繁、沼田の河田長親に北条氏が今川支援で駿河に出陣し、伊豆三島に着陣、蒲原・興国寺・長久保・吉原等伊豆と相模の衆で固めている事を伝え、越後との同盟について沼田在城衆と内々に進め、松本景繁・河田重親が越後へ伝えたと聞くがその返事を伝えて欲しいと伝える。 | 「由良成繁書状写」群7—二四三五 |
| 1 | 下 | 北条氏政、今川支援のために駿河へ出陣。薩埵山に在陣し、一月下旬から武田信玄と対陣。 | 「北条氏政書状」6—五四二<br>戦北一一七三 |
| 2 | 2 | 遠山康英、沼田城将三人衆へ、使者（天用院）が氏康父子の證文を持参した事、北条と武田の決戦中で大変な時であり、上杉勢が早く出陣していただきたい事、沼田在城衆は青戸・岩櫃筋へ進攻するよう願う事、飛脚の帰路にあわせ遠山父子が金山まで出向く等予定を伝える。 | 「遠山康英覚書」戦北一一四七 |
| 2 | 5 | 佐竹義重の臣多賀谷政経、越相講和について反対の意を表明。あわせて佐竹の小田勢への進攻状況を快勝と伝え、北条を打ち、関東本意はこの時と急ぎの越山を上杉輝虎に伝えて欲しいと河田長親に要請。 | 「多賀谷禅聯書状」6—五二九 |
| 2 | 6 | 北条氏康、松本景繁に越相和睦に関し、氏邦から申し入れた事に協力頂き、この度氏政から誓詞を出した事。天用院を使者に送ったので、指南して欲しい事などを伝える。 | 「北条氏康書状写」6—五三〇、<br>戦北一一五〇 |
| | | 北条氏政、由良成繁に越相講和について松本景繁の示した条目へ誓詞を以て申し入れた事を心得て交渉して欲しいと伝える。 | 「北条氏政書状」上別Ⅰ—六五三 |
| 2 | 7 | 由良成繁から沼田在番衆の上野家成・河田重親・松本景繁に上杉からの書状を氏康に届けた事、氏康は満足していた事、返事を持った関野が使者として遣わされる事、氏康父子の誓詞は遠山が持参する等を伝える。 | 「由良成繁書状写」上別Ⅰ—六五四、 |
| 2 | 11 | 太田道誉、山吉豊守に関宿危急を伝え、上杉輝虎の越山を求める。 | 「太田道誉書状」6—五三一 |
| 2 | 16 | 由良成繁、本庄慶秀に北条・上杉一和への斡旋を依頼。 | 「由良成繁書状写」6—五三三 |
| 2 | 20 | 武田信玄、鉢形城攻撃。吉橋大膳亮高名。 | 「北条氏邦朱印状」6—五九三 |
| 2 | 24 | 武田勢、児玉筋へ進攻、氏邦勢が撃破し、榛沢郡内で武田勢多数を討ち取る。<br>この時深谷勢が敵多数を討取りの功績を挙げた事を大慶と讃え、深谷口 | 「北氏康書状写」6—七〇〇<br>戦北一一五七 |

| 月 | 日 | 事項 | 出典 |
| --- | --- | --- | --- |
| | | の備えを深谷上杉に任せると伝える。 | |
| カ | この頃 | 上杉謙信（輝虎）、沼田城本丸に上野中務大輔、二の丸に河田伯耆守、三の丸に藤田信吉を守将に置くとある。 | 『加澤記』「沼田城代の事」 |
| 2 | 26 | 北条氏邦、井上雅楽助・四方田源左衛門に今日二十六日の興津城での高名を認め感状を与える。・四方田源五郎は二十八日に高名 | 「北条氏邦感状」6―五三四、鉢二―3<br>「北条氏邦感状写」6―五三五～六、鉢二―61 62 |
| 2 | 29 | 北条氏康、河田重親等に薩埵陣の事について興津河原で氏邦の軍勢が攻め入り、五十人ほど討ち取った事、一日も早い飯山への出陣を望むと伝える。 | 「北条氏康書状」6―五三七、戦北一一六四 |
| | | 上杉輝虎、太田道誉に北条氏政から数度に亘る使者が来て和睦を懇望されているが、味方の諸氏を見捨てる事になり放置している事。北条の誘いは信じない事。北條高広が取り持って様々な言い訳をしてきたが悉く偽りである事。里見や佐竹に相談せずして、事をなす事は出来ないと佐竹に安心するよう申し伝える事等、北条との和議には応じない旨を伝える。 | 「上杉輝虎書状写」6―五三八 |
| 3 | 3 | 北条氏康、沼田城将三人衆に和睦交渉は昨冬以来氏照と氏邦二人で進めて来た事。氏邦には氏康が申しつけ由良の取り扱いで間違いなく調整してきた。氏照も努力をしてきたが、放っておけず天用院に誓詞を持たせ、二人の添え状申しつけた。天用院は十日小田原を出立した。今後については両人とするか一人にするかであるが、輝虎次第であり、とにかく頼むと伝える。 | 「北条氏康書状写」6―五四〇、戦北一一六七 |
| 3 | 7 | 北条氏政、沼田城の河田重親・上野家成に書状を出し、武田信玄は誓詞に違い駿河進攻、今川救援の為に一月下旬から駿河の薩埵山に出陣、信玄と対陣中を伝え、天用院・善徳寺を以て講和の考えを上杉へ伝えたが、出馬はこの時と、遠山康光をもって伝えた事や口添えを依頼し、松本景繁は越後府中へ行っているというので書状は出していないと伝える。 | 「北条氏政書状」6―五四二、戦北一一七三 |
| 3 | 13 | 武田信玄、関宿城主簗田晴助に甲相不和により武蔵出陣を要請する。 | 「武田信玄書状」6―五四三、戦武一三七七 |
| 3 | 14 | 北条氏邦、十三日薩埵山の夜戦で勝利。本郷越前守十三日討死。 | 「北条氏政書状」6―五四四、戦北一一八一 |
| 3 | 18 | 北条氏康、天用院に越相和融相違無きの事の書状を見て満足、早速陣中の氏政に知らせた事、早急な上杉輝虎の出馬を沼田三人衆に催促するように伝える。 | 「北条氏康書状」6―五四八、戦北一一八三 |
| 3 | 19 | 太田資叶、正木憲時に太田父子の岩付帰還の本意が遂げられる事を取り | 「太田資叶書状写」12―三四五 |

| | | | |
|---|---|---|---|
| （永禄12） | | 計らう様申し入れる。 | |
| | 3 30 | 由良成繁、山吉豊守に越相一和の事を申し入れたところ、直江景綱と打ち合わせ取り成しいただいたことについて北条氏康父子・氏邦が感謝していることを伝え、急ぎの越山をと依頼する。 | 「由良成繁書状」6—五四九 |
| | | 遠山康光から発智右馬亮に書状を出し、氏康父子の申し入れに対して上杉側が丁寧な対応を取っている事への謝意を伝え、氏康からの進物を持って伺う予定である事、上野式部少輔と使者の関野から口上があると伝える。 | 「遠山康光書状」上別I—六九五、戦北一一九五 |
| | 4 21 | 梶原政景、北条氏との和睦交渉について味方への根回しは大切という。 | 「梶原政景書状写」6—五五〇 |
| | | 太田父子、越相和睦交渉に際して、武・上・常・野州総てを上杉領国にする事、太田父子の進退（岩付への帰城）等を交渉の窓口である上杉氏の重臣河田長親に伝える。 | 「太田道誉・梶原政景連署条書」6—五五一・五五二 |
| | 4 23 | 上杉輝虎、松山城帰属決着を求める。二十六日出陣なので遠山康光の越山は延ばさない事、とりあえず豊守の所で認め返書を出す等を伝える | 「山吉豊守条書写」6—五五三、戦北四四五四 |
| | 4 24 | 北条氏康・氏政、松山は上田の本領と主張。 | 「北条氏康・氏政連署判物」6—五五五、戦北一二〇〇 |
| | | 薩埵山で武田信玄敗北。（これにより越相一和が進展） | 「北条氏照書状」12—三五二 |
| | 4カ | 北条氏康、上杉輝虎カに条書を出す。一、先（天文七年）に氏綱が足利晴氏の上意により国府台へ出陣、小弓公方父子を討つなどの功積によって関東管領に任じられ、既に氏政の実子が名跡を嗣ぐと決まっている。一、上野の河内においてこれまで氏政の下知に従ってきた者が数カ所あり、今氏政の手を離れるのは、外聞が悪いが、上杉の元に行ったら引き立てて欲しい事。但し、納得いかなければこれには及ばない。遠山康光と垪和康忠が松本石見守景繁に六ケ所（藤田・成田・岩付・松山・深谷・羽生）を書き上げたのは先に申歳の時（永禄三年）越府の陣へ参陣したという事であるが、今日の越相和融の時に当たっては申歳の事は不要ではないか。既に悉く考えが一致しており、この六ケ所は総て武蔵に有り、伊豆・相模・武蔵三国は戦功によって北条が抱えてきた所。一、公方様の御座所について、足利藤氏様の進退について松本石見守が申したが、遠国故聞こえなかったのであろうが、去る寅歳（永禄九年）に他界され、足利義氏様へ晴氏様から相続されている。以上を確認の上は早々に信州へ出陣され、氏政は甲州 | 「北条氏康条書」戦北一二一一、6—五五八 |

| 月日 | 内容 | 出典 |
|---|---|---|
| | へ進攻する等（後段切れて無し）を伝える。 | |
| 5 5 | 武田信玄、太田資正父子を武田方に誘引するよう太田氏の家臣・太田宮内少輔に要請。 | 「武田信玄書状写」6―五六〇、戦武一四〇一 |
| 5 8 | 北条氏康、冨永孫四郎に大須賀信濃守が参着次第出立し、江戸城へ帰る事なく岩付より滝山へ移り、由井・八日市へ着陣すべき事、八王子筋へ武田勢が進攻したが軍勢がおらず心配であり、一刻も早い着陣を求める。 | 「北条氏康書状写」6―五六二、戦北一二一八 |
| 5 9 | 武田信玄、三嶋並びに滝山へ進攻したが、無念な結果であった。公方下知により甲越の和睦が大方落着し、近日中に北条退治に出陣するという。 | 「武田信玄書状写」12―三五〇、鉢四―40 戦武一四〇三 |
| | 北条氏政、南條四郎左衛門に敵が津久井筋へ進攻などを伝える。 | 「北条氏政書状写」戦北一二一九 |
| 5 17 | 武田氏は高山彦兵衛（定重・上野衆）に浅利右馬助（信種・箕輪城）と相談し、武上国境に築城と在城を命ずる。 | 「武田家朱印状」6―五六三 『甲陽軍鑑』巻十一下 |
| 5 18 | 塩澤の進藤家清、越相和睦の北条方の使者天用院の十八日到着を伝え、この案内人に氏邦家臣、関野一左衛門同行・同宿を記す。天用院は五十才ほどで石巻下野守家種の弟、酒を好み従人は同宿一、加世者一、氏康中間二、自身中間六～七、遁者一。大石源三氏照の使者沈流齋は俗人で従者は五人等と記し、一行は五十人ばかりで、十九日下倉、二十日小千谷、二十一日北條、二十二日逗留、二十三日柏崎、二十四日姉崎へ到着という。 | 「進藤家清書状」6―五六四 |
| 5 23 | 武田信玄、織田信長の重臣津田国千代に北条氏政と薩埵山で対陣し、掛川城を落とせば今川氏真は三河か尾張に引き渡すつもりでいたが、北条と徳川が和睦した事存外と伝え、家康は今川・北条とは和睦しないとの誓詞を出している事なので、織田より徳川へきつくそのままの敵対を催促するよう伝える。 | 「武田信玄書状」戦武一四一〇 |
| ⑤ 3 | 上杉輝虎、越相講和成立について氏政からの使僧（天用院）に輝虎の腹の内を伝えた事。今後はしかるべき取りなしを任せ、甲斐出陣について同意する旨を氏照に伝える。 | 「上杉輝虎書状写」6―五六五、戦北四四五六 |
| ⑤ 4 | 北条氏政、駿河国が今川から渡され、北条領国になった事等を伝える。 | 「北条氏政判物写」戦北一二三一 |
| ⑤ 6 | 上杉輝虎、広田直繁に越相一和の北条の使者天用院が到着し、和睦が成立した事を伝え、広田の忠信を讃える。 | 「上杉輝虎書状」6―五六六 |
| ⑤ 7 | 北条氏照、上杉輝虎に山王山砦を破却した事は喜びと伝えられ満足、 | 「北条氏照書状」6―五六七、戦北一二四二 |

| | | | |
|---|---|---|---|
| | | 今後は無沙汰無く御意を得たいと伝える。 | |
| ⑤ | 16 | 武田信玄、武州筋遮断のため、浅利右馬助を箕輪城に遣す。 | 「武田信玄朱印状」6―五六九、戦武一四一三 |
| 6 | 9 | 上杉輝虎に北条氏政は、上杉輝虎の誓詞が届いた事を伝え、氏康父子も誓詞を送った事を伝える。 | 「北条氏政書状」6―五七〇、戦北一二五四 |
| | | 上杉輝虎に上杉への養子は、氏政次男国増丸とした事を伝える。 | 「北条氏康・氏政連署書状」6―五七一 |
| 6 | 10 | 平沢政実、長根神宗寺において御嶽の軍勢の濫妨狼藉禁止。 | 「平沢政実制札写」12―三六〇、鉢四―86 |
| 6 | 16 | 北条氏政、上杉輝虎に武田は新たに築いた深沢城へ進攻し、城方は防戦に努め別状無いが、上杉氏の後詰めが必要と伝える。また、上信の者が総勢で信玄へ加担しており、由良・長尾への加勢は断る下知が必要という。 | 「北条氏政書状」戦北一二六四 |
| | | 由良成繁にも書状を出して、同様な事を伝え、氏邦を西上州に急遽加勢に向かわせるので、由良父子も出陣の上、氏邦と相談して対処して欲しいと伝える。 | 「北条氏政書状」6―五七三、戦北一二六五 |
| 6 | 24 | 北条氏康、冨岡氏カに武田勢が武蔵出陣と伝え、氏政が迎え討つと決めた事を伝え参陣を要請。 | 「北条氏康書状」戦北一四二五 |
| 6 | 27 | 遠山康光は由良成繁に書状を出し、氏政の書状を越後へ届けるため急ぎで二十八日に小田原を出立し、七月一日に太田に着くが、老体のため夏の峠越えは難儀であり、迷惑と辞退しようとしたが氏政様が恐怖に畏れていて申し上げられなかった。一人仰せつけられた。公儀や自身のために同道を願うが、一日に到着し、翌日出立するので伝馬五十疋ばかり出して欲しいと依頼する。 | 「遠山康光書状」戦北一二六七 |
| | | 武田信玄、梶原政景に過日高尾伊賀守を太田（佐竹義重の元）へ送った時の書状（12―三六三カ）が着いたかを問い、佐竹義重・里見義弘と相談し、足利義氏様の鎌倉帰座に尽力いただきたいと伝える。 | 「武田信玄書状写」6―五七五 |
| 6 | 28 | 足利義氏、古河城へ移る。 | 「足利義氏書状」戦古九二一 |
| | | 北条氏照、野田政朝に越相一和の成立。上野を上杉領とした事。古河・栗橋については返還するつもりでいる事等を伝える。 | 「北条氏照書状写」6―五七六、戦北一二七〇 |
| 6 | 29 | 武田軍、大滝口・日尾に進攻。氏康は信玄は富士吉田口に在陣しており大滝口出陣は虚説と氏邦に伝える。金鑽御嶽城の仕置きに対する平沢と浄法寺の融和に配意するよう求めている。 | 「北条氏康書状」12―三六二、戦北一四二八 |

| | | | |
|---|---|---|---|
| 7 | 1 | 安保左衛門尉の薩埵山陣での戦功を賞し、小幡三河守などを味方に引き入れた功績・母を人質として鉢形城に入れた功績を讃える。鉢形勢金鑽御嶽城に入る。 | 「北条氏康書状」6―五七七、戦北一二七一、鉢四―5 |
| | | 北条氏政、信玄が駿河へ進攻しているので対処しているが、由井城（八王子市）の留守居として氏照の栗橋在番衆を召し寄せたので、栗橋の留守は野田(政朝)に頼みたいと要請し、詳しくは氏照が申し上げると伝える。 | 「北条氏政書状写」6―五七八、戦北一二七二 |
| 7 | 5 | 北条氏照、下善・南神両名に金鑽御嶽城在番の功を讃え感状を出す。 | 「北条氏照朱印状」12―三六五 |
| 7 | 7 | 北条氏邦、山口孫五郎に館沢筋での高名を賞し、上吉田村を与える。 | 「北条氏邦感状」鉢一―17、6―五八〇 |
| 7 | 11 | 武田勢が武蔵に入り、北条氏邦と秩父三山谷に戦う。この日北条氏邦、多比良将監・出浦左馬助・斎藤右衛門五郎に三山での高名に対して感状を与える。 | 「北条氏邦感状」6―五八一～五八三。鉢一―5・30、二―93、戦北一二八三～五 |
| 7 | 15 | 深谷城主上杉憲盛、上杉輝虎への帰属の意を伝える。 | 「上杉憲盛書状」6―五八六、鉢三―96 |
| | | 木戸忠朝は河田長親に、深谷の事について使者二人（善応寺・渋江大炊助）を遣わされ意見を申し述べてきたので、佐藤筑前守を案内者として指添え、深谷の事、古河・栗橋の様子について報告する。 | 「木戸忠朝書状」6―五八七 |
| 7 | 17 | 北条氏照、上杉謙信の元へ書状を出し、越相一和に伴う取り次ぎについて弟氏邦と氏照が走り廻る事と氏康から申し伝えているが、この度広泰寺昌派・進藤家清両使がおいでになり、氏邦一人が走り廻っている事は不審と伝えられたが、これは由良筋の事ゆえと申し伝えたという。 | 「北条氏照書状」6―五八八、戦北一二八七、 |
| 7 | | 佐久郡野沢八幡宮に武田信是奉納の鰐口、美里正円寺に猪俣邦憲によって再掲される。 | 「正円寺鰐口」9―一―上―一六九、鉢四―84 |
| 8 | 1 | 斎藤元盛が長越（長尾越後守カ）に武田勢が鉢形領に進攻し、滝山城守備として即刻帰国の命を受けて帰宅した。その通知を届けるので美作守（栃尾城主本庄美乃カ）に連絡して欲しいと伝える。 | 「斎藤元盛書状写」12―三六七、戦北一二九一 |
| 8 | 5 | 北条氏政、松山は上田の本地本領と再び主張。 | 「北条氏政書状」6―五八九、戦北一二九四 |
| 8 | 6 | 上杉輝虎、広田直繁に広田の意見を受け入れた深谷城主の帰属を伝え、府中までの参陣を要請する。 | 「上杉輝虎書状写」6―五九〇 |
| 8 | 13 | 北条氏政、黒保根の阿久沢能登守に越後への使者天用院の案内を依頼。（これにより天用院は赤城山東麓経由の道を向かった事が判る） | 「北条氏政書状写」戦北一二九七 |

| 年 | 月 | 日 | 事項 | 出典 |
|---|---|---|---|---|
| （永禄12） | 8 | 26 | 北条氏政、越相一和後の上杉輝虎の態度をなじり、由良父子に烏川以南の氏邦領を除く上野一国を与える事を約す。 | 「北条氏政書状写」6－五九二、戦北一三〇四 |
| | 9 | 1 | 北条氏邦、吉橋大膳亮に二月の鉢形城合戦時の高名を認め、長浜・大塚内にて二十貫文の地を宛行。 | 「北条氏邦朱印状写」6－五九三、戦北一三〇七、鉢四－72 |
| | 9 | 7 | 北条氏政、上杉輝虎が兼ねて約束の八月下旬までに出陣の事、いまだに沼田城に着いていない事への心配を伝える。 | 「北条氏政書状」戦北一三〇九 |
| | 9 | 9 | 武田信玄、金鑽御嶽城を攻めるが鉢形勢が武田勢を百余人討ち取るという。 | 「北条氏邦書状」6－五九四 |
| | 9 | 10 | 武田信玄、鉢形城の外曲輪を攻める。大激戦。鉢形勢の手負い被害甚大。上杉輝虎の急ぎの越山を要請する。 | 戦北一三一二 |
| | 9 | 吉 | 小山田信茂、士峰薩埵神社（冨士浅間神社）に武田信玄の武運と北条との合戦勝利の願文を掲げる。この中に、御嶽・鉢形他数城を亡ぼし、既に滝山城に向かい放火必然と記す。 | 「小山田信茂願文」戦武一四五六 |
| | 9 | 22 | 北条氏邦、逸見蔵人佐へ末野に一貫百七十文を増給する。 | 「北条氏邦朱印状」6－五九五、鉢二－43 |
| | 9 | 27 | 北条氏康・氏政は連署して、武田が不意に金鑽御嶽城を攻め、小田原まで進攻した。上杉輝虎に武田軍進攻への直ぐの対処依頼。 | 「北条氏康・氏政連署書状写」12－三七一、戦北－一三一七 |
| | 10 | 1 | 武田軍小田原城蓮池門を攻め城下に放火。 | 「諏訪神社棟札銘」戦武－一八九八 |
| | 10 | 4 | 北条氏政、上杉輝虎に二回に亘って書状を頂いたが、武田信玄との戦いで暇が無く連絡が遅れた事を侘び、武田勢が小田原に放火したが、諸城に軍勢を籠城させていたため、急ぎ戦いを行えなかった事は残念であった事、武田勢は四日に退散した。明日出馬し、武相の間に於いて必ず戦いを挑むと伝える。 | 「北条氏康書状」6－五九六、戦北－一三二〇 |
| | 10 | 6 | 「三増峠合戦」 | 「北条氏照書状」6－六〇〇他 |
| | 10 | 8 | 北条氏康、信玄が上州を経て小田原まで出陣してきたので退路を断つため、三増峠まで進軍したが、一日遅れで取り逃がした。これは上杉勢の加勢がなかったからと謙信をなじる。 | 「北条氏康書状」6－五九七、戦北一三三一 |
| | 10 | 15 | 武田信玄、小田原を攻め帰路に(三増峠で)氏照・氏邦・氏規の軍勢六・七千人と戦い、二千余人討ち取り勝利したと記す。 | 「武田信玄書状写」戦武一四六四、12－三七三 |
| | 10 | 16 | 北条氏政、由良成繁・北條長門守に輝虎の同陣について度々申し入れてきたが相変わらず為されていない事、武田の武州への出張について | |

| | | | |
|---|---|---|---|
| | | どのようにお考えなのか、若し虚説を構え、事を適当に処理するお考えか、虚言で無ければ誓詞を差し出した上、側近の一人を派遣し駿河・伊豆の城々の様子をご覧いただきたい事。養子のことについて、直ぐに引き渡すと言う事については五・六歳の子供であり親子の情も会って引き離すことは哀れで、再三詫び言を申しているが引き延ばして欲しい事、氏康に頼み込む予定なので助言が欲しい事等を伝える。 | 「北条氏政書状」6－五九九、戦北一三三三 |
| 10 | 20 | 上杉輝虎、沼田に着城。 | 「北条氏康書状」6－六〇九、戦北一四六四 |
| 10 | 24 | 北条氏照も山吉豊守と沼田城代の河田重親に武田信玄との合戦を有利に進めてきたが、上杉軍の来援がなかったため討ち漏らした事、無念千万などを伝える。 | 「北条氏照書状」6－六〇〇～一 上別Ⅰ－八二〇、八二一 |
| | | 手這坂合戦。佐竹氏・太田氏など小田城を攻略、小田氏治土浦城へ逃る。 | 『太田家譜』 |
| 10 | 28 | 上杉輝虎、梶原政景に関東の国衆から信玄の関東進攻は輝虎の油断からと言われ面目を失った事。来月十日までには倉内着陣を伝え、倉内同陣を命じ、岩付城・松山城の仕置きについて申しつけると伝える。 | 「上杉輝虎書状」6－六〇二 |
| | | 遠山康光は山吉豊守に書状を出し、書状を頂いていたが武田信玄の進攻で鉢形付近まで出馬しそのまま戦っていたので無沙汰をしていた事を侘び、上杉輝虎が越中へ出馬し静謐に致す事は大切な事。又越山についてその様子を伺いたく、新田まで遣わした使者を貴国まで遣わしたいが指南を願うと伝える。 | 「遠山康光書状写」6－六〇三 戦北一三三七 |
| 11 | 9 | 武田信玄、富士口から駿河へ進攻。この日諏訪神社に駿河伊豆平定の願文を掲げる。 | 「武田信玄起請文」戦武一四七一、鉢四－41 |
| 11 | 14 | 遠山康光、山吉豊守に書状を出し、先月下旬新田まで出向き由良と相談の上、使者を派遣と考えていたところであったが、それ以前に使者を添えてご返事いただき、北条氏康・氏政父子は満足している事、雪の中にもかかわらず越山なされられ今より信濃に行に及ばれる事尤もである事、信濃境にて敵五〇余人討ち取られた事満足していると伝え、詳しくは直接申し上げるのでこの旨ご披露願いたいと依頼する。 | 「遠山康光書状」戦北一三三五、上別Ⅰ－八三〇 |
| 11 | 19 | 武田家、児玉長泉寺に禁制を発給。 | 「武田家制札」6－六〇四、鉢四－32 |
| 11 | 22 | 武田勢が駿河富士郡へ進攻したこと、埣和・笠原の注進状を送るので、そ | 「北条氏政書状」戦北一三三八 |

| | | |
|---|---|---|
| | の書状は急ぎ由良へ届け、上杉へは敵の動き等を見届け申し届けること、氏政も明後日には伊豆へ出陣すると伝える。 | |
| 11 26 | 上杉謙信、二十日倉内着陣を伝え、梶原政景に太田氏の参陣と佐竹義重の参陣働きかけを急ぎ行うよう促す。太田氏も兵を整え参陣し、倉内へ来てから改めて片野へ帰り、兵を整える事の無いようにと釘を刺し、この参陣に表裏があってはならず、太田父子の進退にも関わると伝える。 | 「上杉輝虎書状」6―六〇五 |
| 11 23 | 北条氏政は滝山城・津久井城の普請を申し付け六日帰陣と伝える。 | 「足利義氏書状写」戦古九三〇 |
| 11 24 | 松田憲秀、代替わりにより山口重明に横手村（日高市）代官職安堵。 | 「松田憲秀判物」6―六〇八、戦北一三四二 |
| 11 29 | 上杉輝虎の倉内着陣の祝の品（蜜柑一箱・江川酒一荷）を贈る。 | 「北条氏政書状」6―六一〇 |
| 11 30 | 武田信玄、太田資正に書を送り、武田軍は利根川を越えられず佐野筋へ行けない事を伝え、既に輝虎は利根川を越したと伝えられている事。長年の念願を果たすのはこの時であり、決戦に持ち込む意思を伝え、佐竹の小田城辺までの進軍を要請し、この事を伝えるよう依頼する。 | 「武田信玄書状写」6―六一四、「武田信玄書状」戦武一四七七 |
| | 北条氏邦、進藤隼人の使者が鉢形に到着。書状を受け取り、使者を同道して氏邦は今日、小田原向けに出発したと伝える。 | 「北条氏邦書状写」6―六一三、戦北一三四九 |
| 12 1 | 上杉輝虎、大石右衛門尉（芳綱）に小田城攻略を褒めるも、東方の衆で上杉に味方する者がいない事、本来の目的を忘れ、小田の仕置きばかりなら上杉勢は帰陣と伝える。また、太田父子に対して、岩付・松山本意の事は簡単では無い等も伝える。 | 「上杉輝虎書状写」6―六一五 |
| 12 6 | 武田勝頼等蒲原城を攻略。城主北条氏信以下千余人討ち取る。 | 「諏訪勝頼書状」戦武一四八四 |
| 12 8 | 上杉輝虎、成田氏長の臣、手嶋左馬助に成田左衛門二郎（氏長）の使僧が派遣されてきたが、上杉の事については何も伝えてこないので心配である事、今後は先代長泰の時のように走り廻って欲しいと伝える。 | 「上杉輝虎書状」6―六一六 |
| 12 9 | 北条氏政、由良成繁に上杉謙信の元への参陣を命じる。 | 「北条氏政書状」戦北一三五四 |
| 12 12 | 北条氏の拠点、薩埵山自落。 | 「諏訪勝頼書状」戦武一四八四 |
| 12 22 | 北条氏邦、遠山康光に二十日に鉢形城を立ち、二十一日に小田原城到着。山吉豊守からの書状と共に上杉謙信から起請文案が届き、見て意見を加えるよう氏政から伝えられ、急ぎ参府した。氏政の直書を東山康光に届 | 「北条氏邦書状写」6―六一七、 |

| 西暦 | 和暦 | 月日 | 事項 | 出典 |
|---|---|---|---|---|
| | | | けさせたが、沼田で謙信が小田原の様子を聞かれた事は満足で、氏邦も越相交渉には全てについて承り昼夜の奔走で努力したい事、急ぎ二十五日に鉢形城に帰ると伝える。 | 戦北一三六一 |
| | | | 三山五郎兵衛綱定から金山城主由良成繁に、小田原からの使者篠窪治部から十九日の日付で氏政の書状が届き、氏政が西上野出陣したので氏照・氏邦が参陣するよう申し付けられたが、氏邦は未だ鉢形城に帰らずという。 | 「三山綱定書状」6—六一八、戦北一三六二 |
| | | 12 | 千松王丸、金鑽神社に鰐口寄進。 | 「金鑽神社鰐口」9—一—二—一九四、鉢四—82 |
| 一五七〇 | 永禄13 | 1 1 | 唐沢山城へ進攻中の上杉輝虎は、成田の重臣手嶋左馬助に書状を送り、成田氏長の早い参陣を要請。 | 「上杉輝虎書状写」6—六一九 |
| | | 1 4 | 北条氏政、上杉輝虎に西上州への出陣されると言うことで待っているが、佐野への出陣を準備していることに不快感を示し、早い西上野への援軍を待つと伝える。 | 「北条氏政書状写」戦北一三七四 |
| | | 1 5 | 上杉輝虎、広田直繁・木戸忠朝に佐野出陣に際して二人が示した忠信は忘れない事を伝え、先約により藤岡を宛行うと起請文を出す。 | 「上杉輝虎起請文」12—三八四 |
| | | 1 6 | 梶原政景、三戸駿河守に太田父子の本意のためにお働きいただきたい事。我らは不運の子細あって浪人しているがかたじけないと思っている事を伝え、大毛・吉羽（久喜市）・上高野（幸手市）・下高野（杉戸町）・冬木（江東区）を進上している。 | 「梶原政景書状」6—六二〇 |
| | | 1 10 | 上杉輝虎、太田道誉に佐竹義重に云う事は少しも違いなく、早々参陣して、太田が見聞きした事等を申すように、その時戦の備え等について相談したいと伝える。 | 「上杉輝虎書状写」6—六二一 |
| | | 1 11 | 岩付蔵奉行行憲は永禄十二年の井草郷の年貢皆済を証し、年貢十貫五百文の内二貫文は田口の給分として差し引くという。 | 「行憲判物写」6—六二二、戦北一三七五 |
| | | 1 15 | 遠山康光、山吉豊守に上杉輝虎は甲信に進発と有るのに、それに違った行（佐野に進攻）には（氏康父子は）面目を失い恐怖と言っている。書状には関東の分国は切り取り次第と有るが、当方よりそのような事を言った事は無い。氏邦に尋ねたところそのような事は申し入れた事は無いといっており一段と不審に思う。佐野城への出馬については（氏康父子は）大変心 | 「遠山康光書状」6—六二三、戦北一三七六 |

| | | | |
|---|---|---|---|
| | | 配しており、当方よりも使者を立てて申し伝え、佐野昌綱からも詫び状を書くよう伝えるので、その事を取りなすよう伝える。 | |
| 2 | 1 | 武田信玄、常陸柿岡城の梶原政景に昨冬駿河富士郡に出陣し、北条方の城を数カ所落城させた。この事は資正にも知らせた事、政景が岩付城帰城を果たすには今春から岩付城内への計策が必要と伝える。 | 「武田信玄書状写」6—六二五、戦武一四九八 |
| 2 | 3 | 遠山康光、由良成繁に三日に小田原を出立したので、どんな風雨でも六日には鉢形へ到着するよう佐野陣の輝虎に申し上げ、進藤隼人佑家清を必ず、鉢形迄来させるようにと伝える。 | 「遠山康光書状写」6—六二六、戦北一三七八 |
| | | 由良成繁はこの事を同日に山吉豊守に伝える。 | 「由良成繁書状」6—六二七 |
| 2 | 6 | 遠山康光、由良成繁に越相和睦交渉の条件について、岩付は太田へ渡す事。梶原政景は小田原へ在府させる事。松山については今回は言われていないが、遅からず決める事。養子については柿崎和泉守が小田原へ迎えに来る事等と伝える。 | 「遠山康光書状」6—六二九、戦北一三七九 |
| 2 | 12 | 北条氏邦、上杉氏に出す養子の事について、種々あって直ぐに出来ない事。まずは岩付の事について佐野陣中で渡す事。三郎については用意が調い次第西上野に於いて渡したいと伝える | 「北条氏邦書状」6—六三〇、戦北一三八〇 |
| 2 | 18 | 北条氏康・氏政は連署して起請文を上杉輝虎に送る。岩付城を太田道誉に渡す事について、太田道誉は度々申し入れているが当方の敵のようで、敵方の事を取り持っているので、北条の疑心を晴らして頂きたい事。そのためにも梶原源太を小田原に差し越す事を申し入れ、三郎は柿崎景家か治家の小田原着城後西上野で渡す事などを盟約する。 | 「北条氏康・氏政連署起請文」6—六三一、戦北一三八一 |
| 2 | 27 | 北条家、分国内に人改めを実施。 | 「北条家朱印状」戦北一三四八、鉢一—38 |
| 2 | 28 | 上杉輝虎、広田直繁に先忠・当忠は比類無き事伝え、佐野領と足利領を除く館林城知行を宛行。 | 「上杉輝虎書状写」6—六三三 |
| | | 武田家、小鹿野高源院に禁制を発す。 | 「武田家高札」6—六三四、鉢一—37 |
| 3 | 4 | 北条氏政、由良成繁に越相同盟の早期決着に尽力するよう求める。 | 「北条氏政書状」『金山城と由良氏』一—二〇七 |
| 3 | 5 | 上杉謙信、北条氏康父子に当面北条氏邦を参陣させ、その替わりに柿崎晴家を差し置く事と、三郎には姪を嫁がせる事などを伝える。 | 「上杉輝虎条書」6—六三五、戦北四四六〇 |
| | | 北条氏康、三郎の準備ができるまで、氏邦が輝虎の許への同陣を約す。 | 「北条氏康書状」6—六三六、戦北一三八七 |

| 年 | 月 | 日 | 事項 | 出典 |
|---|---|---|---|---|
| | 3 | 8 | 北条氏康、河田重親に氏邦の人質交換相手が柿崎晴家となった事を本望等五箇条の条書を送る。 | 「北条氏康条書」6―六三七 |
| | 3 | 9 | 上杉輝虎、大石右衛門尉（芳綱）に書を送り、太田道誉が内密の書状（永禄十年一月二十六日の書状カ）を佐竹の国衆に披露し、写しを由良成繁と河田重親にも送っている事に不信感を表明。資正を見限ったという。 | 「上杉輝虎書状写」6―六三九、 |
| | | | 北条氏政、上杉輝虎に北条氏邦の参陣の替わりとして柿崎晴家到来を了承し、遠山康光を使者として派遣すると伝える。 | 「北条氏政書状」6―六三八 戦北一三九〇 |
| | 3 | 15 | 鎌倉円覚寺蔵の銅製磬子に大工足立住人平井安重とある。 | 「円覚寺磬子銘」9―一―二―一七五 |
| | 3 | 16 | 北条氏政、氏邦に越後に送る三郎について、種々な難しい事があって出立が遅れている。やっと説得し、今日遠山が出立したと伝える。 | 「北条氏政書状」6―六四〇、鉢三―64 戦北一三九二 |
| | 3 | 26 | 北条氏政・氏康は上杉氏に対して、条書を出し、輝虎の誓詞に満足、三郎は四月五日に小田原出立、里見との和睦成立、初秋の対武田軍略の事、内通を止める為に成田・上田氏からは誓詞人質を取る事、三郎の警備に由良が奔走している事等を伝える。 | 「北条氏康・氏政連署条書」6―六四三、戦北一三九七 |
| | 3 | 27 | 武田勢、倉賀野城より撤退。 | 「河田重親等連署書状」6―六四四 |
| | 4 | 10 | 北条氏政、相模の石切・左衛門五郎に相模在住を禁止し、江戸・河越・岩付等の城が多数あり武蔵国での石切を命じる。 | 「北条家朱印状」6―六四六、戦北一四〇四 |
| | | | 上杉輝虎、冨岡重朝に深谷勢が利根川を越えて小泉城へ進攻したが、これを討ち、数百人を討ちとり残党は利根川へ追い払った戦功を讃える。 | 「上杉輝虎書状写」6―六四五 |
| | 4 | 13 | 上杉輝虎、広田直繁・木戸忠朝兄弟の願いを入れて足利義氏の古河公方復帰を認めると伝える。 | 「上杉輝虎書状」6―六四七 |
| | 4 | 15 | 北条氏康、山吉豊守に三郎が十日に到着し、十一日には輝虎と対面できた事について満足し感謝の意をと伝える。 | 「北条氏康書状写」戦北一四〇七 |
| | 4 | 19 | 北条氏康、上杉輝虎に武田信玄の十六日出陣についての警戒を伝え、後詰めの出陣準備を促す。 | 「北条氏康書状」6―六四九、戦北一四一一 |
| 元亀1（4・23） | 4 | 24 | 山吉豊守、三戸駿河守の室へ書を送り、太田三楽斎への謙信の怒りに依る絶縁状態を回復する為に資正へ助言し、その関係を取り成す努力行うよう要請する。上杉輝虎も直接としように書状を出す。 | 「山吉豊守書状写」6―六五一 「上杉輝虎書状写」6―六五二 |
| | 4 | 25 | 上杉輝虎、北条三郎を養子に迎え、この日景虎を名乗らせ、長尾政景の | 「北条氏康書状」6―六五五、戦北一四一八 |

| 月 | 日 | 事項 | 出典 |
|---|---|---|---|
| | | 娘との祝言を挙げさせる。 | 『上杉御年譜』 |
| 5 | 1 | 上杉輝虎、広田直繁に義氏の古河公方就任の遅れを伝え、景虎の婚儀のために引き延ばしになっていたが、過日承認した。北条との事については使者を送る事。広田一族の名誉についても特段の配慮を行った事伝える。 | 「上杉輝虎書状写」6―六五三 |
| 5 | 5 | 木部村の寄居に氏邦は一円不入の屋敷を設ける。 | 「北条氏邦朱印状」6―六五四、戦北一四一七、鉢三―92 |
| 5 | 26 | 下総守谷城主相馬治胤は足利義氏の奉行方の芳春院周興に書簡を送り、小田城主に太田道誉が仰付けられた事を伝える。この中で、小田氏治も苦労の多い事という。 | 「相馬治胤書状写」6―六五六 |
| 5 | 27 | 佐竹義重、小田城を攻略し、十九日に納馬。小田城に太田資正を置いた事を赤坂宮内大輔に伝える。 | 「佐竹義重書状写」12―三九〇 |
| 6 | 5 | 武田信玄、金鑚御嶽城攻略。 | 「武田信玄書状写」戦武一五六一、6―五七四 |
| 6 | 9 | 大串郷が松山領となり、北条家は内山弥右衛門尉に替え地として足立郡間室（馬室）窪在家分十貫文宛行。残りは岩付城からの蔵出しで補うが、来年からは土地を与えると言う。 | 「北条家朱印状」6―六五七、戦北一四二三 |
| 6 | 24 | 北条氏康、某（冨岡氏カ）に武田信玄が武州出陣を決めた事が伝えられ、氏政が迎え討つと決めたので参陣をして走り廻るよう要請する。 | 「北条氏康書状」戦北一四二五、6―六五八、 |
| 6 | 27 | 武田信玄、太田資正に五日金鑚御嶽城攻略を伝え、即、城普請を行い兵数千人置く。関東に出陣する事について味方に異議無く、資正の調略を頼りにしていると伝える。 | 「武田信玄書状写」戦武一五六一、6―五七四 |
| 6 | 28 | 金鑚御嶽城主長井政実は金鑚御嶽城本意（北条氏から離反し、本来の城主に戻れた事）につき金鑚薬師に上竹村の三貫文の地寄進。（この頃平沢から長井に改姓・豊前守名乗る） | 「長井政実判物」6―六五九、鉢四―35、戦武一五六三 |
| 6 | 29 | 足利義氏、密やかに古河城へ移る。 | 「千葉胤富書状写」戦房一三六七 |
| 7 | 19 | 山吉豊守、氏邦へ条書を出し、同陣は使者を持って申し入れる事、山吉方の軍勢に気遣いをする事、武田の使者を成敗する事、途中に人を出して相談決めた上で出馬する事、今年の秋に同陣が無ければ上野国の味方中が恐れ、後悔する事になるなどを申し入れる。 | 「山吉豊守条書写」6―六六一、戦北四四六一 |
| 8 | 10 | 北条氏邦、本庄市高柳長泉寺に制札を掲げる。寺中門前と末寺小平の広斎寺での殺生・竹木伐採を禁止、不入地として寄進。 | 「北条氏邦制札」6―六六二、戦北一四三三、鉢四―33 |

| | | | |
|---|---|---|---|
| | | 韮山城の北条氏規は、武田信玄の韮山城攻めの様子を小田原城に居たとみられる岩田弥三宛てに具体的に報告。刈田もせず町場や和田嶋に責め寄せたが押し返した事、鉄砲が不足して居ると申し入れたが筒ばかり送られ迷惑している事などを伝える。 | 「北条氏規書状写」『岩田家系録』十、鉢三－104 |
| 8 | 13 | 大石芳綱は山吉豊守に長文の書状を出す。遠山康光父子四人は韮山城在城、新太郎氏邦は鉢形城に居るので別々の奏者に書状や條目を渡すなと言う事で氏邦が小田原へ来られる十二日まで待っていた。氏邦・山形四郎左衛門尉（山角康定）・岩本太郎左衛門尉三人で書状を受け取り、翌日返事を頂いた。同陣については北条上杉双方から家老を途中まで出して日取りを決めるのはどうか等いろいろな意見が出たが、信玄が出陣中で人手がない時に途中で相談などしていては、伊豆は焼け野原になり詮無き事と拒否された。それでは輝虎が越山して厩橋城に入ったとき、兄弟衆の一人が倉内へ来る事についても様々な意見が出たが、人質として長く留めるのかとの疑いを持たれ、そのような事は輝虎の指を総て血に染めてもさせないと山吉が申していると説得したが、これさえも納得してもらえなかった。それでは北条綱成の子か松田の子一人を倉内へ来させるのではとしたがこれも納得されなかった。越山には家老の子兄弟一人を輝虎の陣に置き、こちらからも家老の子を一人滝山か鉢形に差し置く様に求められた。北条氏康は病を煩っているようで、子ども達も解らないようで食べ物も飯とか粥を一度に出せば指で指しているばかりで食べられない様子、当主の事などはご存じない様子である。少しでも意識があれば今度の事はご意見があり、無理な事は言わないだろう。特に遠山康光が居ないのは問題で、某は小田原に留まり一向に無用のように思われるが須田を先に帰国させる。某は何かあった事の為に小田原に留まる。別に用がなければ帰国するよう氏政からも言われているが、何かあるときのため待っているので須田から詳しく聞いていただきたい事。信玄は伊豆黄瀬川に陣取り、毎日韮山城へ押し詰め、柵を壊している等と伝える。 | 「大石芳綱書状」6－六六五 |
| 9 | 12 | 上杉輝虎、謙信と名乗るのが知られる。 | 「上杉謙信書状」上別1－九三九 |
| 9 | 16 | 天文八年に奈良多武峯神社に奉納された不動明王二童子画を三峯神社の実 | 「不動明王二童子画」9－一－四－九三 |

| | | | | | |
|---|---|---|---|---|---|
| | | | | 秀が買い求め、先師実裕供養の為に三峯神社薬師に奉納。 | 鉢一―119 |
| | | 9 | 23 | （この年カ）北条氏邦、斎藤三郎右衛門・高岸三郎左衛門に、武田勢郡内侵入時、野伏等を集め走り回れば褒美すると約す。 | 「北条氏邦判物」6―一七一三、戦北三九九六、鉢一―41 |
| | | 10 | 16 | 武田勢が入間川まで出陣すれば防戦し決着する。氏照は小山田八ケ村の武将から出家まで滝山城へ武器を持たない物は空手でも参陣せよと命じる。 | 「北条氏照朱印状写」戦北一四四四 |
| | | 10 | 24 | 武田信玄の出陣に対して上杉謙信は二十日に越山し退散させる。景虎は信越の仕置きのため府中に置いているが、越山もあり得ると北条氏政に伝える。輝虎は中風を患っていると記す。 | 「上杉謙信書状」6―六六六 |
| | | 10 | 27 | 武田信玄、榎下憲康に比企郡山田郷二百貫文宛行を約す。 | 「武田信玄書状」12―三九五 |
| | | 11 | 27 | 北条家、内山弥右衛門尉に前々より大串郷銀屋から召し使っている陣夫の使用を安堵。 | 「北条家朱印状」6―六六七、戦北一四四六 |
| | | 12 | 11 | 北条氏邦、小前田衆中の馬上五騎、徒衆五人を足軽と認め走り廻りを命じ、小前田を不入とする。 | 「北条氏邦朱印状」6―六六八、戦北一四四九、鉢三―25 |
| | | 12 | 22 | 北条氏邦、大道寺政繁に岩付城番が明けて三日前に河越城に戻っただろうが、河越近くに武田勢が進攻したので、後詰めに出馬したが敵は十九日に退散したので、氏邦も鉢形城に帰陣するという。 | 「北条氏邦書状」6―一七二二、戦北一四五一 |
| | | 12 | 28 | 岩付の蔵奉行カ行憲、井草郷の年貢三十貫四百七十文皆済を証す。内五貫文は代物納、二貫四百七十文は籾・大豆・麦納、そのほか田口外記給分が昨年は二貫文であったが五貫文と記される。 | 「行憲證状写」6―六六九、戦北一四五二 |
| 一五七一 | 元亀2 | 1 | 3 | 武田信玄、深沢城に籠城する北条綱成に矢文を送り、これまでの武田が行って来た北条への援軍にもかかわらず、このところの武田への敵意丸出しの行いに憤り、援軍を頼みにしているのか、早く決着を着けようと開城を促す長文の書状となっている。 | 「武田信玄書状写」戦武一六三九、12―三九六（ここでは三月三日とする） |
| | | 1 | 20 | 北条氏政、上杉輝虎・三郎に深沢城の後詰めに十日出陣した、敵陣五里まで進撃したが、敵は金堀人足を入れ本丸外郭まで掘り崩し、北条綱成は後詰めを待たず開城。十六日に開城したのを氏政は知らなかった。敵は同城を再興し在陣しているので、深雪の時であるが急ぎ越山をと伝える。 | 「北条氏政書状」戦北一四六一 |
| | | 1 | 24 | 武田信玄、某に北条氏政が羽生に出陣したので注進宜しくと伝える。 | 「武田信玄書状写」戦武一六四四 |
| | | 2 | 20 | 上田能登守朝直が発願した法華経一千部供養の大型の板石塔婆を東松山市 | 「板石塔婆銘」市史2―九二八、 |

| | | | |
|---|---|---|---|
| | | 下沼にある清正公大神境内に造立。 | 戦北一四六四 |
| 2 | 26 | 武田家、羽生の源長寺に禁制を発す。 | 「武田家高札」6—六七一、戦武一六六〇 |
| 2 | 27 | 石間谷の合戦。 | 「北条氏邦朱印状」6—六八一、鉢一—40 |
| 3 | 3 | 春日弥吉、大宮吉野村に対して荒野の開発は田畠手柄次第とし、年貢は三年荒野、三年を過ぎたら田は一反につき二斗、畠は永楽銭四斗代とする。 | 「春日弥吉手形写」6—六七六 |
| 3 | 25 | 北条氏政、上杉謙信に信玄が北条領へ出馬の事が方々より伝えられ本当のようで、この度力添えをいただけなければ当方は滅亡に向かうと伝え、上野口・信濃口なりとも出馬をと要請する。 | 「北条氏政書状」戦北一四六九 |
| 4 | 2 | 武田信玄、小林松隣斎に下大塚（藤岡市）の小幡三河分五十貫文、秩父領内に五十貫文を山名の替え地として与える。 | 「武田家判物写」藤岡市史資料編原始古代中世三—一—三三三、鉢四—113 |
| 4 | 7 | 北条氏邦、高岸対馬守に二月二十七日の石間谷合戦での高名により諸役免除。 | 「北条氏邦朱印状」6—六八一、鉢一—40 |
| | | 山口上総守に子息孫五郎の討死の高名を認め、麻生村など神流川筋の三ケ村を与える。 | 「北条氏邦朱印状」6—六八〇、鉢一—18<br>戦北一四七一 |
| 4 | 15 | 北条氏康、上杉謙信に書状を出し、早急な越山を要請する。一、上杉の加勢があるという事で北条の者共はすぐの本意達成を確信し、和睦以後は国衆達は戦局が不利になると氏政を見限り分国内の仕置きが成り立たなくなっている事。一、相甲一和になると申す者がおり誓詞を取り交わしたと伝えられ迷惑している。虚言を言っている者を糺明して欲しい事。氏康父子には二心は無い事。一、諸衆に力を付ける努力をしているが、七月に越山なくば国衆が氏政を見限る事必定等を伝え、信玄の来攻に備える為上州でも信州でも早急な出陣を願っている事を伝える。 | 「北条氏康書状」戦北一四七五<br>上別I—一〇四一 |
| 4 | 22 | 足利藤政、太田道誉に信玄の武蔵出張を告げ、走り廻りを要請。 | 「足利藤政書状」6—六八二 |
| 5 | 16 | 北条氏邦、小前田衆十一人に小前田を与え、諸役を免除し、御普請役赦免、徒衆六人が早く馬上衆になるよう伝える。なお、当年の麦五十俵を鉢形城へ納入した事は忠信と伝える。 | 「北条氏邦朱印状」6—六八五、戦北一四八二、鉢二—26 |
| 6 | 1 | 和光市東明寺に河村弥二郎鰐口寄進、大工飯田弥七。 | 「東明寺鰐口銘」9—一—二—一七六 |
| 6 | 10 | 北条家、松山本郷町人の訴えを受けて市規定六カ条を発給する。一、どのような借銭・借米でも市の日に来る商人にその催促はしてはならない。もしその為に荷馬などを取り上げたら非法と見なす。 | |

| 年 | 月日 | 事項 | 出典 |
|---|---|---|---|
| （元亀2） | | 一、濁り酒を売買する店に不法を行う者はその場で召し捕り、連れてくる事。<br>一、市の日に少しの売り物を持ち来たり、宿の下人を無理矢理使役する疑わしき事が近頃多い、両所（市と市）にまたがって商売に入ってはならない。<br>一、宿に宛てる陣夫役は三疋三人とし、着陣の時のみ申しつける。<br>一、飛脚についてはそのままとする。緊急の時は町人へ申しつけ頼む。<br>一、塗り物役、炭役の事は宿中の者のみとし、今まで通りとする。<br>右の押し買い狼藉の事は、いずれの宿でも御法度である事は言うまでも無い等を命じる。 | 「北条家朱印状写」6—六八八、戦北一四八九<br>「北条家朱印状写」6—六八八、戦北一四八九 |
| | 6 12 | 武田信玄、甘棠院に高札を出す。 | 「武田家高札」6—六八九、戦武一七二二 |
| | 7 15 | 朝比奈泰寄、水軍の山本家次父子に、この度の活躍で韮山城北条氏規に激賞され、海上防備は全て任せると言われ三浦衆としても満足。また、この中で北条氏康の病気はいよいよ回復の見込み無し等を伝える。 | 「朝比奈泰寄書状」戦北四〇五九 |
| | 7 27 | 北条氏邦、山口氏と上吉田一騎衆に日尾城参集の功により感状を与える。 | 「北条氏邦感状」6—一二三五、鉢一—21 |
| | 8 1 | 上田又二郎政広法名蓮好（案独斎蓮好）没。 | 「浄蓮寺墓地内上田氏墓」他　梅沢二〇一一 |
| | 8 8 | 上杉謙信、太田道誉に書状を出し、佞人の表裏に乗って縁遠くなっているが、先忠を失う事なく、忠勤を励むよう。越山を心待ちにして諸軍を集めておくよう要請する。同様の書状を三戸としようにも出し、仲介を依頼する。 | 「上杉謙信書状」6—六九一・六九二 |
| | 8 16 | 武田信玄、佐竹義重に書状を出し、出陣した事を伝える。敵が近くにいると梶原が伝えてきて心配している。蘆名へ一味の者にはご指図に基づき対処し、後詰めをする。当方には向かう敵無く、隣国は指揮に服し、安心して欲しい事等を伝える。 | 「武田信玄書状」12—四〇一、戦武一七三五 |
| | 8 19 | 北条家は新座郡白子郷の小代官・百姓中に段銭と棟別銭の納め方に関する規定十ケ条を出す。 | 「北条家朱印状カ写」6—六九三、戦北一五〇六 |
| | 8 27 | 世良田長楽寺尊慶は大道寺政繁に河越中院の門徒足立郡三室の吉祥寺は本寺に背き我儘な仏法を致し法賊である。仙波は関東天台宗の本山で祈願所でもあり、天台宗一門雷同を以って吉祥寺の悪比丘を非難しているので分 | 「長楽寺尊慶書状」6—六九四、戦北四四六三 |

| 月 | 日 | 事項 | 出典 |
|---|---|---|---|
| | | 国中からの追放について一門連署して要請すると伝える。 | |
| 9 | 15 | 武田信玄と北条氏政は榛沢で戦う。北条氏政は吉田政重・吉橋大膳亮の戦功を賞す。 | 「北条氏政感状写」6―六九五、「北条氏邦朱印状写」6―六九六、鉢一―44、四―73 |
| 9 | 23 | 松山城主家臣、恒岡入道大林軒道会日勢は休台寺（坂戸市）に三十番神を勧請。 | 「休台寺元亀二年棟札」9―一―四―九七 |
| 9 | 26 | 北条家、河村城普請人足の賃金を一日二十文とし、米で支払う。 | 「北条家朱印状」戦北一五一三 |
| | | 武田信玄、深谷・藤田（寄居町）進攻。残すところ無く荒らしたという。明日、秩父へ進攻し荒らし回ると伝える。 | 「武田信玄朱印状写」12―三九二・三九三、戦武一七四〇 |
| 10 | 1 | 武田家、阿熊に禁制発す。 | 「武田家高札写」6―六九七、鉢二―74、戦武一七四二 |
| 10 | 3 | 北条氏康没。（大聖寺殿東陽宗岱大居士・五十七歳） | 『史料綜覧』巻十―七八七頁 |
| 10 | 12 | 武田信玄、藤田・秩父・深谷領内耕作地薙ぎ捨て。利根川が深く越えられず、漆原に在陣し、厩橋領放火。越後勢が出陣してきたら容赦なく越後へ出馬する事を佐野昌綱に伝える。 | 「武田信玄朱印状写」12―三九三、戦武一七四三 |
| 10 | 27 | 武田信玄、秩父在陣（十九日～二十六日まで）人民断絶を期して行に及んだと古河公方重臣一色義直に伝える。 | 「武田信玄書状」6―六〇一、戦武一七四四 |
| 11 | 10 | 上杉謙信、北條高広に甲相一和の進展状況について所見を伝え、里見・佐竹・太田との手切れを後悔していると伝える。 | 「上杉謙信書状」6―七〇七 |
| 11 | 13 | 佐竹氏は信玄と結び小田氏を攻める。謙信、小田氏治の援軍要請に応え、出陣する。 | 「小田氏治覚書」上別I―一〇六九 |
| 11 | 20 | （この年カ）大道寺政繁、次原新兵衛他三人を河越城下唐人小路奉行に任命し、町衆による道路整備・小路と溝の清掃・火の用心を命じる。 | 「大道寺政繁判物写」6―七八一 |
| 11 | 30 | 北条家は内山弥右衛門に給方の柿木・川戸からの今年の年貢が未納の為、その分として岩付城蔵米六貫文を来たる十日までに支給させる。 | 「北条家朱印状」6―七〇八、戦北一五六〇 |
| 12 | 3 | 武田信玄、武蔵に入り北条氏邦と戦う。北条氏邦、新井新二郎・高岸対馬守・栗原宮内左衛門尉の郡内における戦功を賞す。 | 「北条氏邦感状」6―七〇九～七一一、戦北一五六三～五、鉢一―22 23 42、二―66 |
| 12 | 5 | 上杉謙信は、三戸駿河守に書簡を送り、この度三楽父子（太田資正・梶原政景）に佐竹義重を同陣し、父子への噂を一掃するようにするよう伝えたが、その効なく、同陣しなかった。この事は各々も後悔するだろうが、分別を以て父子へ意見する事が大切である事等を伝える。 | 「上杉謙信書状」6―七一二 |

| 年 | 月 | 日 | 事項 | 出典 |
|---|---|---|---|---|
| | 12 | 9 | 成田泰親、「徳光」朱印状発給。七郎右衛門の長吏職を安堵する。 | 「成田泰親朱印状写」6—七一三 |
| | 12 | 24 | 岩付の代官三名連署して井草郷の棟別銭（一間当たり百文）十五間分の請取状を出す。 | 「守賀他三名連署請取状写」6—七一四 |
| | 12 | | 再び甲相一和。 | 「北条氏政条書」6—七一九 |
| 一五七二 元亀3 | 1 | 8 | 武田信玄、信竜斎（小幡憲重）と上総介信眞に石倉城からの退去は残念、十日に進攻するのでその時に面談したい事。北条氏政と和睦を遂げ、興国寺城を請け取りなどを伝える。 | 「武田信玄書状写」戦武一七六九 |
| | 1 | 9 | 北条家、代替わりにより岩付衆の着到を改定する。宮城氏は二百八十四貫四百文・三十六人、道祖土氏は二十五貫文・三人、鈴木雅楽助は八貫百五十文・二人。 | 「北条家朱印状」6—七一五〜七一七、戦北一五六九〜七一 |
| | 1 | 10 | 上杉謙信、羽生城の菅原為繁にこれまでの多くの忠信により、苗字を畠山に改める事勧める。 | 「上杉謙信判物写」6—七一八 |
| | 1 | 15 | 北条氏政、由良国繁父子に条目五ケ条を示す。その中に甲相一和の事、国分けの事、甲相一和について二十七日に知り面目を失ったと言うが、一和の件は家老達へも去る二十七日に初めて伝えた事などを記す。 | 「北条氏政条書」6—七一九、戦北一五七二 |
| | ① | 4 | 上杉謙信、武田信玄の属城石倉城攻略。六日厩橋城着城という。 | 「上杉謙信書状」6—七二〇 |
| | ① | 6 | 上杉謙信、深谷城主上杉憲盛の倉賀野筋勝利の祝意を岡谷清英に伝える。 | 「上杉謙信書状」6—七二二 |
| | ① | 9 | 武田家、中林氏カに鉄炮玉・薬研製作の奉公を求め、諸役を免除。 | 「武田家朱印状写」6—七二三、鉢別四—12 |
| | 2 | 13 | 北条氏政、由良国繁に使者の眼前で血判を押した誓詞を貰った事に対し、自らも使者の眼前で血判を押した誓詞を出し、今後の誼の確約を誓う。 | 「北条氏政書状写」戦北一五八二 |
| | 2 | 27 | 北条氏邦、町田雅楽助に白岩分九貫文を手作地として与え、深谷本意の上は存分に扶持すると伝える。 | 「北条氏邦朱印状写」6—七二六、戦北一五八三、鉢三—45 |
| | 3 | 15 | 上杉謙信、三戸駿河守室としように太田父子の忠信斡旋を依頼し、これは太田父子の為と伝える。 | 「上杉謙信書状」6—七二九 |
| | 3 | 20 | 武田信玄、甲相一和により厩橋の越後勢、河西に築城の旨を告げ、必ず出馬し戦うと原孫次郎に告げ準備を命じる。 | 「武田信玄書状」6—七三一、戦武一八一二 |
| | 3 | 21 | 行田市長久寺に手嶋佐渡守道範が両界曼荼羅を寄進。 | 「長久寺両界曼荼羅軸裏書」9—一—四—九八 |
| | 3 | 24 | 上杉謙信、河田重親に由良の丸山砦攻略の功を賞し、なおも精を入れての | |

| 月 | 日 | 事項 | 出典 |
| --- | --- | --- | --- |
| | | 敵地調略が肝要などと伝える。北条と武田の動きついてどちらへ動くのかなどを日夜案じており、実際の所を調べ報告するよう求める。 | 「上杉謙信書状」上別I－一〇九三 |
| 4 | 1 | 北条家、大宮氷川神社への横合非分禁止する。違反者は小田原城中へ報告させ厳罰に処すとの掟を出す。 | 「北条家掟書写」戦北一五八八 |
| 4 | 28 | 上杉謙信は栗林次郎左衛門尉に書状を出し、北條景広からの注進で南甲（北条・武田）の凶徒が進攻した事を伝え、参陣を依頼。 | 「上杉謙信書状」群7－二六三九 |
| 5 | 7 | 北条家、風間を明年七月まで岩付領内六ケ村に在宿させる事を伝え、風間の非分については一旦断り、聞かない場合は目安にて小田原に申し出る事などとする。 | 「北条家朱印状写」6－七三四、戦北一五九五 |
| 5 | 14 | 上杉謙信・先衆を倉内に出陣させ、敵は退散したので越山を秋まで延期と北條高広に伝える。羽生口と深谷口の守りを固めるよう指示。 | 「上杉謙信書状写」6－七三五 |
| 6 | 7 | 謙信から太田道誉カあてに、佐竹・蘆名の和議を再三申し入れてきたが、未だ整っていない。義重には関東の事に一途に取り組むよう佐竹への働きかけを頼む旨が述べられる。 | 「上杉謙信書状」12－四一二 |
| 6 | 11 | （この年カ）北条氏邦、吉田新十郎（真重）に本給と父政重分合計二十貫文を宛行。 | 「北条氏邦朱印状」6－一〇二三、鉢一－45、戦北三九八六 |
| 6 | 21 | 北条家、宮城四郎兵衛尉泰業に尾崎常陸守にかかる相論に裁定し、尾崎大膳が討死をし、その家督は娘の時宗が相続する事で決定したので今後も相違無い事、夫は親類中などで相談し北条の為に働く人物を見つけその妻にさせる事と伝える。 | 「北条家裁許朱印状」戦北一五九八 |
| 6 | 30 | 北条氏繁、大行院（鴻巣市）に上足立三十三郷の伊勢・熊野先達職分の旦那職を安堵し、北条家にも伝えるという。 | 「北条氏繁書状写」戦北一六〇〇 |
| 7 | 22 | 北条勢が、河西に築城した石倉城に押し寄せた事を伝える。 | 「上杉謙信書状」上別I－一一一二 |
| 7 | 25 | 北条氏照、御走衆の中村弥五郎・岩田神十郎・石川・宮本に御用を仰せつけるので二十六日未明に滝山城へ参るよう命じる。 | 「北条氏照朱印状」戦北一六〇三 |
| 7 | 26 | 北条氏邦、斎藤八右衛門に間々田分六貫文・綿役三把・黒澤新右衛門分三貫八百文を宛行、さらに定峯谷間々田増分六貫百七十文の地を宛行。さらに百姓が異議を申し、他所へ移る者があれば見つけ次第捕縛し報告する事を命じる。これで斎藤氏の領地は合計十九貫九十文となる。加え | 「北条氏邦朱印状」6－七三八～七四〇 戦北一六〇四～六、鉢一－11・12・13 |

| 西暦 | 和暦 | 月 | 日 | 事項 | 出典 |
|---|---|---|---|---|---|
| | | | | て若林杢助分代官を命じる。 | |
| | | | | 河越本郷の検地が行われ、五十三貫二百七十四文と決まる。 | 「河越本郷壬申検地定書」6—七四一 |
| | | 8 | 18 | 上杉謙信、北条氏政が羽生城攻囲したと河田重親に伝え、近く越山するので、力堅固に防戦する事と羽生へ申し伝えるよう命じる。 | 「上杉謙信書状写」6—七四四 |
| | | 8 | 22 | 上杉謙信は越中の陣中より八月二十一日に帰陣した事を伝え、羽生城の木戸忠朝・重朝父子と菅原為繁に越山に備え準備を命じる。 | 「上杉謙信書状写」6—七四五 |
| | | 8 | 28 | 北条氏照は成田左衛門次郎（氏長）の羽生勢打ち散らしの功を賞し、深谷城主上杉憲盛の二十三日帰陣を伝える。 | 「北条氏照書状」6—七四六、戦北一六〇九 |
| | | 10 | 16 | 北条家、三保谷郷の代官に対する訴えを調査し事実無しと裁定する。 | 「北条家裁許朱印状」6—七四八 |
| | | 10 | 21 | 北条家、さいたま市三室の氷川女体神社の神領安堵。 | 「北条家朱印状」6—七四九、戦北一六二〇 |
| | | 10 | 25 | 北条氏政、深谷攻めのため二十九日に出陣。鉢形衆には向城を築くよう申しつける予定。由良国繁父子もかねて約束のごとく向城を支度するようにと伝え、二十九日利根川端に出陣するよう要請する。 | 「北条氏政書状」12—四一七<br>戦北三八七二 |
| | | 11 | 6 | 甲相同盟により、金鑽御獄城は北条氏に属す。 | 「由良成繁書状」12—四一八 |
| | | 11 | 8 | 由良成繁、館林城の長尾顕長に深谷城攻略は明日、羽生城の調議も近く、金鑽御嶽城を北条氏が六日に受け取りと伝える。 | 右同 |
| | | | | これにより長井政実は対岸の藤岡市三ッ山城に移り、神流川流域を支配し武田氏の庇護を受けるという。 | 『上里町史』四六六頁 |
| | | 12 | 8 | 北条氏政、七日に栗橋城攻略を由良成繁に伝える。城主の野田右馬助が命乞いをしてきた事。城主の妻が簗田の妹であり、助命した事、栗橋城の普請をしており、三日の内に出来るだろう。深谷への向城として羽生の砦が出来た事が大切などと伝える。 | 「北条氏政書状」12—四二〇<br>戦北四九一四 |
| | | 12 | 11 | 北条氏邦、岩田千勝に薄庄、白鳥庄内における富永松寿軒跡の相続を認める。 | 「北条氏邦判物写」12—四二一、鉢三—105 |
| | | 12 | 15 | 北条氏邦、極楽寺正乗坊へ児玉河内の富士山を来年から寄進と伝える。 | 「北条氏邦判物」6—七五〇、鉢三—58 |
| | | 12 | 29 | 北条氏政、皆川氏の後詰めに出陣し、多功原（上三川町）で佐竹氏等に数千人打ち取られの大敗を喫し、単騎で岩付城へ敗走という。 | 「上杉謙信書状」6—七五八 |
| 一五七三 | 元亀4 | 1 | 24 | 北条氏政、羽生城進攻。 | 「武田信玄書状写」行田市史中世二七〇 |
| | | 2 | 4 | 岩付城代の北条氏繁、関根図書助（宗重）の関宿城攻めに際して行われ | 「北条氏繁感状写」6—七五三 |

| | | | |
|---|---|---|---|
| | | た糟ケ部合戦の忠節を認める。 | 戦北一六二九 |
| 2 | 6 | 岩付家臣細谷資満、井草百姓中にどのような事があっても承認無くして不作の田畠を如何ほど開発されようとも代官など横やりを申す事はない。必ず書き付けを渡し荒野十年とすると伝える。 | 「細谷資満判物写」6−七五四、戦北一六三〇 |
| 2 | 7 | 簗田晴助、北条氏照の栗橋在陣を伝える。 | 「簗田洗心斎道忠書状写」6−七五五、 |
| 2 | 10 | 北条氏政、佐竹・宇都宮が皆川攻めに出陣し、後詰めとして岩付に着陣したところ敵は直ぐに敗北、打ち漏らした事は残念と蘆名盛興に伝える。 | 「北条氏政書状写」12−四三一 |
| 2 | 16 | 北条氏繁、鷲宮神社神主（大内晴泰）に書を送り、深谷城を攻略し、羽生城に進攻。氏繁は今日前木まで進軍、明日は鷲宮口から羽生に進攻するので道案内を依頼、羽生と鷲宮の境を確認したい等と伝える。 | 「北条氏繁書状写」6−七五六 戦北一六三三 |
| 2 | 24 | 岩付家臣細谷資満、井草百姓中に郷中にて開発した田畠は百姓中にかねて定めたとおりで相違はないと伝え、草木は勿論、郷中の者達が採取することは問題ない事で、書付を以て必ず申し上げるという。 | 「細谷資満条目写」戦北一六三五 |
| 3 | 1 | 北条氏邦、町田雅楽助に小園（寄居町）の白岩弥三郎分九貫八百六十文・白岩又三郎分百四十文、合わせて二十貫文宛行。 | 「北条氏邦朱印状」6−七五七、戦北一六三六、鉢三−39 |
| 3 | 20 | 北条氏邦、長谷部肥前守と田中（深谷市）の百姓中に欠落した田中の百姓を糺明し、連れ戻すよう命じる。命に従わず帰村しない者を許容した者は厳罰と申し渡す。 | 「北条氏邦朱印状写」6−七六一、戦北一六四一、鉢三−40 |
| 3 | 22 | 北条氏政、蘆名盛氏に書状を出し、佐竹義重攻略に出陣を要請する。 | 「北条氏政書状写」6−七六二、 |
| 4 | 5 | 上田長則カ、松山本郷の町人岩崎与三郎に十五年間、屋敷から出す伝馬・諸公事・兵粮一駄の往復を免除。 | 「某朱印状写」6−七六三、戦北一六四八 |
| 4 | 10 | 北条氏邦、逸見平右衛門にあて朱印状を発給し、新舟新五郎は不勤仕で知行召し上げ、斎藤右馬允に与えると伝える。 | 「北条氏邦朱印状」6−七六四 戦北一六五二、鉢一−24 |
| 4 | 12 | 武田信玄、信濃で没す。十五日に入棺、十六日葬礼を決める。（五十二歳）死を当分伏せる。 | 「御宿友綱書状写」戦武二六三八、 |
| 4 | 19 | 結城晴朝、北條景広に北条氏政が深谷城・羽生城に向けて出陣と聞いた。利根川を越えるかも知れないので佐竹も準備を怠らず等伝える。 | 「結城晴朝書状」6−七六五 |
| 4 | 25 | 河上富信は河田重親に武田信玄が甲府へ帰陣したが、煩っているとの事、また、死亡したとも言われ不審の事と伝える。 | 「河上富信書状」上別I−一一五二 |

| | | | | |
|---|---|---|---|---|
| | 5 | 9 | （この年カ）成田氏長、羽生での高名を上げた正木丹波守と青木兵庫助に感状を与える。 | 「成田氏長感状写」12－四二三・四二四 |
| | 5 | | 上杉謙信、沼田城に藤田信吉・同彦介、北条右近を置く。河田伯耆守は病気で新田郡へ蟄居と記される。 | 『加澤記』巻二 |
| | 7 | 23 | 北条氏政、蘆名盛氏に書状を出し、七月二十六～二十七日、宇都宮出陣を告げ、佐竹との手切れを要請する。 | 「北条氏政書状」6－七六六、戦北一六六〇 |
| | 7 | 27 | 簗田持助、宇都宮国綱に北条氏照が関宿城（簗田晴助父子在城）を攻めるも敗退。この時かせ者等内応し夜戦となった。その後、加世者は成敗した事を伝える。 | 「簗田持助書状写」6－七七三 |
| 天正1（7・28） | 7 | 29 | 北条家、与野の立石甚左衛門と百姓中に天正元年の十分一の税を古帳の如く八月晦日までに一貫二百文を兵糧として岩付城の立川・佐枝・恒岡三人に渡すよう命じる。 | 「北条家朱印状写」6－七六七、戦北一六六二 |
| | 8 | 3 | 成田泰親、稲村内蔵助に今井（熊谷市）の内七貫文の百姓職と居屋敷一間安堵。 | 「成田泰親朱印状写」6－七六九 |
| | 8 | 8 | 上杉謙信、羽生城の菅原為繁に、家中に力を付け備えを固め越山を申しつけるので、警戒を厳密にいたし、越山を待つ事を要請。 | 「上杉謙信書状写」6－七七〇 |
| | 8 | 9 | 北条氏政、関宿城から二十八日出馬し、羽生市小松に在陣。 | 「小山孝哲書状写」千四－五二二 |
| | 9 | 7 | 宇都宮氏の軍師・壬生周長、佐竹義重の重臣に書を送り、北条勢の栗志川への進攻に伴って、壬生・皆川勢に負傷者が多数ある。西方城はしっかりと守っているが、北条勢は近くに迫っており、早く出馬し、応援を二～三百派遣してもらえないと栗志川張陣が無になってしまう事、太田三楽斎を早く召し出す事が重要などを伝える。 | 「壬生周長書状写」12－四二七 |
| | 10 | 11 | 北条家、内山弥右衛門尉に今年度の扶持給六貫文を十一月二十日までに岩付奉行から受け取るように伝える。 | 「北条家朱印状写」6－七七四<br>戦北一六六六 |
| | 10 | 23 | 北条氏邦、鐘打中・鐘阿弥を鉢形領の鐘打司に任命し、飛脚役は月に五度宛と定め、これを勤めれば末野に屋敷分を与えるという。 | 「北条氏邦朱印状写」6－七七五<br>戦北一六七二、鉢三－127 |
| | 11 | 20 | 武田勝頼、長井豊前守（政実）に知行五千貫余の替え地は総てを宛わなかったので検使を遣わし、料所を改め、旧領に不足無く宛行と約束する。 | 「武田勝頼判物」12－四二九<br>戦武二二一五、鉢四－116 |
| | 12 | 10 | 北条家、風間を在宿させないようにしたが、今も在宿し、百姓迷惑に付、 | 「北条家裁許朱印状写」6－七八四、 |

| 西暦 | 年号 | 月 | 日 | 事項 | 出典 |
|---|---|---|---|---|---|
| | | | | 今後忍者風間を砂原村に在宿させないよう裁許す。 | 戦北一六七七 |
| | | 12 | 17 | 忍城主成田長泰没。（晴雲院殿自天宗湖大居士） | 「成田系図」『行田市史』資料編古代中世 |
| | | 12 | 25 | 上杉謙信、正月、雪が止み次第の越山を伝え、羽生城主木戸忠朝などに矢銭として黄金二百両を送る。 | 「上杉謙信書状」6―七八五 |
| 一五七四 | 天正2 | 1 | 3 | 北条氏邦、町田某に土佐守の受領名、町田某に雅楽助の官途を与える | 「北条氏邦朱印状」6―七八六・七八七、鉢二―35・36 |
| | | | | 北条氏邦、吉田真重に新左衛門尉の官途を与える。 | 「北条氏邦朱印状写」6―七八八、戦北一六八四、鉢一―46 |
| | | 1 | 16 | 足利藤政、太田道誉に北条氏政が盛んに関宿攻めを行っているが、佐竹義重の援軍が有り今は恙ない。関宿城が存続できるよう義重に意見を伝えて欲しい事、父子の事（岩付復帰）も簗田晴助親子へ申し上げている事。謙信の越山を要請する事などを依頼する。 | 「足利藤政書状」6―七八九、戦古一二九九 |
| | | 1 | 吉 | 羽生城主木戸忠朝、羽生城の安泰を祈念して、正覚院（羽生市）に千疋の寺領寄進。 | 「木戸忠朝判物」6―七九一、 |
| | | 2 | 10 | 北条氏邦、上吉田代官・百姓中に谷中の百姓の欠落者の捕縛を命ず。 | 「北条氏邦朱印状写」6―七九三、鉢一―25 |
| | | 2 | 22 | 北条氏照、陸奥の田村清顕に佐竹が白河に出陣した時、会津の蘆名に加勢し、敗北させたのは大慶と伝える。 | 「北条氏照書状写」12―四三三、戦北一六九一 |
| | | 2 | 25 | 北条氏照、一色右衛門佐（直勝カ）に謙信の赤石城着陣を聞き、氏照は小田原から出陣して二月二十三日に着城（栗橋城）、直勝の走り廻り忠信を遂げる機会などと伝える。 | 「北条氏照書状写」6―七九四、戦北一六九二 |
| | | 3 | 10 | 上杉謙信、女淵城・赤堀城・膳城・山上城を攻略。桐生領深沢城に進攻。いずれも上杉方に屬する。 | 「北条高広書状」上別I―一一九〇 |
| | | 3 | 13 | 上杉謙信、越山し、羽生城主木戸忠朝などに上野の戦況などを告げる。善城・山上城・女淵城・深沢城攻略、五覧田城は破却、続いて武蔵羽生方面に進攻するので、太田資正父子や簗田政信にも参陣を催促するよう伝える。 | 「上杉謙信書状」6―七九八 |
| | | 3 | 16 | 足利義氏、上杉謙信に備え、古河城普請。謙信は深沢城へ寄陣という。由良父子は相談の上、敵の様子を報告する事を要請。 | 「足利義氏書状」6―七九九、戦古九四四 |
| | | 3 | 20 | 北条氏邦、逸見与八郎に兵粮・衣装・馬・武具などの支度要領を発す。一、どの様にしても兵粮を蓄え籠城に備える事、市などでの購入、其他での準備は堅く法度。一、平日や正月でも一騎の者達は白の衣装で良い、冬 | 「北条氏邦朱印状」6―八〇〇、鉢二―44、 |

| | | | |
|---|---|---|---|
| | | は紙衣、木綿の小袖と同様、夏は布帷子、または紙の帷子でも良い、全体に衣装を準備し追加購入はしてはならない。一、一騎の者達は給金の三分の一の馬に乗る事、高価な馬は一切無用、今持っている馬を取り替える事は良いが、かといって痩せ馬であってはならない。一、武具は手蓋・佩楯迄着用し、中間・小者まで黒づくめにする事は大切で、具足は、風雨にても損傷しないようにする事。羽織も黒木綿にし、切れた小旗・さびた鑓は禁止。以上は陣番普請が多いのでこの様に仰せられたが、朝夕にも見苦しき姿でもやむを得ない事、また、黄金・銭を貯め込む者があったら報告すれば褒美を取らせるという。 | 戦北一六九六<br>「北条氏邦朱印状」6―八〇〇、鉢一―44、戦北一六九六 |
| 3 | 27 | 北条氏政、上杉謙信が桐生陣払い、羽生口出陣するというので、今日出陣した事を伝え、富岡重朝に小泉城堅固の防戦を命じる。 | 「北条氏政書状写」6―八〇一<br>戦北一六九七 |
| 3 | 28 | 上杉謙信は木戸父子・菅原為繁に県（足利市）から赤岩へ進攻すると伝えた。しかしながら、羽生からは金山へ攻め入るのが大切であるとの事で、二十六日に藤阿久（太田市）に陣取り、四月一日には必ず迎えの為に軍を動かすので菅原為繁、木戸忠朝・玉井豊前守は当陣へ来るように。木戸重朝は分（羽生城を守る事）をわきまえて頂きたい。併せて、敵城数カ所に軍勢を差し向ける事。特に、北条氏繁の軍勢が近辺に進軍しており、先ず、重朝は羽生にあって留守中の備えを申し付け、くれぐれも出過ぎない事が大切と伝える。 | 「上杉謙信書状」6―八〇二 |
| 4 | 1 | 上杉謙信は木戸忠朝・菅原為繁に書状を出し、両人を召し寄せる事を申し伝えたが、羽生へ北条勢が攻め寄せると木戸重朝だけの対応では難しい事もあるので、延期する。北条氏政が直ちに利根川を越えてこようともさして問題はあるまい。利根川の水かさの様子を見届け、水を力に北条勢が進攻してくる事も考えられる等と伝える。 | 「上杉謙信書状」6―八〇三 |
| 4 | 4 | 上杉謙信、羽生城の木戸忠朝などに佐竹義重の同陣について太田父子より飛脚で届けられ、直ぐに返事を書いた。そちらから案内を添えて太田の所へ送って欲しい事、上杉軍は一両日中の羽生筋への進軍と伝え、舟を多く集めるよう指示する。 | 「上杉謙信書状写」6―八〇四 |
| 4 | 13 | 上杉謙信、大輪陣より羽生城三将に利根川の増水で渡河でき無い事を伝え、兵粮弾薬の輸送失敗。これを考え指揮した佐藤筑前守を馬鹿者と言い、救援困難を伝える。 | 「上杉謙信書状」6―八〇五 |

| | | |
|---|---|---|
| 4 16 | 上杉謙信、菅原為繁に利根川減水により北条氏政の本庄・本田への移陣と、自身は赤岩への向城として今村城を取り立てての退陣を告げ、羽生救援の困難を伝える | 「上杉謙信書状」6—八〇六 |
| 4 | 北条氏繁、羽生出陣、近年岩付城への向城として取立の花崎城自落。 | 「北条氏繁書状」12—四三七 |
| 5 2 | 北条氏繁、関宿城近くに進軍し、作毛残らず刈捨て、簗田持助は水海城戸張際に在陣。当月中は幸嶋口に張陣する予定という。 | 「北条氏繁書状」12—四三六、戦北一七〇一 |
| 5 4 | 北条氏繁、白川義親に上杉謙信が上野に進攻し十日に桐生へ兵粮を入れようとしたが、出陣しこれを入れさせず、翌朝謙信は退散。利根川が雪水増水し、人馬が渡れないので川上へ迂回し一戦を遂げようとしたところ謙信は沼田へ張陣して、この度戦えなかった事は無念。その後羽生に寄陣したところ、岩付の向かい城として築かれた花崎城が即自落した。二日に関宿へ進軍、作毛を刈り払い、五日には小山に寄陣し宇都宮へ動こうと思っている等を伝える。 | 「北条氏繁書状」12—四三七、戦北一七〇二 |
| 5 10 | 上杉謙信、五月九日和田城を攻め、和田喜兵衛を手討ち、首を烏川にさらした事。宇佐美駿河守が鴻巣へ出陣した事、太田道誉に厩橋までの急ぎ参陣を要請。武田・北条が申し合わせて近日中に出陣と言い、上杉勢は和田城近くに張陣と伝える。 | 「上杉謙信書状写」6—八〇八 |
| 5 13 | （この年カ）北条氏邦、吉田和泉守・新左衛門父子に猪俣他四箇所を宛行。軍備えについて具体的に指示。旗の柄は青竹でも二間柄にし、柄口を黒く笛巻に二重に巻き付ける事。郷人を選抜し、小旗を一本づつ持たせ、足軽らしい出立をさせ走り回らせるよう。何時でも足軽衆を徒足軽とし召し連れるようにする事。馬上足軽衆の鑓は良くても悪くても法度に従い御用の役に立つよう申し付ける。兵に野武士を加えても良いとする。 | 「北条氏邦判物」6—一七〇一、鉢一—47 |
| 5 17 | 関宿渡の法度を出す。関宿陣のからの帰国する人足・飛脚には「通過」という朱印状を出すのでよく見届け審議する事、朱印状を持たない者はかりそめにも通過させない事、在所から関宿陣へ来る者についてどの様な者でも改める事不要等を旗本の検使役二見民部丞と新田日向守に伝える。 | 「北条家朱印状」戦北一七〇四 |
| 5 24 | 上杉謙信、菅原為繁に帰国を告げ、来たる越山まで堪え忍ぶ事、さらにこの書状を簗田父子に届ける事を依頼する。 | 「上杉謙信書状写」6—八一一 |

| 月 | 日 | 事項 | 出典 |
|---|---|---|---|
| 6 | 5 | 北条家は高麗郡平沢の百姓中に未進の麦八俵を明日陣所へ納入と命じ、足軽衆に渡すもので、怠れば直ちに郷中へ参り牛馬を引き出すという。 | 「北条家朱印状」6―八一三、戦北一七七〇 |
| 6 | 9 | 北条氏邦、高柳源左衛門尉に十五貫五百文宛行。 | 「北条氏邦朱印状」6―八一四、鉢三―93、戦北一七〇七 |
| 6 | 21 | 北条家、評定衆石巻康保をして、大宮氷川神社社人から訴えのあった潮田資勝の宮山・御子山の木材切り出しの件について裁定。宮山においては年中の祭礼用として伐採するについては、以後潮田と相談し、奉行に伐採許可を取って行う事。御子山の事は潮田資忠の証文によって左馬允も寄進する旨下知する事。これらは領主の事に関わるので、潮田とよくよく相談して氷川神社の祭礼以下を怠慢無く謹仕するよう裁定する。 | 「北条家裁許朱印状」6―八一五 戦北一七〇七 |
| 6 | 22 | 上杉謙信、菅原為繁に羽生が心配なので、厩橋城まで使者を出し、どの様にしても深谷・羽生まで引き返そうと考えていた所、小安隠岐守が来られて口上を聞いた。そちらの身の振り方についても申し含めた事などを伝え、越山の事は総てに油断しないように等申し含めたという。 | 「上杉謙信書状写」6―八一六 |
| 6 | 29 | 成田氏長、正木丹波守に給恩の地栢間の他、郷地・笠原を宛行う。 | 「成田氏長朱印状」12―四三九、戦北四七〇四 |
| 7 | 15 | 北条氏照、由良からの要請によって上野出陣。 | 「北条氏照書状」12―四四一、戦北一七一八 |
| | | 北条氏繁カ、内田孫四郎に砂原の開墾地を宛がった太田資正の判物を確認し、横合いを禁止、この件は上に報告すると伝える。 | 「北条氏繁カ判物写」12―四四〇、戦北一七一六 |
| 7 | 18 | 上杉謙信、赤堀上野介に初秋の越山を伝える。 | 「上杉謙信書状写」6―八一七 |
| 7 | 26 | 上杉謙信、羽生の木戸父子・菅原為繁に越山の催促の為の使僧の話を聞いた。特に北条氏政が厩橋に進攻しそうな事を聞き、今日二十六日に先陣は倉内から出陣した。越山するまで氏政の進攻に耐えれば、この春の鬱憤をこの時に晴らそうと思うと伝える。 | 「上杉謙信書状写」6―八一八 |
| 8 | 1 | 武田勝頼、北条氏政が厩橋城へ出陣した。同陣のため箕輪城へ参陣し、工藤長門守と相談の上、利根川染原の瀬に打ち出して欲しいと小幡上総介信真に依頼する。 | 「武田勝頼書状写」戦武二三三四 |
| 8 | 9 | 小山秀綱、北条氏政が二十八日に出陣し、羽生小松に張陣したと昨日関宿から注進があったと那須資胤に伝える。 | 「小山秀綱書状写」6―八二〇 |
| 8 | 12 | 北条氏照、由良からの要請により、去る二十六日上野出陣。大胡・厩橋放火帰陣。近日中に会津方面へ出陣予定、大平・小関・新井を直ちに氏照の元へ参陣させるよう申し付ける事を依頼。 | 「北条氏照書状」12―四四一、戦北一七一八 |

| 月 | 日 | 事項 | 出典 |
|---|---|---|---|
| | | 三保谷郷の公事で梅沢将監と鈴木から昨年の検地に賄賂が行われ不正があったとの訴えがあり、代官道祖土図書助・訴人梅沢将監・検使守賀新兵衛・小熊左近将監に再検地をさせる。 | 「板部岡江雪斎書写」6―八二三、戦北一七一九 |
| 8 | 17 | 北条氏邦、上吉田代官に郷人が借用した恵比寿銭の金利を五分として十ヶ月を限度に返済させる事、どの様な子細があろうとも、返済不能があってはならず、欠落者が有れば郷中で出し合い、本利共に弁済させる様申しつける。 | 「北条氏邦朱印状写」6―八二三、戦北一七二三、鉢一―26 |
| 9 | 1 | 北条氏邦、定峰谷の炭焼触口斎藤八右衛門に二十六人分の炭百三十俵を鉢形の炭奉行(起し炭七十八俵は全阿弥、鍛治炭五十二俵は黒澤処)に渡すよう命じる。 | 「北条氏邦朱印状」6―八二四、戦北一七二四、鉢一―14 |
| 9 | 3 | 北条氏照は品川宿からの欠落者について、人返しは国法であり、至急召し返せと品川宿町人に命令する。 | 「北条氏照判物写」12―四四五、戦北一七二四 |
| 9 | 13 | 北条家、北条氏資の証文(6―四二一)の如く、渋江鋳物師の諸公事を赦免。 | 「北条家朱印状写」6―八二八、戦北一七二九 |
| 9 | 14 | 足利義氏、由良国繁に北条氏政の九月五日黒川谷寄居攻略。八日五覧田城攻略時の高名を賞す。 | 「足利義氏書状写」6―八二九、戦古九六九 |
| 9 | 23 | 上杉憲盛、敵(北条氏政)は今朝陣払いし、條條河原迄引き上げた事、鉢形についてはまずは心配ない事、以後も敵の動きについて報告すると倉内陣所(沼田城将)に伝える。 | 「上杉憲盛書状写」6―八三〇 |
| 10 | 15 | 北条氏政、古河に出陣。足利義氏、由良国繁に同陣しての走り廻りを要請。 | 「足利義氏書状写」6―八三一、戦古九四八 |
| 10 | 19 | 上杉謙信、十五日に横瀬が築いた猿ケ窪城近くの仁田山城への向城・谷山城を攻略し全員撫で切りした事。仁田山を普請し沖中へ打って出ると太田道誉に伝える。 | 「上杉謙信書状」6―八三四、「足利義氏書状」群7―一七九二、「佐竹義重書状」群7―一七九四 |
| 10 | 24 | 多摩郡小川の隠田四貫四百文を摘発し、年貢納入を命じ、鉄炮衆の給にする。 | 「北条氏照朱印状写」12―四四六、戦北一七三二 |
| 11 | 4 | 北条氏政、関宿城を攻める。城方は普請をして固めていると記す。 | 「北条道感書状写」戦北一七三三 |
| 11 | 7 | 佐竹義重、上杉謙信に返書を出し、新田金山を攻略し、猿ケ窪城攻略と男女悉く討ち果たしについてやむを得ない事などを伝える。 | 「佐竹義重書状」6―八三五 |

（天正2）

| 月日 | 事項 | 出典 |
| --- | --- | --- |
| 11 8 | 足利義氏、古河城を普請、三日に移ると由良国繁に伝える。 | 「足利義氏書状」6―八三六、戦古九五〇 |
| 11 12 | 上杉謙信、忍領へ進攻。小倉図書の高名に成田氏長感状を出す | 「成田氏長感状」12―四四八、戦北一七三五 |
| 11 19 | 武田勝頼、禰津常安らに鉢形から金井淡路守宛ての書状を見た事を伝え、以後の敵の様子について詳報を待つという。 | 「武田勝頼書状」12―四四九、戦武二三七七 |
| 11 21 | 北条家、大宮氷川神社領について先の朱印状により、守護不入諸公事免除を伝える。 | 「北条家朱印状」12―四五〇 |
| 11 24 | 上杉謙信、十一月七日に利根川を越え、鉢形城下・成田・上田領を悉く放火。深谷より氏政の敗北を聞き、新田領へ引き返し、足利・新田・館林を焼き払った後、二十二日左井名沼（越名沼）に着陣。二十三日小山秀綱・簗田晴助を招いて談合。明日は小山に進軍するが敵陣は十五里以内となり、明日にも一戦が避けられそうにない事等を伝え、那須資胤に早々の出陣を求める。 | 「上杉謙信書状」6―八三八、 |
| | 上杉謙信は佐竹義重に去る四日に貰った書状には三日の内に同陣と有り、二十日に田木山着陣し、二十二日沼尻へ着陣、二十四日の今日小山秀綱・簗田晴助と相談し、明日小山へ進攻と決めた。義重の陣が無い事は悔しい事で、この一戦に加わらない事があれば今後佐竹への災いとなろう。夜通し進軍してでも小山に同陣し、一緒に北条を撃破したいと伝える。 | 「上杉謙信書状」上別I―一二三三 |
| 11 27 | 上杉謙信、佐竹義重の同陣を催促する書状を出し、同陣なくば関宿城が落城し簗田持助が滅亡する。この様な事があれば小山・宇都宮も滅び、佐竹が公事さえも行う事ができなくなる等が危惧され、敵の計策に乗る事なく同陣して対処する事が佐竹の利となる等の考えを伝える。 | 「上杉謙信書状」6―八三九 |
| 11 29 | 上杉謙信、宇都宮を出陣し、佐竹義重に同陣次第、梶原政景と河井備前守を陣に呼び誓詞血判をすると伝える。 | 「上杉謙信書状写」6―八四〇 |
| ⑪ 8 | 梶原政景、上杉謙信の陣所へ書状を出す。昨日上杉謙信に陣中で面談した時、退出の訳を申し上げようとしたところ、山吉豊守方が申し上げる事をせず、出立してしまった。お心の内を述べていただいたが、親に従い佐竹義重との間で走り廻った事、同陣しなかったことは偏に迷惑であるとの事。これ以上のことは無い。仰せになられたように、世情の様子次第により、御前にも出仕できない事もある。一度ならず進退がこのようになることは | 「梶原政景書状写」12―四五三 |

| | | |
|---|---|---|
| | 偏った見方で、反論したい事。考えも及ばなかったことで親にも伝える。自分においても過ぎたことであるが、若し、身の振り方を考えるなら、お近くへ参上したいと伝える。 | |
| ⑪ 10 | 北条氏照、結城晴朝に関宿城は攻め落とすと決めているので簗田晴助がどの様な行動に出ようとも驚かない等を伝える。 | 「北条氏照書状」6―八四七、戦北一七四六 |
| ⑪ 18 | 上杉謙信敗北、羽生自落、関宿城も明日簗田が城をでる（水海城へ移る）事に落着。北条氏と佐竹氏和睦と小田氏治に伝える。 | 「北条氏政書状」6―八四八、戦北一七四七、 |
| ⑪ 20 | 上杉謙信、蘆名盛氏に鉢形・松山・忍・深谷城下等を焼き払うと伝える。上野に戻り、金山城近くに在陣したところ北条氏政が関宿を攻めた。佐竹義重が同陣してきたので早速関宿を攻めようとしたが、北条は陣城を築き、備えを堅固にしている上、利根川が越えられず、しかも、義重陣には裏切り者がいて、結局は義重に関宿は任せる事にした。再び利根川を越え騎西城・菖蒲城・岩付など放火し、敵地を廃墟にした。羽生城は破却して厩橋城に十九日帰陣。羽生衆千人ほどは金山城の向城として築いた城に入れた。武蔵・上野・下野を四十日余り進攻して昨日まで敵と会う事はなく、殊に北条が陣城の外へ一騎たりとも乗り出さ無かった事は間違いなく、常々謙信の動静として聞いていたであろう。従って白川・佐竹の無事については承知していない。春以来精魂込めて申し入れてきたが、義重の考えは常に変わり、実のところ何もなかった。もし義重がそちらに行ったら裏切らせない事などを伝える。 | 「上杉謙信書状写」6―八四九 |
| ⑪ 25 | 足利義氏は由良国繁に、上杉謙信は、左井沼で佐竹義重と談合、意見合わず、関宿は佐竹義重に任せ関宿を放棄し、羽生を引き退いて敗退すると伝える。 | 「足利義氏書状」6―八五〇、戦北一七五四 |
| 12 12 | 北条家、芝崎の百姓に前々のように帰住する事、以後の横合い非分を禁じ、関宿城の用務については虎の朱印を以て領主に所望する事等を伝える。 | 「北条家朱印状写」6―八五三 |
| 12 16 | 北条氏政、簗田八郎（持助）に書状を送り、関宿城を北条氏政に渡し、水海城へ入った持助を足利義氏が赦免し、今後は将来にわたり昵懇にすると伝える。 | 「北条氏政条書写」6―八五四、戦北一七五四 |

一五七五 天正3

| 月 | 日 | 事項 | 出典 |
|---|---|---|---|
| 2 | 14 | 北条氏邦、金鑚寺に寺領五貫文安堵。 | 「北条氏邦朱印状」6―八五六、戦北一七六二、鉢四―36 |
| 2 | 17 | 上杉謙信、梶原政景に書状を出し、常陸太田城主佐竹義重からの連絡と、道誉からの長文の書状に謙信は謝意を表し、今後の走り廻りを依頼す。 | 「上杉謙信書状写」6―八五七 |
| 2 | 21 | 北条家は、大谷郷（上尾市）の給田をめぐる柏原の訴訟を裁許。岡田新五郎・智光新三郎・同将監に先の證文の如く安堵。 | 「北条家裁許状」6―八五八、戦北一七六九 |
| 3 | 1 | 笠原康明、玉林坊に今年中の国増丸岩付移住を伝え、その対応を依頼。この中で、左衛門大夫（氏繁カ）と義絶状態であるが、春日摂津守の指南で奏者の笠原助八郎との奏者関係は維持していると伝えている。 | 「笠原康明書状」6―八五九、戦北四一一〇 |
| 3 | 2 | 北条氏邦、四方田土佐守に野上金井分十五貫文宛行。同地は散田のため百姓おらず、百姓を集め開墾する事。諸役は免除すると伝える。 | 「北条氏邦朱印状写」6―八六〇、戦北一七七二、鉢二―98 |
| 3 | 15 | 水海城主簗田持助、戸張将監に吉川宿を宛行、天正九年まで不入とし、宿の興隆を図るよう伝える。 | 「簗田持助判物」6―八六一・「同朱印状」6―八六二、戦北一七七八～九 |
| 3 | 16 | 北条家、江戸城の番を富永（政家カ）に命じたが、先日不足の事あり、番衆をやめさせ、遠山政景の家中を入れ置いたが、その必要がなくなれば、今まで通り富永に戻して番をさせるよう命じる。 | 「北条家朱印状写」戦北一七八〇 |
| 6 | 25 | 北条氏政、上田朝直に母の病気煩いに見舞いを貰った事に謝意を伝える。長年の疲労によるもので、養生を進めている事。最近効果が出ているので延命を願っている事。又、武田との合戦がない事は是非のない事で、しかし、甲州との境目に変更が無い事は今日に至るまで北条の苦労に相違無い事で、時期を見て詳しくさらに説明すると伝える。 | 「北条氏政書状」戦北一七八九 |
| 7 | 10 | 上田長則、勝呂宮内少輔に竹沢郷の内、若林新右衛門抱えの地ならびに、惣右衛門の開墾地を与え、一切不入とする。 | 「上田長則定書」12―四六一、戦北一七九二 |
| 8 | 8 | 北条氏邦、吉田真重・足軽衆に留守中に陣触が発せられたら郷中の足軽や地下人等を悉く出陣させ、黒澤篠蔵に任せる事。下知に従わない者がいたら真重の落ち度とすると申し渡す。 | 「北条氏邦朱印状写」6―一〇二三、戦北一七九三、鉢一―48 |
| 9 | 5 | 由良氏、上杉へ反撃を開始、沼田領の桐生黒河谷の寄居二カ所を攻略、五覧田城再興し、家老の藤生紀伊守を置く。 | 「足利義氏書状写」「芳春院周興副状」『金山城と由良氏』二六七・二六八 |
| 9 | 9 | 北条家、橘樹郡駒林に対して、川流れの被害を受けた事に当年分の段銭一貫六百五十文、懸銭九百文を赦免すると伝える。 | 「北条家朱印状写」戦北一八〇四 |

| 西暦 | 和暦 | 月 | 日 | 事項 | 出典 |
| --- | --- | --- | --- | --- | --- |
| | | 10 | 27 | 小幡信真、黒澤源三に十一貫百七十文の地を宛行、以後鉄炮玉薬を用意しての活躍を命じる。 | 「小幡信真判物」藤岡市史二ー一ー上二四二、鉢四ー90 |
| | | 11 | 9 | 足利義氏、由良刑部大輔(国繁)に輝虎の赤堀陣からの撤退の功を讃える。 | 「足利義氏書状」戦古九七一 |
| | | 11 | 19 | 北条氏照、久下領分の長尾根山より深沢山(飯能市横手)にいたる山林を立林とし、この山林に入り下草などを取る者は絡め取り、滝山まで拘引してくるよう島村図書と吉田に命じる | 「北条氏照朱印状写」6ー八六六、戦北一八一七 |
| | | 12 | 11 | 上田朝直、岩殿護摩堂に八王子山にての木草刈取り禁止の制札を出す。 | 「上田宗調制札」6ー八六八、戦北一八二五 |
| | | 12 | 15 | 男衾郡富田金剛寺本尊が造立され、元佑・朝尊・空円のほか大窪新二郎以下四七名の在家信者の交名が記される。ここに「信心大壇那天命増加官位」と氏邦の為と見られる願文もある。 | 「谷大日堂本尊胎内銘」寄居町史資料編四二七頁、鉢三ー135 |
| | | 12 | 23 | 上田長則、岩殿衆中に法度と賽銭の事を定め、再建のために使えと伝える。 | 「上田長則判物写」6ー八六九、戦北一八二六 |
| 一五七六 | 天正4 | 1 | 11 | 北条氏照、長田村(飯能市)の藤七郎・弥十郎に長田山の川北・川南について前々の様に植林を命じ、下草を刈り取る者は道具を取り上げ、その身は滝山に連れてくる事を命じる | 「北条氏照朱印状」戦北一八二八 |
| | | 2 | | 河越城普請を命じられる。 | 「大道寺政繁書状」6ー八七一 |
| | | 2 | 11 | 北条氏政、氏邦に由良が膳城へ出陣し百余人討ち捕りは緒戦の忠節と伝え、利根川の水は今日の晴れ間で引くかと尋ね、このまま普請は続けるように伝える。 | 「北条氏政書状」戦北一八三三、『金山城と由良氏』二七二 |
| | | 2 | | 北条氏政、去る十二月下旬に攻略した小山城を氏照に与え、北条氏照入城。 | 『北条氏年表』黒田基樹二〇一三 |
| | | 2 | 17 | 武田勝頼、糟尾左衛門尉に老父法眼の抱えてきた領地継承を許可し、医術鍛錬肝要という。 | 「武田勝頼定書写」6ー八七〇、鉢四ー64、戦武二五八八 |
| | | 3 | 29 | (この年カ)北条氏邦、沓掛の岡谷隼人らに出陣中は足軽はいうまでもなく、郷中の者が遠くへ出かけ、宿泊する事、他郷の者の在郷宿泊等を禁止。又、郷中の作畑の中に空木などを繁茂させてはならないと伝える。 | 「北条氏邦朱印状写」12ー四六六、戦北三九七三、鉢三ー97・98 |
| | | 3 | 30 | 北条家は江戸中城の塀の修理掟を阿佐ヶ谷郷の代官・百姓中に出す。修理分担は四間で嶋津主水ほか三人に修理を命じる事とし、三日の内に行う事等を申し伝える。 | 「北条家朱印状」戦北一八三七 |
| | | 4 | 10 | 大石右衛門帰陣の折、謙信からの回答が届き、梶原父子は佐竹義久に満足 | |

| 月 | 日 | 事項 | 出典 |
|---|---|---|---|
| | | を伝える。下野祇園城の普請はできあがったので、軍勢は五・六日の内に帰る事。北条氏照も帰陣するのは必定と連絡し、いづれ、梶原源太が使いを立てて申し上げると伝える。 | 「太田道誉書状」12—四六七 |
| 4 | 11 | 北条氏邦、横瀬の兵部太夫に前々の如く馬一疋を陣へ出し、無沙汰無い走り廻りを命ず。 | 「北条氏邦朱印状」6—八七二、鉢二—108 戦北一八四二 |
| 4 | 吉 | 寄居東光寺鰐口銘文に「信心大檀那氏邦」「武運長久・當城堅固」などが記されていたという。現在は焼失し、一部が残存。 | 「東光寺鰐口銘」鉢三—131 戦北一八四六 |
| 5 | 15 | 上田周防守、東松山市田木妙安寺にある日蓮聖人坐像を寄進。 | 「妙安寺日蓮聖人坐像銘」9—一—一七六、戦北四七一三 |
| 5 | 19 | 北条家は新田へ鉄炮衆を派遣。五挺を二十一日に送るという。 | 「北条家朱印状写」12—四七一、戦北一九一一 |
| 5 | 22 | 北条家、勝田大炊助に岩付連雀小路の公事・棟別赦免については太田氏資の証文に明らかで間違いないと伝える。 | 「北条家朱印状写」6—八七三 戦北一八五四 |
| 5 | 30 | 上杉謙信、直江景綱に赤石・新田・足利に進攻、田畑を荒らす。桐生領から足利領へかかる用水を破壊。二十九日に桐生広沢に引き返し、三十日桐生の田畑を荒らした。明後日までには帰国と伝える。 | 「上杉謙信書状」上別I—一二九〇 |
| 6 | 13 | 北条氏邦、出浦左馬助・山口雅楽助に七ヶ条の軍法を出す | 「北条氏邦朱印状」6—八七四〜五、鉢一—31・98 |
| 6 | 23 | 北条氏政は川島町井草の百姓中に関宿城が破損した為、天正四年の大普請役の残り分六日の人足出役を命じる。 | 「北条家朱印状写」6—八七六、戦北一八五八 |
| 7 | 12 | 松山城主上田長則、岩殿別当坊に圓光坊知善庵の敷地は五段半であるという事を承った事、特に正覚・秀存の証文を見て納得した事。観音堂掃き清め等を前々の様に致し、別当坊并衆分中へは少しも口出し致してはならない事を正覚・秀存両人へ堅く申し伝える事等を今後の定めとして伝える。 | 「上田長則定書」6—八七七、戦北一八六一 |
| 7 | 25 | 武田勝頼、高山氏に長い築城普請在陣の労をねぎらい、普請でき次第の退陣を尤もという。 | 「武田勝頼書状写」群7—二八五八 |
| 8 | 6 | 甲越相の三和について将軍足利義昭の御内書をいただいた事に対し、北条氏政は下知に従うとし、この事を義昭家臣の真木島昭光に披露願いたいと伝える。 | 「北条氏政書状写」戦北一八六五 |
| | | 北条氏政、足利義昭入洛の時は武田勝頼と共に走り廻ると伝える。 | 「北条氏政書状」戦北一八六四 |
| 8 | 10 | 聖護院は、越生の山本坊に秩父六十六郷の熊野先達職を先の證文に委ねて認める。 | 「聖護院門跡御教書写」6—八七九、 |

| 西暦 | 和暦 | 月 | 日 | 事項 | 出典 |
|---|---|---|---|---|---|
| | | 8 | 11 | 聖護院は、白石の寶積坊に那珂郡と榛澤郡の内十箇村の修験と熊野先達職・檀那衆分の支配を任せる。 | 「聖護院門跡御教書写」6—八八〇、鉢四—51 |
| | | 9 | 12 | 北条家は遠山政景に船橋の綱の代金二十九貫九百五十文を受け取り、昨年のように申しつけるよう命じられる。 | 「北条家朱印状」戦北一八六八 |
| | | 9 | 19 | 成田泰親、福田幸十郎に本分十四貫二十五文、長澤分畠四町五段六貫七百五十文、合二十貫七百七十五文を宛行う。 | 「成田泰親朱印状」6—八八一、戦北一八六九 |
| | | 9 | 23 | 北条氏照、佐倉から関宿、葛西から栗橋往復の船一艘に氏照被官船の判物を与える。 | 「北条氏照判物写」戦北一八七一 |
| | | 9 | 24 | 上田長則、松山本郷町人に町定五ケ条を出す。高坂筋の駄賃は前々の通り、上宿下宿の場所と三間の裏屋敷は了承。竹木は郷伐りに止める事。松山の用務第一である事。伝馬の利用は十里以内で一から二匹なら急の申し付けもあるが、遠方や多くの馬利用は前日までの申し付けとする事。押し買い狼藉は申し出る事などを記す。 | 「上田長則定書写」6—八八三、戦北一八七二 |
| | | 10 | 21 | 北条氏邦、持田四郎左衛門ほか九人の軍役要領を定める | 「北条氏邦朱印状」6—八八五、戦北一八七八、鉢三—46 |
| | | 11 | 19 | 北条氏邦、中四郎兵衛に寄居町飯塚の原の田畑開発を命じる。天正五年より七年間諸役不入とするので、他所者を招いての開墾をさせる。 | 「北条氏邦朱印状」6—八八六、戦北一八七〇 |
| | | 11 | 20 | 北条氏邦、新井新二郎の普請人夫役三人を定める。出役は春五日、秋五日の年十日とする。 | 「北条氏邦朱印状写」6—八八七、戦北一八八一、鉢二—14 |
| | | 12 | 20 | 北条家、内山弥右衛門に当年分の給六貫文を二十五日までに岩付の蔵奉行から受け取れと伝える。 | 「北条家朱印状写」6—八八八、戦北一八八三 |
| | | 12 | 26 | 大道寺政繁、河越の僧萬人に祈祷を依頼した者にお守りを出す事認める。 | 「大道寺政繁判物」6—七八二、戦北一八八四 |
| 一五七七 | 天正5 | 1 | 6 | 北条氏照、大道寺政繁に関宿城の修理について、番替えで参府の折申し上げたいと伝える。 | 「北条氏照書状」12—四七三、戦北一八八七 |
| | | 2 | 9 | 河越古谷の古尾谷八幡神社を新造する。領主は中筑後守資信、捕主は次名左近尉殿信明、番匠遊馬五郎左衛門尉殿包儀、鍛治榎本次郎左衛門尉重吉、大工鍛治目付黒野村吉川内匠助兼岡。本願主多門院権大僧都法印幸了。 | 「古尾谷八幡神社棟札銘」戦北一八九一、9—一—四—一〇一 |
| | | 2 | 16 | 梶原政景、上杉謙信に越山を要請し、佐竹・宇都宮・結城よりの使者が来た事を伝え、佐竹・結城・里見からは書状をもってこの事が伝えられたが、その内里見からの書状を御覧に入れる為送ると伝える。 | 「梶原政景書状」6—八九三 |

（天正5）

| | | | |
|---|---|---|---|
| 2 | 26 | 里見義弘は直江景綱に昨冬の北条氏の上総進攻の様子を伝え、昨年の冬は謙信の越山を待っていたが越中筋に差し障りがあるとして無かったこと。今年の春は早く越山して氏政を追い詰めて欲しいと要請する。 | 「里見義弘書状」6－八九五 |
| 3 | 11 | 鴻巣郷別所村・宮内の百姓に、不作地は今年より五年間荒野に定めるので精を入れ開発する事を命じる。 | 「太田カ助次郎判物写」6－八九七～八、戦北一八九五～四 |
| 3 | 17 | 足利義氏、北条氏照・氏直から初めての言上を貰った事に対して氏政に謝意を伝える。 | 「足利義氏書状写」6－八九九、戦北四四七三 |
| 3 | 18 | 上杉謙信、結城晴朝に再三の要請に応え、四月中旬に沼田を経て厩橋に着陣すべく陣触を出した事を伝えると共に、味方中にこの事を伝え、出陣の準備をする事が大切という。（実際は謙信の出陣はなかった） | 「上杉謙信書状」6－九〇一 |
| 3 | 19 | 安保泰忠、永禄六年の北条・武田両軍の東上野進攻によって破損した鑁阿寺「両界曼荼羅図」を父安保前信濃守泰広法名雲安全隆の頓證菩提の為に修理する。 | 「鑁阿寺両界曼荼羅修理背表記」『鑁阿寺の宝物展図録』足利市教育委員会、鉢四－118 |
| 3 | 28 | 梶原政景、河田長親等上杉家臣に金山城攻めが手詰まりの状態。北条氏は伊勢崎城の普請を行い、兵粮を入れ、氏照は小山城に入って普請をし、二月から物主に収まっていると伝える。太田父子の労苦を推察され、このままだと、上杉氏のこれまでの労苦を無駄にする事になり、金山・桐生が危なくなるので、春から夏の出陣を要請する。 | 「梶原政景書状写」6－九〇三 |
| 4 | 11 | 宇都宮国綱、佐竹義重に北条が関宿城に入った事と先衆の古河在陣を伝え、至急加勢の派遣をと要請する。 | 「宇都宮国綱書状写」6－九〇四 |
| 4 | 29 | 北条氏邦、（深谷市）人見の長吏太郎左衛門に西上野での朱印状無しの砥石売買禁止、改めて許可した事。末野の砥商の長吏惣衛門に一ヶ月二十疋宛ての許可書を発給している事。この事を受け入れ心置きなく商売する事。また、前々の様に小田原の御用と鉢形の用務も勤める事を命ず。 | 「北条氏邦朱印状写」6－九〇六、戦北一九〇七、鉢三－23 |
| 5 | 20 | 足利義氏、北条氏直の東口初陣を祝す。 | 「足利義氏書状写」6－九〇七 |
| 5 | 22 | 北条氏政、梁田晴助に下総山河近くの宿城攻略を告げ、佐竹が下野上三川に着陣したので一戦を行うと伝え、準備を要請する。 | 「北条氏政書状写」6－九〇九 |
| 5 | 26 | 北条家は河越符川郷の隠田についての訴えを取り上げ、調査して確認し、竹谷・大野両名に符川郷代官を命じ、訴えの褒美として今年度増分定納分 | 「北条家朱印状」6－九一〇、戦北一九一四・一九一五 |

| 月 | 日 | 事項 | 出典 |
|---|---|---|---|
| | | の内五貫文を永代与える。別に符川郷検地書出を両名に出す。 | 「符川郷検地書出」6―九一一 |
| 6 | 12 | 結城晴朝と佐竹義重が北条氏から離反。北條景広・高広父子に結城晴朝と和談したと伝え、上杉との同盟交渉の仲介を依頼する。 | 「佐竹義重書状」上別I―一三三九 |
| 7 | 5 | 北条家は関宿両宿（網代宿・台宿）町人衆に五日の内に総ての者が弓鑓を持ち、弓鑓を持たない者は鎌を持って参陣するよう命じる。 | 「北条家朱印状写」6―九一八 |
| 7 | 11 | 結城晴朝、宇都宮国綱に書を送り、十日に北条氏の関宿着陣、舟橋架橋と一両日中の進陣かと伝え、その実否を確認し、追って報告するよう伝える。また、氏照は栗橋に着陣し、公方様は鎌倉に御移座なされた事、古河・栗橋の備えを堅固にと伝える。 | 「結城晴朝書状写」6―九一四 |
| 7 | 13 | 北条家は結城晴朝攻めに際して、岩付諸奉行の出陣要領を定める。 | 「北条家朱印状」6―九一五、戦北一九二三 |
| 7 | | 正法寺（東松山市）の僧栄俊、戦乱で焼失した堂宇を再建。 | 「松端血脈裏書」9―七三五ほか |
| ⑦ | 1 | 北条家（カ）、関宿の網代宿・台宿に舟橋と山王山砦の南の構堀を両宿で半分ずつ掘り上げるよう申しつける。 | 「某朱印状写」6―九一六<br>戦北一九二五 |
| ⑦ | 4 | 上杉謙信、梶原政景に佐竹を説得し、佐竹・白川・蘆名三者の和睦を取りはからうよう要請する。 | 「上杉謙信書状写」6―九二〇 |
| ⑦ | 8 | 北条氏政は小泉城主冨岡氏に結城城攻めの際に、戸張際で敵数百人を討ち取ると伝える。 | 「北条氏政書状」6―九二一、<br>戦北一九二六 |
| ⑦ | 13 | 小田氏治、三春城の田村清顕に、北条氏政の結城攻めに際し、佐竹は協力して七月五日に結城衆が約三百人討ちとられた。宇都宮も北条に味方し、関東は無残なことになっている。今後折々に戦の事について意見をいただきたいと伝える。東口での小田の本意は難しく、八月十五日前後に必ず出陣の確約が欲しいという。結城城は九日に開城した。 | 「小田氏治書状写」6―九二三 |
| 8 | 2 | 某、船戸大学に鳩井村（川口市）の竹木伐採を禁止する判物を出す | 「某判物」6―九二四、 |
| 8 | 6 | 北条家、倉林鋳物師（カ）に小田原から鉢形迄の二匹の伝馬手形を出す。 | 「北条家伝馬手形写」6―九二五、鉢四―61 |
| 8 | 10 | 北条家、遠山甲斐守（政景）に舟橋綱の費用二十九貫九百五十文を受け取らせ、昨年の如く舟橋構築を命じる。 | 「北条家朱印状」戦北一九三四 |
| 8 | 20 | 北条氏邦、荒川衆に棟別御赦免の上は大途の被官と伝え、軍役奉仕要領<br>・用意する武具等を定める。合戦の時は中村の代官・両持田（持田四郎左衛門<br>・持田主計助）の下知に従って走り廻るよう命じる。 | 「北条氏邦朱印状」6―九二七、<br>戦北一九三五、鉢三―48 |

| 年 | 月 | 日 | 事項 | 出典 |
|---|---|---|---|---|
| （天正5） | 8 | 26 | 北条氏邦、先に宛がった出浦左馬助の阿左美村の十貫文の地を改めて宛行。 | 「北条氏邦朱印状写」12—四八七、鉢一—33 |
| | | | 北条氏邦、内田縫殿助に阿佐美村に六貫文の地を改めて宛行。 | 「北条氏邦朱印状写」6—九二八、鉢一—69 |
| | 9 | 3 | 北条氏照、一色右衛門佐（氏久）に氏政の内命により、古河城守備について曲輪の物主が敵来襲時に宿城へ移動する事を禁止し、その場所で活躍する事、これに違犯した者は切腹と伝える。 | 「北条氏照書状写」戦北一九四二 |
| | 9 | 9 | 北条家、越後上田に出陣。 | 「北条氏政書状写」群7—二八七八 |
| | 9 | 15 | 佐竹と北条合戦。 | 「北条氏繁判物」戦北一九四五 |
| | 9 | 21 | 北条氏政、明後日二十三日に江戸城へ帰陣し、来る四日までの十日間休息する事、恒岡・太田両名は五日に江戸城を発ち、七日に山角と関宿城の番を交代する事を命じる。 | 「北条氏政判物写」6—九三〇、戦北一九四六 |
| | 10 | 9 | 北条氏邦、吉橋和泉守と弟高柳因幡守に村岡河内守分を宛行。早く知行し、足軽同心共々、屋敷まで村岡より受け取るよう命じる。 | 「北条氏邦朱印状写」6—九三一 戦北一九四九、鉢四—74 |
| | 10 | 20 | 北条家、岩付城の井草代官細谷資満と太田窪代官千葉に竹・篠の供出を命じる。北条氏御用の時は虎の朱印を請け取り、その分だけ伐採し、奉行に渡す事、若し、藪主に非分を致す者あれば容赦せず厳科に処す事を伝える。又岩付御用の時もあり、藪を絶やさぬ様に心がける事と命じる。 | 「北条家朱印状写」6—九三二、戦北一九五二〜三 |
| | 11 | 7 | 北条氏照、網代（あきる野市）山作に棟別七間のところ五間分を免除したが、残り二間については赦免の朱印がなく、代官衆が催促して人馬を引き上げた事は迷惑と訴えた事について、改めて二間分も免除の朱印を出すので陣役や朱印をもって命じる御用については無沙汰無く走り廻るよう伝える。またこの朱印状で、質物になっている人馬は取り返すよう伝える。 | 「北条氏照朱印状」12—四九二、戦北一九五六 |
| | 11 | 10 | 大田原綱清、蘆名盛氏に書状を出し、関東の情勢を伝える。氏政安房出陣。途中、下総相馬へ舟橋を架け小田城へ二十里ばかりの砂塚に張陣、諸所を打ち散らす。小田城には梶原政景が入り、真壁久幹が楯籠もっている。太田三楽斎は片野城にいる。佐竹に同心している者は小田氏治との前々からの誼により策を廻らせ数カ所の番を望んでいるが、佐竹は疑念があり、信用しないように。宇都宮広綱へは北条より使者が送られ分け隔て無く心を寄せられており、近隣の事で安心している。那須資晴も使者が折々に来ており、氏政は日を追って信頼を深めており一年を通じてご懇情を頂き喜んでいる。また、 | 「大田原綱清書状」12—四九三 |

| 西暦 | 年号 | 月 | 日 | 事項 | 出典 |
|---|---|---|---|---|---|
| | | | | 岩城方面は特に申す事はない。義重が出陣の噂を聞くが、小田と合戦しており、どのように考えているのか珍しい事では無い。直ぐに報告し（北条の）意向を伺ったらと伝える。 | |
| | | 11 | 25 | 足利義氏、北条氏直の上総初陣と勝利、里見義弘と和睦の上の帰陣を祝す。 | 「足利義氏書状写」6－九三四、戦北四四七七 |
| | | 12 | 5 | 甲斐上野原城主加藤信景父子は帰陣のおり破壊された諏訪村の諏訪神社を再興し、棟札を掲げる。この中に永禄十二年、武田信玄が九月中旬に碓井峠を越えて武蔵に出陣し、滝山城から小田原城を攻め放火、その後三増峠での合戦勝利など、その時の詳しい戦歴が記される。 | 「諏訪神社棟札銘」戦武二八九八 |
| | | 12 | 23 | 梶原政景、織田信長の臣小笠原貞慶に書状を出し、信長からの書状を拝見過分の事と謝意を伝え、関東への出陣は肝要なことで、昨年の春以来、常陸下野の諸士は氏政の敵であり、今すぐの出陣で手中に出来ること疑い無い事等を伝える。 | 「梶原政景書状写」6－九三八 |
| | | 12 | 28 | 太田道誉も信長上洛の祝を伝え、信長の関東出陣の意向に満足していること、遠境故途中まで出向き、如何様にも北条の思惑を申し上げる覚悟である事。関東への出陣を急がれること、太田も走り廻る等と伝える。 | 「太田道誉書状写」6－九三九 |
| 一五七八 | 天正6 | 2 | 10 | 上杉謙信、一月十九日に陣触を出した事、太田道誉カに出陣するので準備を怠り無くと指示。 | 「上杉謙信書状」6－九四〇 |
| | | | | 北条氏照、八王子城根小屋にある薬師山内（高尾山）の山の竹木伐採をしたが、その時は悉く木を切ってしまったので、今日以降は竹木の伐採ほか下草までも刈り取る事を禁止、違犯者は死罪にすると伝える。 | 「北条氏照制札」戦北一九六六 |
| | | 2 | 12 | 長井政実、飯塚弾正忠と同心に琴辻は一貫五百文に決定、百姓人足、家風への馬役は直ちに申しつけない事、百姓役の年始は無しにする事は望みに合わせて廃止した事を伝え、もし、上意による普請役等が仰せつけられたら自分から依頼する事を約す。 | 「長井政実判物」6－九四二、鉢四－96 |
| | | 2 | 16 | 梶原政景、黒川谷地衆の松島駿河守に佐竹・宇都宮・結城からの使者に政景の使者をつけて越後へ送ったが、道中の無事について依頼する。 | 「梶原政景書状写」12－四九六 |
| | | 3 | 7 | 木戸休波（木戸忠朝子重朝）三夜沢大明神（赤城神社）に羽生本意祈願。その時は川俣郷・志多見郷・常木郷から三貫文の地を寄進するという。 | 「木戸休波願文」群7－二八九一 |
| | | | | 駿河国の正覚寺が没落し、成田下総守氏長を大旦那として行田に再興。野 | |

| | | | |
|---|---|---|---|
| | | 沢駿河守泰次を指南として成田肥前守・野沢駿河守・後藤氏部少輔・野沢隼人・竹内権左衛門・大屋淡路守・田山隼人・神屋与惣左衛門・内田出雲守・福岡越前守・青山和泉守・吉田内記・神屋出羽守・山田四郎左衛門・関根将監・清水下野守・供花刑部少輔・中村丹波守が寄進施主として名を連ねる。 | 「正覚寺棟札銘」9―一―四―一〇二 |
| 3 | 13 | 上杉謙信没す。(不識院殿真光謙信、四十九歳) | 「上杉景勝書状」上別Ⅱ―一四七七 |
| 3 | 14 | 北条家は岩付家臣内山弥右衛門尉に松山領下の大串の白金屋の陣夫一疋を召し使う事を認め、上田(長則)にも伝えるという。 | 「北条家朱印状」6―九四七、戦北一九七三 |
| 3 | 24 | 【御館の乱】上杉景勝が後継を宣言。春日山城実城に入る。 | 「上杉景勝書状」上別Ⅱ―一四七七～九 |
| | | 岩付城土塁修理について、奉行衆へ落ち度の無いようにと指示する | 「北条氏政書状」12―四九八、戦北一九七六 |
| 3 | 26 | 上杉景勝、太田道誉に初めて書状を送り、謙信の死を告げ、万方の仕置きは謙信と変わらない旨を伝える。形見として道誉に謙信愛用の細刀を贈る。 | 「上杉景勝書状写」6―九四八 |
| 春 | | 沼田城代の上野氏は奥州へ参る。沼田城代は藤田一人となると記す。 | 『加澤記』巻二 |
| 4 | 3 | 上杉景勝、蘆名修理大夫盛氏・四郎盛隆に三月十三日謙信が死亡を伝え、遺言により実城へ移り、謙信在世の時のように信・上・関の仕置き等を申しつけた事等を伝える。 | 「上杉景勝書状」上別Ⅱ―一四八六～七 |
| 4 | 7 | 北条家三保谷郷検地実施。田畠辻二百六十六貫八十文。道祖土土佐守に書出を与える。 | 「北条家検地書出」6―九五一、戦北一九七九 |
| 4 | 15 | 北条氏照、蘆名盛氏へ佐竹攻略のため常陸・下野へ氏政が近日中に出陣を伝え、田村清顕と相談しての参陣を促す。 | 「北条氏照書状」12―五〇〇、戦北一九八二 |
| | | 北条氏邦、末野の惣衛門に水の元(金尾の渡カ)において富士道者からの通行料二銭徴収を認める。 | 「北条氏邦朱印状写」6―九五三、鉢三―126 |
| 4 | 20 | 北条氏照、壬生義雄に小田氏治から去る十八日佐竹義久が宇都宮に着陣、義重は今日明日中に出陣し、佐竹は鹿沼筋へ動く事を伝えてきたが、氏照は加勢に出陣と返事を出す。 | 「北条氏照書状」12―五〇三、戦北一九八六 |
| 4 | 30 | 由良成繁、春日山城の遠山左衛門尉康光に景虎が上杉の家督を相続すると承りめでたいと書状を出す。 | 「由良成繁書状写」戦北四四七九 |
| 5 | 6 | 結城晴朝、那須資胤に佐竹と談合の結果、壬生城を攻め、刈り払い等 | |

| | | | |
|---|---|---|---|
| | | 残所無く荒らしたこと本望と伝える。佐竹義重が帰陣というところで北条氏政、壬生救援の為関宿城に着陣したが、防戦の備えは詳しく申し合わせてあるので安心をと伝え、出陣を要請する。 | 「結城晴朝書状」6―九五五 |
| 5 | 19 | 北条氏政、会津の蘆名盛氏に越後の事について、愚意を申し伝えたのでそれを聞き届けていただき（景虎への）援軍を出していただきたいとの覚え書きを出す。 | 「北条氏政覚書」戦北一九九〇 |
| 5 | 21 | 上杉景勝、坂戸城の深沢刑部少輔利重に猿ヶ京において北条勢を退散させた功を讃える。こちらからも半途へ軍勢を差し向けて貰いたいと言う事であるが、こちらも他所へ出しているので手薄で出せない等を伝える | 「上杉景勝書状」上別Ⅱ―一五〇四 |
| 5 | 29 | 上杉景虎、蘆名盛氏に景勝からの理由無き疑い故、去る十三日御館に移り、備えを万全にしている事等を述べ、今後の入魂を期したい等と伝える。 | 「上杉景虎書状」上別Ⅱ―一五二三 |
| 6 | 1 | 武田勝頼、北条氏邦に敵（上杉景勝カ）の様子の知らせに感謝し、氏政は去る二十六日に河越城に着陣したのかどうか、当方も氏政の指示通り四日には出陣するが、先陣は五日以前に上信国境へ派遣。 | 「武田勝頼書状」6―九五六 |
| 6 | 8 | 武田信豊と高坂弾正の取り持ちで越甲同盟が結ばれたと伝える。 | 「上杉景勝書状」上別Ⅱ―一五二八 |
| 6 | 11 | 北条氏政は河田重親が北条氏側に味方をした事で上田の庄に出陣出来たので、沼田の事は問題無く解決する。景虎の本意は明白であり、所領の事は氏政に任せる事、その他、望みの事は相談に乗る等と河田重親に伝える。 | 「北条氏政判物写」戦北一九九七 |
| 6 | 12 | 由良父子、北条氏に従属。 | 「由良成繁・国繁連署状写」『金山城と由良氏』一八八 |
| 6 | 23 | 遠山政景、白川の結城義親に書状を出し、氏政が東方に出陣、佐竹・那須・宇都宮が鬼怒川を挟んで対陣し、一戦に及んだが、今日まで戦果無く残念などと伝える。 | 「遠山政景書状」戦北二〇〇四 |
| 7 | 6 | 沼田城攻略が進まない為、北条勢五千余騎派遣と長尾憲景に伝え参陣を要請。 | 「北条氏政書状」戦北二〇〇六 |
| 7 | 17 | 沼田城落城。北条氏の軍勢が本城へ入城。 | 「北条氏政書状」戦北二〇〇九 |
| 7 | 22 | 織田信長、太田道誉に返書を出し、謙信の死を悼み、関東出陣を告げ、これを伝えると共に、道誉の十分なる計策を要請する。 | 「織田信長朱印状写」6―九六〇 |
| 7 | 27 | 河田豊前入道禅忠（長親）、栗林政頼に上杉景勝と景虎が武田勝頼の仲介で和睦と聞いて喜び、存念を申し述べたと伝える。 | 「河田禅忠書状」群7―二九二三 |
| 8 | 16 | 上田長則、松山根小屋足軽衆・本郷宿中に、茂呂在陣衆に対して兵糧・ | 「上田長則朱印状写」6―九六一、 |

（天正6）

| | | |
|---|---|---|
| | 馬飼料等を売り渡す事禁止する。 | 戦北二〇一三 |
| 8 19 | 武田勝頼、越甲同盟に伴い起請文を出す。景虎と景勝の争いを勝頼が仲介してきたが理不尽にも合戦となり、それには不可侵。景勝との縁談は同意と記す。 | 「武田勝頼起請文」上別Ⅱ一六一二、戦武三〇〇七 |
| 9 2 | 上杉景虎、北條景広が北条（柏崎市）に着陣した事に謝意を表し、明日は八崎まで進軍し旗持山城を攻める事、北条氏の加勢も八崎へ到着、当方は人数が少ないので敵は我儘等のし放題で悔しいを伝える。 | 「上杉景虎書状」上別Ⅱ一六四八 |
| 9 9 | 北条氏邦、越後上田に進攻。 | 「北条氏政書状写」戦北二〇一八 |
| 9 14 | 上杉景虎、小田切弾正忠に武田と北条の加勢が来るので春日山の本意はまもなく等と伝える。 | 「上杉景虎書状」上別Ⅱ一六五五 |
| 9 23 | 小山田信茂は上杉景勝に景虎との和平の事は種々申し上げたが相互にお考えがあり決着しなかった。備えは堅固にする事は肝要などと伝える | 「小山田信茂副状写」戦武三〇三〇 |
| 9 29 | 北条氏政、世田谷新宿に楽市の掟を出す。一・六の六齋市とし諸役免除。 | 「北条家掟書」戦北二〇二四 |
| 10 4 | 北条氏邦の使者関野美作守宿送りのため一疋一人を出すようにとの上杉景虎の朱印状が帰路の宿中あて出される。 | 「上杉景虎朱印状写」12－五一三、戦北四三七六 |
| 10 10 | 上杉景虎は北条氏邦や北條輔広の来援を感謝する。 | 「上杉景虎書状写」6－九六四 |
| 10 23 | 北条氏邦、会津黒川城主蘆名盛隆に上杉景勝が蘆名と手切れという事を聞いたがやむを得ない事、来春は沼田が本意になる事は疑いない事で、上田へ出陣の備えをしており、景勝の思うとおりにはならない等を伝える。 | 「北条氏邦書状」6－九六五、戦北二〇二五 |
| 10 26 | 北条氏照、大石信濃守を同道して十一月七日滝山城を出陣、八日久喜、九日榎本着陣予定。十日に人を集めて小山に着陣し、在番するよう並木弥六郎に命じる。境目大切な番所ゆえ、どの様な理由があろうとも違えば切腹という。 | 「北条氏照朱印状」6－九六六、戦北二〇二七 |
| 11 16 | 北条氏政、後藤勝元が越後浦沢（蒲沢カ）城に楯籠もり大変な苦労をしている事にねぎらいを述べ、来春雪解け前に北條安芸入道芳林（高広）が援軍として向かうという。 | 「北条氏政書状写」戦北四七二八 |
| 11 30 | 北条氏照、小甫方備前守に堪忍分として下里郷（東久留米市）を宛行、関係者が移り知行するよう伝える。 | 「北条氏照朱印状」12－五一五、戦北二〇三一 |
| 12 8 | 北条家、岩付の内山弥右衛門尉に今年の扶持給六貫文を二十日までに佐 | 「北条家朱印状写」6－九六七 |

| 西暦 | 和暦 | 月 | 日 | 事項 | 出典 |
|---|---|---|---|---|---|
| | | | | 枝信宗・恒岡資宗両名から受け取るよう伝える。 | 戦北二〇三三 |
| | | 12 | 9 | 北条氏政、沼田城の河田重親に沼田城代を保証する證文が越府に届き景虎は承認したかどうかはわから無いが氏政は満足と伝え、来春、景虎の救援に共に越後へ出馬し、その後沼田を渡すので今は蒲沢城に沼田の守備兵を入れての活躍を求める等を伝える。 | 「北条氏政書状写」戦北二〇三四 |
| | | 12 | 14 | 北条家、道祖土土佐守（康玄）に水害を受けた三保谷郷について、当年貢の半分を災害復旧用に残し、半分の八十貫文は来月二十五日までに岩付へ納めるよう指示する。 | 「北条家朱印状」6―九六八、戦北二〇三七 |
| | | 12 | 17 | 北条氏政、河田重親に深沢城・五覧田城の様子を沼田在番の衆が伝えてきたので氏邦を急ぎ派遣して調査・仕置きするが、由良は知らないという。書状を良く見て聞き届けて欲しい事。但し、女渕城は味方かどうか不安。至急仕置きするが、年末で有り、年明けに急ぎ処置するから安心するよう伝える。 | 「北条氏政書状」12―五一七 戦北二〇三八 |
| | | 12 | 29 | 長井政実、飯塚弾正忠に大奈良の源左衛門分は二貫五百文としたが詫び言があって二貫文に決めた事を伝え、これは長井への合力をしているから預け置くので、年貢等無沙汰の無いようにと伝える | 「長井政実判物」6―九六九、九七〇、鉢四―97・98 |
| | | 12 | | 上田長則、番匠の正木氏に正木次郎左衛門と名乗るよう許可する | 「上田長則朱印状」6―九七一、戦北二〇四〇 |
| | | | | 番匠（ときがわ町）の勘解由には小室を名乗るよう許可する。 | 「上田長則朱印状写」12―五一八、二〇四一 |
| 一五七九 | 天正7 | 1 | 28 | 北条氏照、徳川家康に年始の贈り物を届け、今後は折々話を承りたいと伝える。 | 「北条氏照書状写」12―五一九 戦北二〇四八 |
| | | 2 | 3 | 北条氏照、水子の十玉坊断絶に付、芝山（清瀬市）に再興許可。入東・新倉両郡での修験道の年行事職を安堵する。 | 「北条氏照判物写」6―九七四、戦北二〇五一 |
| | | 2 | 9 | 北条家、遠山政景等に葛西堤の構築を命じる。大途の帳面に基づき相談して各々の分担間数を決め、早々の築堤をと伝える。 | 「北条家朱印状」6―九七五、戦北二〇五二 |
| | | 2 | 11 | 上杉景虎は本庄繁長にこの度の合戦では御館を今日まで持ちこたえてきたが、十日援軍が延ばされれば滅亡と伝え、昨年来頼んできた事であるが、早々の援軍をと依頼する。早々に自身が参陣するか或いは一千か二千の軍勢を送って欲しいと付け加える。 | 「上杉景虎書状」戦北四三九〇、 |
| | | 2 | 24 | 北条氏政は河越城・松山城方面へ出馬するが別に仕置きがあるわけでは | |

| | | | |
|---|---|---|---|
| （天正7） | | ない事。沼田城や厩橋城の普請を申し付けた事。伊豆では韮山城が堅固で油断しなければ他の事は要らない。（越後の事は）上田庄の北條景広が（御館の陣所を攻められ深手を負って）討死する等凶事の際で致し方ない事。（上杉景虎救援には）氏直は同行させない事などを清水康英に伝える。 | 「北条氏政書状」戦北二〇五五、6－一〇一九、「新発田長敦等三名連書状」上別Ⅱ－一七五三、 |
| 2 | 25 | 北条氏舜（岩付城主氏堯嫡男）、岩付城の春日摂津守分陣代申し付けにあたって、某に内牧十九貫三百文、大蔵内匠分十五貫文、合三十四貫三百文を知行分として宛行。 | 「北条氏舜判物」12－五二〇、戦北二〇五九 |
| 3 | 3 | 松田憲秀、山口重明に白子村大石隼人所務の二十貫文給の所を宛行。 | 「松田憲秀判物」6－九七六、戦北二〇六〇 |
| 3 | 17 | 上杉景虎の籠もる御館は景勝勢に攻められ陥落。景虎は鮫ヶ尾城に逃亡。 | 「上杉景勝書状」上別Ⅱ－一七九六 |
| 3 | 24 | 上杉景虎、越後鮫ヶ尾城で自害。（徳源院要山浄公、二十六歳） | 「上杉景勝書状」上別Ⅱ－一八〇〇 |
| 4 | 1 | 北条氏照、小山村（坂戸市）百姓に入西郡小山村夫銭についての定めがあったが、いままで非分な申しつけで、河越が現夫を召し使っているが、定めの通りにするので百姓は早く郷中へ帰り、作毛を致すよう申し付ける。 | 「北条氏照朱印状」6－九七八 戦北二〇六二 |
| 4 | 12 | 北条氏政が北条氏邦を上杉景虎の没落後の処置に対して諌める。 | 「北条氏政書状写」戦北二〇六四 12－五二三 |
| 4 | 24 | 北条氏邦、少林寺へ岩田村の内、二貫七百文の地を寄進。 | 「北条氏邦朱印状写」6－九八〇、鉢三－121 |
| 4 | 29 | 小澤図書分府川郷百姓中へ、天正六年の岩付城大普請の未進分人夫一人出役と野本より板五十枚運搬を命ず。 | 「北条家朱印状写」6－九八三 戦北二〇六六 |
| 5 | 6 | 北条氏政、由良国繁に上杉謙信没後の上野の仕置きは北条が行うと伝え、深沢・五覧田・高津戸・善・赤堀を由良國繁に与える。 | 「北条氏政条書写」戦北二〇六七 |
| 5 | 9 | 北条氏政、河田重親の不動山城（渋川市）への移転を認め、旧領を安堵。 | 「北条家朱印状」戦北二〇六九 |
| 5 | 21 | 北条氏政、榎本城在番の酒井康治に十八日に佐野・結城衆が退散した報告を受け、氏照と相談し作戦を立て次第、士気城に帰陣をと伝える。 | 「北条氏政書状写」12－五二七 戦北二〇七〇 |
| | | 北条氏邦、片野善助に猿ヶ京城における高名を賞し、本意の上は引き立てると伝える。 | 「北条氏邦感状写」6－九八六、戦北二〇七一 |
| 5 | 26 | 北条家は山奉行に対し、小田原城御備曲輪御座敷と塀の木材の詳細な仕様等を記した朱印状を出し用意させる。材木二百三十三丁、木樵二百七十七人、人足五百五十四人この代四貫七百九文で板間郷の寅歳の年貢から宛行、秩父氏が支払うとした。この材木は六月晦日までに準備する事とした。 | 「北条家朱印状」 戦北二〇七八 |
| 6 | 6 | 北条氏照、柏原の鍛冶荒井新左衛門らに棟別銭免除分として一年三十丁納入 | 「北条氏照朱印状」6－九八七、 |

| | | | |
|---|---|---|---|
| | | を定めてあったが、九年間の鐚二百七十丁分未納について今回は半分を赦免し、百三十五丁について今年から来年の十一月十日までに納めるよう命じる。 | 戦武二〇八〇 |
| 6 | 10 | 冨永助盛(後の猪俣邦憲)は北条氏邦の奏者として、猿ヶ京在番の田村与五郎へ、武具を整え走り廻る事を在番衆へ伝えるよう命じる。 | 「北条氏邦朱印状」12―五二九、戦武二〇八二 |
| 6 | 20 | 鳩ヶ谷宿の百姓達が血判して欠落した事について、北条氏は領主笠原助八郎の非を認め、逃散の罪を許し、帰村して働くよう命じる。 | 「北条家裁許朱印状」6―九八九 戦北二〇八五 |
| 6 | 28 | 上杉景勝、里見義頼臣岡本元悦に上杉景虎の退治を伝え、謙信の鬱憤を晴らすべく関東出陣を伝え、里見の入魂を要請する。 | 「上杉景勝書状写」6―九九〇 |
| 7 | 26 | 聖護院門跡は、大行院(鴻巣市)に前々の如く上足立三十三郷の伊勢・熊野先達衆分旦那職安堵。 | 「聖護院御門跡御教書写」6―九九三 |
| 8 | 20 | 武田勝頼、上杉景勝に駿河出陣などを伝える。 | 「武田勝頼書状」上別Ⅱ―一八五七、戦武三一五四 |
| 8 | 24 | 北条氏照は小川可遊斎に北条勢が越後に出陣している間、沼田に在城し仕置きをしたので安心をと伝える。 | 「北条氏照書状」戦北二〇九七 |
| 8 | 27 | 源要、寶積坊に榛沢郡内十箇村目録を渡す。 | 「源要知行書立」6―一〇〇〇、鉢四―50 |
| 9 | 3 | 北条氏政、千葉邦胤に武田と断絶したと伝え、沼津へ進攻してきたので北条の伊豆の備えを行っていると伝える。 | 「北条氏政書状」戦北二〇九九 |
| 9 | 5 | 北条氏政、榎本城在番の酒井康治に上総方面の作戦は終了した事。さらに三百人の兵で在番している事を氏照の証文で見た。先に当表への参陣を申し付けたが、小山での申し合わせを知る前であった。何れの口の走り廻りも前々の様である事、特に佐竹が出陣している間は城主の近藤綱秀と相談し守りを固めて欲しいと依頼する。 | 「北条氏政書状」12―五三六、戦北一九四三 |
| 9 | 7 | 武田勝頼、妹菊姫を上杉景勝に輿入れさせる。 | 「武田勝頼書状」戦武三一六〇 |
| 9 | 8 | 北条氏直、長尾顕長に敵が小山に出陣したので十日に館林在陣衆総てが出陣するよう申し伝える。 | 「北条氏直書状」戦北二一〇一 |
| 9 | 14 | 北条氏政、榊原康政に徳川との協調成立を祝し、家康の今後の入魂を期待する旨を伝え、康政の配慮を依頼する。 | 「北条氏政書状」戦北二一〇三 |
| 9 | 17 | 武田勝頼、上杉景勝に誓詞を送る。 | 「武田勝頼書状」戦武三一六三 |
| 9 | 19 | 徳川家康、上杉景勝と断交し浜松城を出陣し、駿河城に入る。 | 『史料綜覧』巻十一―二三五頁 |
| 9 | 吉 | 両神薄薬師に秩父三十三ヵ所巡礼札が掲げられる。 | 「法養寺納札」9―一―四―一〇六、鉢一―124 |

| | | | | |
|---|---|---|---|---|
| （天正7） | 10 | 4 | （この年カ）足利義氏は由良国繁に佐竹が金山城へ進攻したのを早々と退散させた事安心といい、武田勢が近日中の進攻予定と伝える。 | 「足利義氏書状」戦古一〇二一 |
| | 10 | 8 | 武田勝頼、梶原政景から佐竹義斯・義久の誓詞が届けられた事へ謝意を述べ、以後は佐竹と申し合わせ等に甚深のお取りなしをと依頼。氏政は三嶋在陣中で泉頭城（清水町）を普請中などを伝える。 | 「武田勝頼書状」12－五三八、戦武三一七六 |
| | | | 徳川家康と北条氏政が相談して駿河・遠江境へ出陣したが、氏政を打ち捨て、家康の陣所へ責め寄せたが敗け、討ち漏らした事は残念。氏政は三島に在陣し普請の最中であるが、勝頼在陣中は自由にさせないという。 | 「武田信豊書状」12－五三九、戦武三一七七 |
| | 10 | 28 | 北条氏邦、北爪大学助の北條高広との山上城戸張合戦における二十六日の高名に感状を与える。 | 「北条氏邦感状写」12－五四〇、鉢三－11 |
| | 11 | 2 | 武田勝頼、悉松斎に北条氏政が伊豆初音原まで退陣と伝え、氏邦反攻も考えられるので、城内普請等の用心怠り無く務めるよう伝える。 | 「武田勝頼書状」12－五四一、戦武四二八三 |
| | 11 | 3 | 北条氏直、逸見右馬助の長の在陣の労苦を賞し、三種一荷を差し上げ、北条氏規から伝えさせる。 | 「北条氏直書状写」戦北三九六六 |
| | | | 北爪大学助にこの度の還忠は忠信浅くなく、富永助盛の約束のように申しつけるので帰城を待つと伝える。 | 「北条氏邦感状写」12－五四二 |
| | 11 | 8 | 梶原政景は里見に身を寄せている太田康資に書簡を出し、一、武田と北条は対陣中でたびたび合戦をして、北条が負ける事が多い。一、武田の信濃衆と箕輪在陣衆が鉢形を攻めた事。一、武田と上杉は和睦し、武田から上杉へ輿入れがあった事。一、新田の由良と館林の長尾は佐竹に従属半ばにある。一、北條と那波も武田に味方し、沼田へ押し詰めているが、沼田は鉢形衆が守っている事。（岡本頼義宛て書状では自落間近と伝える）。一、新田と館林と手切れすると連絡が分断され、厩橋などが自落する事になる。一、佐竹は下野に出陣し、栗橋・古河などを荒らしまわり、皆川が味方になり、小山奪還を間近にしている事などを伝え、里見が佐竹に味方するよう具申して欲しいと依頼する。 | 「梶原政景書状写」12－五四四 |
| | 11 | 10 | 名胡桃城における戦いで敵を討ち取った小池左京亮と塚本仁兵衛に感状を与える。 | 「北条氏直感状写」戦北二一一一～二 |
| | 11 | 14 | 梶原政景、北條輔広等に書状を送り、越甲一和の成立を祝し、今後佐竹 | 「梶原政景書状写」6－八六五 |

| 西暦 | 和暦 | 月 | 日 | 事項 | 出典 |
|---|---|---|---|---|---|
| | | | | 義重への連絡と使者の派遣を約す。 | |
| | | 11 | 20 | 徳川家康の家臣大久保忠泰、梶原政景から報告があったが、徳川と北条の和議落着により対応できない事、今後は大久保が連絡を受けそれ相応の御用仰せ付けられる事になるので疎略があってはならない旨伝えられる。 | 「大久保忠泰書状」6—一〇〇三 |
| | | 11 | 22 | 武田勝頼、小林松隣斎に贄川の向、田野・日野・戸沼・陣原、影森の向、下影森二百貫文を本意の上はと条件をつけ宛行。 | 「武田勝頼判物」12—五四五、鉢四—114 戦武三二〇三 |
| | | 11 | 27 | 世田谷城主吉良氏朝、大井郷の名主について名主塩野内匠の死去に伴い遺言に任せ新井左京亮に後任を申し付けたが、塩野・新井・小林・新井九郎左衛門の四人が惣百姓として訴えてきたので、先の朱印状を無効とし、四人を名主に任命すると伝える。 | 「吉良氏朝朱印状」6—一〇〇五、戦北二二一七 |
| | | 11 | | 沼田には藤田能登守藤原信吉、同舎弟彦助信清、沼田地衆籠城。上杉景勝の軍勢これを攻めるとある。 | 『加澤記』巻三 |
| | | 12 | 14 | 北条宗哲、十一月二十七日に大井郷名主職に吉良氏朝より仰せつけられた、塩野庄左衛門・新井帯刀・小林源左衛門尉・新井九郎左衛門尉宛の書付を確認、名主に任じ、以後の走廻りと荒地開発での奉公を命じる。 | 「北条幻庵朱印状」6—一〇〇七 戦北二二一九 |
| | | 12 | 16 | 梶原政景、安房の岡本元悦に書状を送り、佐竹に送った里見義頼の直書を見た事を伝え、一、東口の備えは佐竹が日増しに良くなってきている。西方への調義について皆川広照が強く望むので当方へ引き入れた事、先衆が古河・栗橋に出陣し放火。一、奥州では白河義親の跡を佐竹義重の二男が嗣ぐ。一、白河の仲介で会津の蘆名と岩瀬の二階堂も昨秋味方になった。一、甲相の手切れは疑う事はない。一、六月に使者を差し向け、そちらの備えの為多くの申し入れをしたが幾度と無くそのままにされ、正木憲時を不審に思う事。里見義頼は始めて直書を寄せたが、太田の裁量で直接佐竹義重に届ける等を伝える。 | 「梶原政景書状写」12—五四六 |
| | | 12 | 28 | 宮古嶋衆と倉賀野衆の合戦。吉田真重二人討ち取りの高名。 | 「北条氏政感状」戦北二二二九、鉢一—50 |
| 一五八〇 | 天正8 | 1 | 1 | 北条氏邦、吉田真重と同心衆にこの度の合戦大切に付、北条家法度の如く軍役を調える事などを命じる。 | 「北条（氏邦）朱印状写」6—一〇一二、戦北二二二七、鉢一—49 |
| | | 1 | 4 | 北条氏政、吉田政重に十二月二十八日の宮古嶋衆と倉賀野衆の合戦。二人討ち取りの高名に感状を与える。 | 「北条氏政感状」、鉢一—50 戦北—二二二九、6—九七三 |

| | | | |
|---|---|---|---|
| 1 | 7 | （この年カ）菅原左衛門佐為繁、赤城神社に武田勝頼の進攻によって羽生が本位になれば神社領として一ヶ所寄進の願文を掲げる。 | 「菅原為繁判物」群7—二九七九 |
| 1 | 8 | 武田家、広木の大興寺に禁制を出す。 | 「武田家禁制」6—一〇一三、鉢四—55 |
| 1 | 18 | （この年カ）武田勝頼、小幡縫殿助に武蔵が本意の上は武（上）州小林の内、阿久津（高崎市）・落合（藤岡市）および、毘沙士（上里町）の旧領を認めるが、忠節を上げた他の人に宛っており替え地で補うと伝える。 | 「武田勝頼判物」12—五四八、戦武三三三四 |
| 1 | 21 | 真田昌幸は名胡桃城に入り、沼田城を攻める。この頃藤田信吉は武田と内通し始めるという。 | 『加澤記』巻三 |
| 1 | 26 | 岩付の細谷資満は井草郷の年貢を郷中不作により天正五年の三分の一を免除する。 | 「細谷資満判物写」6—一〇一五、戦北二一三四 |
| 2 | 10 | 北条氏邦、山口上総守に預け置いた蔵銭について本利共に回収して納めるように命じる。 | 「北条氏邦朱印状写」鉢一—25、6—一三七六 |
| 2 | 17 | 三ツ山城主長井政実、倉林越後守に児玉金屋・塩谷等四十貫文の地宛行。 | 「長井政実判物写」6—一〇一六、鉢四—62 |
| 2 | 18 | 三ツ山城主長井政実、倉林氏に若狭守の受領名が与えられたと伝える | 「長井政実判物写」6—一〇一七、鉢四—63 |
| 2 | 20 | 北条氏邦、田中惣兵衛に細田跡の下地を手作地として与え、山口の下知に従っての走り廻りを命じる。 | 「北条氏邦朱印状写」6—一〇一八、戦北二一四〇、鉢三—119 |
| 2 | 23 | 金山城主由良国繁、館林城主長尾顕長、武田氏と同盟する。 | 「北条氏政書状写」戦北—二一四一 |
| 2 | 27 | 北条氏邦、山上戸張際の合戦に高名を上げた北爪将監に感状を与える。 | 「北条氏邦感状」6—一〇二〇、鉢三—8 |
| 2 | 28 | 北条氏邦、吉田新左衛門尉に藤岡栗須郷半分を与える。 | 「北条氏邦朱印状写」6—一〇二一、鉢一—51 |
| 2 | 吉 | 深谷城主上杉氏憲、昌福寺（深谷市）浅間宮に鰐口寄進。 | 「昌福寺鰐口銘」鉢三—130 |
| 3 | 3 | 北条氏邦、糟尾伊与に金屋に手作場三貫文地と屋敷一間与える。 | 「北条氏邦朱印状写」鉢四—65、6—五一四 |
| 3 | 6 | 北条氏邦、金井源左衛門に無足のため、広木御領所内と西上野で十四貫文宛行。馬上の軍役を定める。 | 「北条氏邦朱印状写」12—補一三、戦北二一四七、鉢四—52 |
| 3 | 14 | 冨永能登守助盛は多留（鷹留カ）城攻めで城主牧和泉守次男等多数討ち取りの高名。 | 「北条氏政感状」12—五五四、戦北二一五一 |
| 3 | 15 | 北条家、足立郡小室郷の閼伽井坊に出井ケ島（伊奈町）を三年荒野とし全ての開発を命じる | 「北条家朱印状」6—一〇二五、戦北二一五二 |
| 3 | 21 | 足利義氏、北条氏照に久喜・大室・清久・大桑の各郷より人足毎年五十人・二十日間古河城普請の出役を命じる。 | 「足利義氏朱印状写」6—一〇二六、戦古一〇一六 |

| 月 | 日 | 事項 | 出典 |
|---|---|---|---|
| 3 | 22 | 北条氏邦、山口下総守と衆中・小川・宮前に番衆各十人の走廻を命じる。 | 「北条氏邦朱印状」6—一〇二七、鉢一—27 |
| 3 | 28 | 北条氏邦、新井主水太郎、中山助七郎に三月二十七日の倉賀野八幡崎での甲衆勢との合戦で挙げた高名に対して、追って恩賞を与えると伝える。 | 「北条氏邦感状写」6—一〇二八、「北条家朱印状写」『岩田家系録』7、鉢三—42・116 |
| ③ | 4 | 北条氏照、十方弥八郎に西口の戦いで総員出陣した。在所へ罷り越し、進軍できるよう滝山宿に陣取り、陣触が在り次第夜中でも出陣する事を申し渡す。 | 「北条氏照朱印状」12—五五六、戦北二二五七 |
| ③ | 28 | 北条氏邦、児玉金屋の渕龍寺を祈願所とし、諸役不入・殺生禁止の禁制を与える。 | 「北条氏邦禁制写」6—一〇二九、鉢四—69 |
| | | 北条氏邦が長瀬民部と北爪大学助に十貫文の知行を与えたが所務がないので兵糧・代物出半分づつ出しておいたと伝える。 | 「北条氏邦カ朱印状写」12—五五八、鉢三—12 |
| 4 | 12 | 北条氏邦、三月の小川城攻めに高名を上げた塚本舎人助に上野国鶴根の内に十貫文を与える。 | 「北条氏邦朱印状写」6—一〇三〇、戦北二二六七 |
| 4 | 24 | 里見義頼、佐竹義斯に書状を出し、上総は佐貫一城を残し静謐になった。そこも本意となるだろう。どのような事でも精魂を尽くよう申し入れるべきで、特に甲州と手を携え、出陣される事。梶原方へ申し届けて、この様に相談して貰いたいと伝える。 | 「里見義頼書状」12—五五九 |
| 5 | 6 | 真田昌幸、猿ヶ京本意においては、小川可遊斎に替え地を出し、森下又左衛門に須河（みなかみ町須川）に二十二貫五百文宛行。 | 「真田昌幸定書」群7—三〇一一、戦武三三四〇 |
| 5 | 14 | 北条家は中山助七郎に四月二十八日の倉賀野衆との合戦で加勢により、勝利に導いた高名に感状を与える。 | 「北条家朱印状写」岩田家系録七、鉢三—106 |
| 5 | 19 | 真田昌幸、小川可遊斎に猿ヶ京城在城他を指示する。 | 「真田昌幸条書」戦武三三四七 |
| 5 | 23 | 真田昌幸、沼田城受け取り後の備え等について在城衆に指示。 | 「真田昌幸条書写」戦武三三四八 |
| | | 北条氏邦、少林寺（寄居町）に寺内門前不入等の禁制を与える。 | 「北条氏邦禁制写」6—一〇二四、鉢三—122 |
| 6 | 7 | 北条氏照、笹井観音堂（狭山市）に聖護院門跡の御教書に任せ杣保・高麗郡の年行司職と所沢衆分を安堵。 | 「北条氏照判物」戦北二一七五〜六、6—一〇二六〜七 |
| 6 | 11 | 小幡信真、黒澤大学助に一族で談合し日尾城の乗取りをすれば小鹿野近辺増田分の土地を望み通り、秩父郡が本意の上は他にも与えると約す。 | 「小幡信真判物写」群7—三〇一八、鉢四—93、戦武三三五五 |
| 6 | 12 | 小幡信真、黒澤新八郎に一族で談合し、日尾城の乗取りをすれば、小鹿野近辺大窪分五貫文・小指四貫文の土地を望み通り、秩父郡が本意の上はこの他にも与えると約す。 | 「小幡信真判物写」群7—三〇二一、鉢四—94、戦武三三五八 |
| 6 | 15 | 北条氏邦、山口上総守に預かりの御蔵銭を本利共に集め、十二月二十日 | 「北条氏邦朱印状写」鉢一—25 |

（天正8）

| | | |
|---|---|---|
| | を限度に御蔵へ納めるよう申し付ける。 | 6―一三七六 |
| 6 28 | 北条氏、長谷部弥三郎に無足で陣役を果たした事を認め、来秋から十四貫文を与える。細谷資満（岩付蔵奉行）の所から年貢と同様に受け取り、武道を尽くし益々走り廻るなら重ねて恩賞を与えると言う。 | 「北条家朱印状」12―五六七 |
| | 深谷城主上杉氏憲、昌福寺へ寺領百貫文を寄進。富士山門前を不入。 | 「上杉氏憲寄進状写」6―一〇三九鉢三―18 |
| | 北条家は福厳寺（岩槻区下新井）が訴えていた寺領の確認について太田資正・氏資両代の證文に明白で相違無いと裁定する。小田は敗訴。 | 「北条家朱印状」6―一〇三八、戦北二一八〇 |
| 6 30 | 武田勝頼は沼田城の藤田信吉に沼田城引き渡し、藤田彦助・吉田新介等追放への恩賞として利根川東庄三百貫文の地を与える。 | 「武田勝頼朱印状写」群7―三〇二八、戦武三三七三 |
| | 武田氏、沼田城攻略の恩賞として西丸市之丞に藤田彦助分、吉田新介分三十七貫文を宛行う。 | 「武田家朱印状写」戦武―三三七六 |
| 7 1 | 武田氏は小川城の小川可遊斎に名胡桃三百貫文の所を望んでいるが、先に宛行われた者がいるので替え地を与えると伝える。 | 「武田勝頼判物」群七―三〇三〇、 |
| | 同じく、沼田利根川東の本領は相違無いが、藤原の地は先に宛行われた者がいるのでその替え地として師に十八貫文の地を出す。 | 「武田勝頼判物」群7―三〇三一、戦武三三七八 |
| 7 2 | 長井政実、飯塚六左衛門に北谷内に三十貫文所領宛行。 | 「長井政実判物」6―一〇四一、鉢四―99 |
| | 北条氏政、井草郷の細谷資満・百姓中に昨年の洪水で、当年の大普請役を春夏免除したが、荒川堰の普請を行う人夫不足により、大普請人夫役五人を十日間命じ、七月七日荒川端に集まり、立川伊賀守の指示に従うよう伝える。 | 「北条家朱印状写」6―一〇四〇、戦北二一八二 |
| | 沼田城主が武田に従属を申し出たが、北條高広が曖昧な態度を示したので軍勢を送ると小幡憲重・信真に伝える。 | 「武田勝頼書状」12―五六九、戦武三三八二 |
| 7 18 | 北条家は訴えを受けて、河越符川郷の鴈左衛門を差し出すように代官竹之谷源七郎に命じる。 | 「北条家朱印状写」6―一〇四三、戦北二一八九 |
| 8 17 | 真田昌幸、舎兄の熊井土を通じて申し入れた事へ、沼田城将の用土新左衛門から沼田城引き渡す旨の誓詞を貫った事に感謝の念と今後の引き立て処遇について約し、誓詞血判を差し上げると伝える。 | 「真田昌幸書状写」12―五七一、戦武三四〇七 |
| 8 19 | 北条氏政から氏直へ当主の交代。 | 「北条氏政證状」戦北―二一八七 |
| 10 2 | 北条氏照、小田野源太左衛門尉に、甲州と合戦になるので明日出陣する。 | 「北条氏照朱印状写」12―五七五、 |

| | | | |
|---|---|---|---|
| | | 父子共に先陣として走り廻るよう命じる。 | 戦北二一九七 |
| 10 | 9 | 武田家、北條安芸入道（輔広）に氏政が境目に出陣してきたので討ち果たすべく覚悟を決め、膳城から利根川を越したところ即時退散した。その後の備えの事、来る出陣の事、越後本領の事についての条書を与える。 | 「武田家条書」6―一〇四七、戦武三四三四 |
| 10 | 10 | 武田家、宇津木氏久に武蔵の内にて二百貫文宛行を約し忠節を求める。 | 「武田家朱印状」6―一〇四八、戦武三四三五 |
| 10 | 12 | 武田勝頼九月二十日に出陣。新田・太田宿・館林などを放火。膳城では城主河田備前守等楯籠もりの衆一千人余を討ち果たした。北条氏政後詰として本庄に出陣。勝頼は再び利根川を越えたが、氏政は戦いを避けて退散したので、残念だが甲府に帰陣と景勝に伝える。 | 「武田勝頼書状」6―一〇五〇、戦武三四三八 |
| 10 | 14 | （この年カ）十二日夜中に女淵城に敵襲があったが、外郭に楯籠る敵に対して奔走し活躍をした事を賞し、改めて女淵衆引き立てを約す。 | 「北条氏邦朱印状」6―一七一五、戦北二四三一、鉢三―9 |
| 10 | 29 | 足利義氏、簗田洗心斎（晴助）に書状を送り、佐竹義重が古河城へ進攻してきた。両三度に亘る宿城攻めにも堅固に防戦し、さしたる事もなく退散させた事は簗田の助言があった事で感謝している事。この事は逐一北条氏政・氏直父子に伝えるという。 | 「足利義氏書状写」6―一〇五一 |
| 10 | | 小川町下里に田中妙久、主君蓮忠（上田能登守政盛）・君母并父母等供養板石塔婆造立。 | 下里経塚「板石塔婆銘」梅沢二〇一一 |
| 12 | 1 | 北条氏邦、長谷部備前守に栗崎・五十子・仁手・今井・宮古嶋・金窪を結ぶ利根川右岸・神流川右岸内の塩止を命じる。深谷領分の榛沢沓掛・阿那志・十条以東は無用とする。又、半手の者には忍領分にても乱暴狼藉禁止する。 | 「北条氏邦朱印状」6―一〇五二、戦北二二〇二、鉢三―27 |
| 12 | 6 | 北条氏照、中山家範に対し、平山氏重（桧原城）の知行小山（坂戸市）における代官平田の狼藉物盗りは前代未聞、公事の子細が如何様でもこの様な仕打ちはない事、重要な境目に在城している平山が恐怖心を持つ事は当然で、怒りを止めさせ、奪った総ての物を平山に返す事を平田に命じるよう伝える。 | 「北条氏照書状写」6―一〇五三、戦北二二〇三 |
| 12 | 8 | 北条氏邦、北爪将監の走り廻りを賞し、江木郷の代官に命じる。 | 「北条氏邦朱印状写」6―一七一九、鉢三―10 |
| 12 | 9 | 武田勝頼、倉内本意に付、藤田信吉に沼田千貫文を宛行。 | 「武田勝頼定書写」12―五七九、戦武三四五六 |
| 12 | 12 | 成田氏長、熊谷宿の長野喜三の所で木綿売買の宿開設を命ず | 「成田氏長朱印状」6―一〇五五、戦北二二〇七 |

| | | | | | |
|---|---|---|---|---|---|
| | | 12 | 15 | 成田氏長、熊谷宿の長野喜三に小間物店の開設を認める。 | 「成田氏長朱印状」6—一〇五六、戦北二二〇八 |
| | | 12 | 22 | この頃、太田源五郎が岩付城主となるカ。朱印状確認される。 | 「太田源五郎カ朱印状写」戦北二二二一、6—一〇五八 |
| | | 12 | 29 | 武田家、真下但馬守に、藤田信吉を味方に引き入れた時、飛脚役として難所を乗り越え往来した功績により、信州反町分五十貫文を恩賞として与える。奉行人は真田昌幸。 | 「武田家朱印状写」12—五八一、戦武三四七六 |
| | | | | 北条氏照、野口照房に師岡と共に青梅の御嶽山城に籠城しての走り廻りを認め、高麗郡平澤郷五十貫文の他、合せて六十三貫文を与える。 | 「北条氏照判物」戦北二二二三 |
| 一五八一 | 天正9 | 2 | 9 | 秀吉、道誉に昨年正月二十六日の書簡を今日受け取り謝意が示される。内容は了承し、信長に伝える。信長への取り次ぎは秀吉という。 | 「羽柴秀吉書状写」6—一〇五九 |
| | | 3 | 11 | 北条氏邦、広木大興寺に寺家分、池坊に寺家分を与える | 「北条氏邦朱印状」6—一〇六一〜二、鉢四—56・75 |
| | | 3 | 15 | 北条氏邦、吉田和泉守他に沓掛は昨年の検地でも百余貫文であった事。そこで十三人の徒衆には一貫文宛とし、総て不作としてあるが、これからは作人を付けるので遜色なく生産できるように伝える。 | 「北条氏邦朱印状写」12—五八六、戦北二一九七五 |
| | | 3 | 17 | 小幡信真、小幡昌高に山中は秩父との境目、昼夜油断無く八幡から上山の内にいる者は何れの被官なり共、区別無く手配りし、八幡にいる敵に備えるよう下知する。 | 「小幡信真判物写」12—五八七、戦武三五二一 |
| | | 3 | 18 | 北条氏邦、阿熊山中の四郎三郎を召し返し、赦免の上は被官であるという。元の主人や代官でも口出しを禁止し、時期を見て扶持する事。山中にいる時は黒澤上野守(繁信)の指示を受ける事を命ず。 | 「北条氏邦朱印状写」6—一〇六三、戦北二二二三、鉢二—75 |
| | | 4 | 13 | 梶原政景、里見義頼に書を送り、昨年以来筋目を通してきているので世情が移り変わろうとも、先に申したとおり、安房は何も変わらないと伝える。 | 「梶原政景書状写」12—五八九 |
| | | 4 | 19 | 多摩郡の小河内で士屋内蔵助・坂本四郎右衛門が高名。 | 「平山氏重判物写」12—五九〇〜一 |
| | | 5 | 3 | 甲州都留郡譲原で来住野善二郎・十郎兵衛が高名。 | 「北条氏照朱印状写」12—五九二〜三 |
| | | 5 | 10 | 上田長則、相模糟屋郷八幡社別当法禅坊に制札を出す。 | 「上田長則法度写」6—一〇六五 |
| | | 夏 | | 藤田信吉・海野能登守の守る沼田城を猪俣邦憲を先駆けにして北条氏邦が攻めるが、沼田地衆を味方につけた真田氏に敗退と記される。 | 『加澤記』七三頁 |
| | | 6 | 7 | 武田勝頼、沼田城の藤田信吉に真田昌幸帰城中に書状を送り、関東で変 | 「武田勝頼書状写」群7—三〇六六 |

| | | | |
|---|---|---|---|
| | | わった事はないかを尋ね、変化が有ったら報告を求める。 | 戦武三五五九 |
| 6 | 21 | 小田城主梶原政景、安房岡本城将岡本元悦・岡本氏元に甲州からの使いに三橋宗玄をさし添えて勝頼が存分である旨を跡部昌忠に披露させ、この度の一途の返答は太田父子も特別のこととし、佐竹義重からも近日使者が送られと伝え、雁又十を特別に贈られた礼を伝える。 | 「梶原政景書状写」6―一〇六六 |
| 6 | 26 | 武田勝頼の使者跡部昌忠、梶原政景の小田城に在留。 | 「太田道誉書状写」6―一〇七三 |
| | | 北条氏政、足立郡淵江郷（足立区西新井等）等に対して太田資正が課した陣夫役について現状を申し出すよう命じ、虚偽の報告は厳科に処すると伝える。 | 「北条氏政朱印状写」6―一〇六七～七二、戦北二二四一～二二四七 |
| 7 | 1 | 上田長則、日影の立正院に老父（朝直）の申し付けの従前の如く寺中法度三カ条を発す。寺中での横合非分禁止・借用した代物催促禁止・使用下人について横合い非分等禁止。 | 「上田長則寺中法度」6―一〇七五、戦北二二四八 |
| 7 | 8 | 太田源五郎カ、岩付衆の道祖土図書助（三人）・内山弥右衛門尉（四人）・金子越前守（三人）・金子中務丞（二人）・鈴木雅楽助（二人）の着到を改定する。 | 「太田源五郎カ朱印状」6―一〇七六～八一、戦北二二五一～七 |
| 7 | 10 | 真田昌幸、昨年の不動山城攻略において、真田への須田新左衛門尉の忠節を認め、倉内本意になったので望みの地を渡すべきであるが、沼田の過半を藤田信吉に宛行ったので別の所を宛行うと伝える。 | 「真田昌幸朱印状写」12―六〇三、戦武三五八三 |
| | | 同様の宛行状を須田新左衛門・狩野左近に同心した十一人に出し、信州に五十五貫文与える。 | 「真田昌幸朱印状写」12―六〇四、戦武三五八二 |
| 7 | 17 | 太田源五郎カ、道祖土図書助に先の着到状に馬鎧が落ちているとして訂正。馬鎧は金泊の家紋をつける事。 | 「太田源五郎カ朱印状」6―一〇八二、戦北二二六三 |
| 7 | 28 | 梶原政景、岡本元悦・氏元父子に甲州の使者（跡部昌忠）が途中に留まり、様々な方便を使い一度ならず半途より帰り、笑止そのもので長々と滞留しており、里見義頼は忘れ、太田資正は迷惑に思っている事。既に昨春、福信をもって甲州へ申し伝えたが、その首尾を任せられて、跡部昌忠をこちらに遣わすようにとの事であった。甲州より書状を伝達するには、途中で三橋宗玄 | 「梶原政景書状写」6―一〇八三 |

| | | | |
|---|---|---|---|
| | | に差し出すべきである。おって、政景は不思議な子細を持って里見頼義と懇意にしている事などを伝える。 | |
| 8 | 17 | 北条家は代替わりによる検地を実施し、粟船郷の段銭分十三貫八百九十四文とし、残り三分の一は松山の上田氏分と記す。 | 「北条家朱印状」6―一〇八五、戦北二二六三 |
| 8 | 27 | 北条氏邦、岡部針ヶ谷の弘光寺に仏母院隠居所として屋敷跡を与え、荒れ地であるが、他領の者を集め開発する事、寺中門前不入とする。 | 「北条氏邦朱印状」6―一〇八六 戦北二二六九、鉢三―24 |
| 9 | 3 | 梶原政景は里見方の岡本元悦父子に武田氏が伊豆へ進攻したため、北条氏は総ての軍勢を小田原に集めたと伝え、佐竹にも武田にも良い事で近日中に新田へ出陣されるよう等と伝える。 | 「梶原政景書状写」6―一〇八七、 |
| 9 | 30 | 上田長則、松山本郷の町人岡部越中・町人衆に他国の買い手との本郷宿以外での商いを禁止し、松山領の者は厳罰に処し、買い手はおかまいなし、買い取った他所へ運ぶ荷物は差し押さえる事とする。 | 「上田長則法度写」6―一〇八八 戦北二二七三 |
| 10 | 10 | 武田の臣・跡部勝資、佐竹義久に武田勝頼の新田領進攻を伝える。 | 『金山城と由良氏』三三四 |
| 10 | 15 | 佐竹義重、大納言（今宮光義カ）に新田領進攻の戦況を伝える。 | 『金山城と由良氏』三三七 |
| 10 | 18 | 梶原政景、安房岡本城の岡本元悦と氏元父子に上総大多喜城が九月二十九日に落城した。正木大膳亮時綱が討ち死にしたので即刻里見頼義が入城した。三橋宗玄が相違無く帰陣したので、甲州へも伝えた事、甲府も六月に韮崎の地に新城（新府城）普請なったと伝える。 | 「梶原政景書状写」6―一〇八九 |
| 11 | 13 | 武田信豊、佐野宗綱に佐竹諸家とは武州と上州への行について同盟を結んでいるが、駿河戸倉城の笠原新六郎が味方になり、駿河が略武田の手中になった事で、氏政が伊豆へ出陣し手薄になったので援軍を出して欲しいと伝える。 | 「武田信豊書状写」12―六〇八、戦武三六二三 |
| 11 | 27 | 小弓公方足利頼淳は道誉に書状を出し、正木時綱の死と里見義頼の房総静謐を祝し、勝頼の伊豆攻略成就への道誉の走廻りを依頼する。 | 「足利頼諄書状」6―一〇九二 |
| 11 | 28 | 北条氏照、大藤式部少輔（政信・相模中郡田原城主）に興国寺城での戦いでの高名について小田原に伝えるが感状がもらえる事、更に備えを堅固にする事等を伝える。 | 「北条氏照書状」12―六〇九、戦北二二九一 |
| | | 北条氏邦、大藤式部少輔に昨晩忍び（草の者）を出して敵十余人を生け捕った事、小田原に帰るので詳しく申し上げると伝える。 | 「北条氏邦書状」12―六一〇、戦北二二九二 |

| 西暦 | 和暦 | 月 | 日 | 事項 | 出典 |
| --- | --- | --- | --- | --- | --- |
| | | 12 | 4 | 武田勝頼、佐竹義重に二十三日の武州と上州の合戦に、当方の援軍を要請されたが、北条氏政が伊豆へ出陣し合戦になり、氏政が陣を構えてにらみ合いの状況で援軍は出せないと伝える。 | 「武田勝頼書状」12―六二一、戦武三六三〇 |
| | | 12 | 15 | 武田勝頼、北条氏政の三島出陣を結城晴朝に伝え、東口衆の古河・栗橋攻略は心地良い事、九日に帰陣したという。 | 「武田勝頼書状」6―一〇九四 |
| 一五八二 | 天正10 | 1 | 20 | (この年カ)上田案独斎(朝直)新年の祝いに北条氏政に太刀・白鳥を贈る。 | 「北条氏政書状写」6―一一六六 |
| | | 2 | 3 | 北条氏政は氏邦に書状を送り、秩父谷からの報告は心細い、指図はすべきでは無いというのは考え直すよう伝える。 | 「北条氏政書状」6―一〇九六、戦北二三〇二、鉢二―20 |
| | | 2 | 5 | 氏政、氏邦に三日の報告は見た。尚も正説を確認するよう伝える | 「北条氏政書状」6―一〇九七、鉢二―21 |
| | | 2 | 9 | 信州方面の情勢について正説を確かめるよう指示。 | 「北条氏政書状」6―一〇九八、鉢二―22 |
| | | 2 | 15 | 氏政、氏邦が川辺の衆を引き立てた事は大切な事であるが、氏直に相談して決する事が大切と伝える。 | 「北条氏政書状」戦北二三〇五 |
| | | 2 | 16 | 信州の様子が相変わらず不明。どのようにしても聞き出し報告して欲しいと伝える。 | 「北条氏政書状写」6―一〇九九、戦北二三〇六 鉢二―71 |
| | | 2 | 18 | 氏邦に報告を見た。虚説では無いらしい。実説を聞き出して欲しいと伝える。 | 「北条氏政書状」6―一一〇〇、戦北二三〇七、鉢二―23 |
| | | | | 氏邦に信州口の様子詳細を承った。更に実説が知りたい。 | 「北条氏政書状」6―一一〇一、鉢二―24 |
| | | 2 | 19 | 氏邦に誠意ある報告を受けたが正説は未だ受けていない。半手に人を出し糺明せよ。戦いには心を込めて聞き出す事大切。木曽義昌が敵となった事は大変不利で甲州での防戦は一切出来ない事等を伝える。 | 「北条氏政書状」6―一一〇二、戦北二三〇九、鉢二―25 |
| | | | | 北条氏直、氏邦に十六日の書状で勝頼が信州で敗戦と伝えてきたがさらに詳細を確認し、急ぎ報告して欲しいと伝える。 | 「北条氏直書状」12―六一六、戦北二三一〇 |
| | | 2 | 20 | 北条氏政は氏邦に書簡を送り、信州表の様子が把握出来たので、多摩川までの諸軍の参陣を求め、そのうち考えて、西上州か甲州表か駿河方面かを決定するので急いで準備するよう伝える。 | 「北条氏政書状」6―一一〇三、戦北二三一一、鉢二―26 |
| | | | | 長井政実、飯塚六左衛門の活躍を認め、北谷の勇者として大澤新左衛門抱えとする。 | 「長井政実判物」6―一一〇四、鉢四―100 |
| | | 2 | 21 | 北条氏邦、山崎弥三郎に三波川合戦で敵一人討捕りの高名に感状を与える。 | 「北条氏邦朱印状」6―一一〇七、鉢二―48 |
| | | 2 | 22 | 北条氏政、二十日より各方面に陣触を出したが、五日の内には参集するだ | |

（天正10）

| 月 | 日 | 事項 | 出典 |
|---|---|---|---|
| | | ろう。信州の平地に大軍を出せば必ず防戦となる事、織田信忠は十一日、滝川一益は十二日に出陣したと伊勢の船の者が言っていた事、信州方面の様子は何回でも注進あるべき等と、氏邦に伝える。 | 「北条氏政書状写」6―一一〇八、戦北二三二四、鉢二―72 |
| 2 | 25 | 北条氏邦、この度の出陣に際して秩父孫二郎以下同心衆に軍役着到を指示する。百三十九人の一騎合衆の員数と武具を指定する。馬上の衆には鍬・まさかり・縄（根藤でも可）の持参をも指示。 | 「北条氏邦朱印状写」6―一一〇九、戦北二三二六、鉢二―30～34 |
| 2 | 28 | 北条氏邦、宇津木氏久に箕輪城入城を告げる。 | 「北条氏邦書状」新編高崎市史資料編4―四七三 |
| 2 | 29 | 北条氏政、徳倉において甲衆勢五百人ほど討ち捕りを定飛脚が見届けた事、三枚橋城が自落し、吉原まで追い打ち等を氏邦へ伝える。 | 「北条氏政書状」6―一一一一、戦北二三二九、鉢二―27 |
| 3 | 3 | 北条氏政から氏秀へ二十八日武田方の徳倉城が落城し、夜に沼津城自落。二日に吉原へ寄陣、深沢城は一日夜自落、駿河は悉く北条に属すと伝える。 | 「北条氏政書状」戦北二三三〇 |
| 3 | 6 | 北条家、伊豆逆林・布沢の小屋に逃げた者は赦免と太田源五郎に伝える。 | 「北条家朱印状」12―六一七・六一八、 |
| 3 | 11 | 武田勝頼等が自害、武田氏滅亡。 | 「北条氏邦書状」6―一一一三、 |
| 3 | 12 | 武田勝頼が十一日自害と伝えられ、真田昌幸に北条への忠信を促す。 | 戦北二三三五 |
| 3 | 17 | 三月十一日、武田勝頼父子討ち捕り。武田典厩も小諸城にて討ち捕り。首が到来し、信長の居た飯田城に架けた事。甲信を全て平定し「誠に我ながら驚き」などを伝える。関八州は間違いなく隙が出来、甲信には織田城介（信忠）を残し置くという。 | 「織田信長書状」群7―三二一三 |
| 3 | 19 | 北条氏直、氏邦に三度の注進状を見た事、詳しくは帰路に大野が申し述べると伝える。 | 「北条氏直書状」6―一一一七、鉢二―28 |
| | | 織田信長、関東平定のため上野に滝川一益を送る。箕輪城に入る。上田案独斎等、人質を箕輪城に入れる。一益、関東管領に任命されるという。 | 『石川忠総留書』8―四九九頁 『鎌倉九代後記』8―三一五頁 |
| 3 | 23 | 織田信長、滝川一益に上野国を与える。 | 「某書状写」6―一一二三 |
| 3 | 29 | 岩付の恒岡資宗・佐枝信宗連署して牛村助十郎に井藤平左衛門と半分づつ井草郷名主屋敷を抱え持つ事を認め、只今、井草郷は御領所であり開発に走り廻る事を命じる。 | 「恒岡資宗・佐枝信宗連署状写」6―一一一八、戦北二三三一 |
| 4 | 6 | 箕輪城に滝川一益が入り、由良国繁、那波・厩橋・深谷・鉢形の面々が一益に従属する。関八州から奥州迄が織田氏の手中に属している事は間違いない事。自分は先代より東上野筋の差配をしておりそのまま仰せ付け | 「倉賀野家吉書状写」12―六一九、戦北―四四九一 |

| | | | |
|---|---|---|---|
| | | られたと伝える。 | |
| 4 | 7 | 大田道誉、梶原政景に滝川へどのように返答するかを尋ねる。 | 「太田道誉書状」12—六二〇 |
| | | 北条氏照、小河内の百姓中に境目の事について、武蔵は北条の所領で有り、都留郡は甲州分であるが、小河内は勿論武蔵であり、何人もこちらへ罷り移るべきと伝える。 | 「北条氏照朱印状」12—六二一、戦北二三三二 |
| 4 | 8 | 織田信長、太田父子に滝川一益への助力と活躍を依頼す。違反の者がいたら即朝敵として捕らえるよう伝える。 | 「織田信長朱印状写」6—一一一九 |
| 4 | 20 | 長井政実、中野将監に椚山の者共の退出の事について、黒澤出雲守からの報告を受け罷り越した。この度敵対したのはやむを得ない事であったが、地下人の事は間違いなく返して貰いたい等を伝える。 | 「長井政実判物」6—一一〇五、鉢四—91 |
| 4 | 24 | 足利義氏は簗田持助にこの度の織田氏の関東進出に伴う世情をどの様に考えたら良いか思案に苦しむ等と心情を吐露する。 | 「足利義氏書状写」戦古一〇二八 |
| 4 | 28 | 羽柴秀吉、梶原政景に今後の協力を求める。 | 「羽柴秀吉書状」6—一一二〇 |
| 5 | 13 | 上田長則、若い内はまず親の苦労によって奉公致し、古来からの法度によって譜代の儀や親子の多くの儀といい、意のままにはならない。いよいよその方の覚悟を見届けたので引き立てるが、心配しないようにと伝える。棟別・段銭・人足についての三ヶ条は何処の国でも法度で有り、手元に置いてはならない(免除しない)といい、木呂子新左衛門に大塚郷を任せるについて細かく申し遣わすので分別を以て致すべきと伝える。 | 「上田長則判物写」12—六二五、戦北二三三八 |
| | | 長則、木呂子新左衛門に先の三ヶ条(棟別・段銭・人足)は公の事なので伝えたが、これは(免除する事)秘め事なので別の書付を出したという。 | 「上田長則朱印状」12—六二六 戦北二三三九 |
| 5 | 23 | 北条氏邦、大道寺政繁に滝川一益の厩橋城在城を伝え、五日の内に鉢形城大普請を行うという。 | 「北条氏邦書状」6—一一二二、戦北二三四二 |
| 5 | 24 | 瀧川一益、梶原政景に書を送り、政景の来訪を待つと伝える。 | 「瀧川一益書状写」6—一一二三 |
| 5 | 25 | 由良国繁、伊達氏家臣の遠藤山城守(基信)にこの度関東仕置きのため滝川一益が厩橋城に在城、由良近くであるが総てに申し合わせており心配ない事、先に申し上げた如く、遠国にあろうとも相応の御用を承る所存、上野の事は北条と申し合わせて京都の織田へ申し上げている等を伝える。 | 「由良国繁書状」群7—三一一六 |
| 6 | 2 | 【本能寺の変】明智光秀が信長の本陣を攻め、織田信長自害。 | 「羽柴秀吉書状写」6—一一三〇 |

| | | |
|---|---|---|
| | 皆川広照、宇都宮国綱に北条勢は沼田へ進攻し、新田近くに在陣の模様などの噂を先に伝えた事、徳川家康が沼田城を北条氏に渡すとされたが真田が同意していないという噂がある等を伝える。 | 「皆川広照書状写」群7－三二二八 |
| 6 3 | 太田道誉、宇都宮国綱に書を送り、北条氏直の沼田進攻を伝え、来秋の調義に備えるよう伝える。 | 「太田道誉書状写」6－一一二四 |
| 6 5 | 里見義頼、太田父子に信長死亡。北条氏直出陣が北条氏から伝えられたので、加勢を依頼する事。上方の様子、信州・甲州・駿州の事、越後の事の情報を求める。 | 「里見義頼書状写」12－六二七 |
| 6 11 | 北条氏政、深谷に居た狩野一庵より、二日の本能寺の変で織田信長死すの情報到来を早飛脚で滝川一益に伝え、厩橋城を固める事が大切。この際、滝川へ逆臣を考える者はいないだろうが、小さな事でも北条氏政父子に相談して欲しいと伝える。 | 「北条氏政書状」6－一一三〇、戦北二三四七 |
| 6 13 | 羽柴秀吉、明智光秀を山崎の戦いで討つ。 | 「羽柴秀吉書状写」6－一一三〇 |
| 6 16 | 長井政実、飯塚氏に阿久原・渡瀬・その他平手の者の北谷片切への近づきを禁止し、その取り締まりと、北谷の者に鑓・弓を用意する事を命じる。 | 「長井政実判物」6－一一〇六、鉢四－101 |
| 6 18 | 北条氏直、倉賀野へ出陣。 | 「某書状写」6－一一三三 |
| | 金窪合戦。北条氏邦、滝川一益と戦う。氏直本庄城に入る。滝川勢勝利、首六百余討ち取り。 | 「某書状写」6－一一三三<br>『石川忠総留書』8－四九九頁 |
| | （この日カ）この合戦で岩田平蔵吉張・岩田河内守佐岩田邦清が討死。 | 『岩田家系録』国立公文書館公開資料 |
| 6 19 | 再び神流川合戦、滝川勢総社と箕輪の間まで敗走。箕輪城代内藤昌月、北条に従属し、氏邦入城。沼田城は真田が押さえ矢沢頼綱が入る。 | 「某書状写」6－一一三三、「石川忠総留書」8－四九九頁 |
| | 北条氏直が川中島を手中に出来れば高井・埴科両郡を屋代越中守に与え、水内・更科両郡は出浦対馬守と室賀兵部に与えると約す。 | 「北条氏直書状写」戦北二三五〇 |
| 6 20 | 佐野の長尾宗綱の臣、天徳寺宝衍、佐竹義重に和田（高崎市）にて鉢形勢と出会い合戦し、多数打ち取りと伝える。 | 「天徳寺宝衍書状写」6－一一三一 |
| 6 21 | 北条氏邦、岩田河内守の十八日の神流川合戦の高名を賞す。 | 「北条氏邦感状」6－一一三二、戦北二三五一、鉢二－116 |
| | 北条氏直、堤左近の十八日上州における合戦での高名を賞す。 | 「北条氏直感状写」鉢四－123 |
| 6 22 | 北条家、大乗寺領・うは嶋・川嶋・白井村・大戸と高山遠江守等に禁制を発し、百姓達に還住を命じる。奏者は氏邦。 | 「北条家禁制」6－一一三四～七、12－六二八・六二九、鉢一－52 |

| | | | |
|---|---|---|---|
| | | 北条氏照・氏邦は連署して伴野善九郎（信蕃）に本領と他の地をこの度の忠信により新恩として望みより与える事。碓氷峠進攻については先駆けを行う事、遅参すればこの証文は無しにする事などを伝え、忠信を要請する。 | 「北条氏照・氏邦連署書状写」6－一一三八、戦北二三五八、鉢二－76 |
| 6 | 24 | 北条氏政、拼和伊代守に神流川合戦で氏直が大勝利。滝川勢三千人討取りと伝える。 | 「北条氏政書状写」戦北二三五九 |
| 6 | 25 | （この年カ）北条氏政、上田宗調に大方の煩いについて、書状を貰った礼と、長年の疲労がたまった事、さらに頼りなくなったが、保養については心して行い最近は良くなった事、武田勝頼の自害については仕方ない事であるが、甲斐との境目に変更があってはこれまでの北条の苦労が無になる等と伝える。 | 「北条氏政書状」6－一一六七 |
| 7 | 3 | 徳川家康、甲斐に進攻。 | 『史料綜覧』巻十一－三五一頁 |
| 7 | 8 | 岩付城主太田源五郎没。 | 『北区史』、黒田一九八八 |
| 7 | 9 | 真田昌幸、北条氏に従属。使いの大役を果たした信濃衆の日置五左衛門に上野小島郷（高崎市）を宛行う。 | 「北条家朱印状」戦北二三六七 |
| 7 | 12 | 北条氏直、信濃の海野に進攻。 | 「黒澤繁信書状写」6－一一五二 |
| 7 | 13 | 北条家は諏訪高嶋城の諏訪頼忠が北条に帰順した事で、知行と在城を諏訪頼忠と知野右兵衛に任すと伝える。 | 「北条家朱印状」戦北二三六九 |
| 7 | 15 | 北条氏直、渋川白井の将赤見山城守他に北条氏への与力申し出に対する人名簿を確認し知行宛行を約す。 | 「北条家朱印状写」6－一一四六 戦北二三七六 |
| 7 | 18 | 黒沢繁信、金山城衆中に、氏直が十二日海野へ進陣。信州の国衆、真田・高坂・塩田など十三人衆も十三日氏直の元に出仕して信州は北条支配となった事、数日の内に甲衆へ出立などを伝える。 | 「黒沢繁信書状写」6－一一五二 戦北二三七七 |
| 7 | 23 | 松田憲秀、山口重明父子の滝川一益と戦った前橋での合戦（六月十九日の合戦カ、六月二十一日の堤左近宛氏直感状も有り、前橋衆二人打ち取りの高名）の高名を賞し、相模奈良澤郷二百貫文を宛行う。 | 「松田憲秀朱印状写」6－一一五三 |
| 7 | 26 | 北条家、真田忠信による人質差し出しの功により昌幸弟・矢沢頼綱に千貫文宛行、大熊五郎左衛門に七百貫文を宛行う。 | 「北条家朱印状」12－六三五・同（写）12－六三六、戦北二三八三 |
| 7 | 28 | 北条氏邦、赤見山城守に旧領を安堵。直参に取り立てる事、被官百姓を集め奉公する事求める。 | 「北条氏邦判物写」12－六三七 戦北二三八六 |
| 8 | 1 | 梶原政景、岡本元悦に書状を送り、近頃、安房の様子がいっこうに聞こえ | |

| 月 | 日 | 事項 | 出典 |
|---|---|---|---|
| | | てこない。北条は、信州小諸に在陣中で、越後（上杉謙信）も川中島に在陣。能登・加賀・越中の事は申すに及ばず、信州も過半が本意に属した。徳川家康も甲州へ進攻し、北条の陣近くに張陣している。この上は何を為すべきか、安房口の様子は詳細が判らない事、おって、別に申し入れるとおり聞き届けお取り成しをと伝える。 | 「梶原政景書状」6―一一五四 |
| | | 北条家、与野の立石甚左衛門と百姓中へ今年の十分一銭は八月末までに岩付の恒岡・佐枝・立川の渡す事を命じ、日限を守らない者には法度に基づき課徴金を仰せつけるという。 | 「北条家朱印状写」6―一一五五 |
| 8 | 8 | 北条氏邦、赤見山城守への氏康からの証文を確認、一カ所宛行を約す。 | 「北条氏邦判物写」12―六三八、戦北二三八八 |
| 8 | 9 | 北条氏邦、諏訪神社神主守矢信真に北条氏直の御静謐と北条の天下静謐の祈願を謝す。今般諏訪頼忠と申し合わせているが、諏訪神社にもよろしく頼む事などを伝える。 | 「北条氏邦書状」6―一一五六、戦北二三八九 |
| 8 | 12 | 北条氏忠が甲斐都留に進攻したが、黒駒で徳川勢と合戦し大敗。氏直救出計画が頓挫。 | 『家忠日記』国立公文書館デジタルアーカイブ資料 |
| | | 高城胤辰、北条勢が若神子に張陣、家康は府中と新府城に二～三千人在陣。若神子との間は六～七里で毎日鉄炮合戦している事。徳川は無衆で、北条勢は大軍の上、上甲信の衆が悉く味方となり勝利間違いなしと伝える。 | 「高城胤辰書状写」戦北二三九〇 |
| 8 | 16 | 上田長則、本郷宿町人衆に山ノ根そのほかの者が他郷の市へ諸色を出荷する事を禁止する。荷物と馬を押さえるだけでなく打ち殺して良いと伝える。 | 「上田長則朱印状」6―一一五七<br>戦北二三九四 |
| 8 | 17 | 北条氏直は若神子で新府城に布陣した徳川家康勢と対陣。氏直が行き詰まった事。ここで勝利しなければ、当方滅亡しかない。分国中の男子をかり集め、五から七日の内に甲州へ出馬する。今は甲府へ三十里の内にいて、氏政が出陣した。敵の敗北は疑いない、中村は佐倉衆を同道して直ぐの出陣等を原胤栄に伝える。 | 「北条氏政書状」戦北二三九五 |
| 8 | 21 | 北条氏邦、山崎弥三郎の阿形岩の戦功を賞し、野上用土分など一貫三百五十文の手作地を宛行。 | 「北条氏邦朱印状写」6―一一五八、戦北二三九八、鉢二―107 |
| 8 | 22 | 北条氏直、山本与太郎他に甲州北谷表の戦功を賞す | 「北条氏直感状」6―一一五九～六一、戦北二三九九～二四〇一 |
| 9 | 1 | （この年カ）黒澤繁信、足利の鑁阿寺に帯刀宛の書状は北条安房守氏邦にお見せし申し上げた。寺を守る事を命じられたが朱印状も出さず、僧 | |

| | | | |
|---|---|---|---|
| | | も一人も置かないで、近隣の軍勢が荒らし放題であったが、これからは僧を置いて守らせる事、黒澤自身は鉢形城の留守居役として在城するがこちらの動静で心配もあり、昨日着陣した。御用があれば相談に乗るなどを伝える。 | 「黒澤繁信書状」戦北四一一八、6—付四四 |
| 9 | 9 | 北条氏邦、中山玄蕃頭に養父岩田彦次郎跡を相違無く宛行う。 | 「北条氏邦朱印状写」12—付一八六、鉢三—107 |
| | | 北条家は信濃彌津領分に北条方の物資確保のため諸将の証人を召し寄せた事、そこで彌津領の商人も来て商売を致すべきで、市場の仕置きは売手買手の思うまま、道中の関銭や諸役は免除している等を伝え、領分の商人に来るように申し伝える事と言う。 | 「北条家朱印状写」戦北二四〇九 |
| 9 | 19 | 北条氏邦、岩田玄蕃頭（家清）に瀧上河端屋敷（長瀞町）・金尾山養父岩田彦次郎（吉次）屋敷跡（寄居町）を安堵。 | 「北条氏邦判物写」『岩田家系録』6—一一六四、戦北二四一四、鉢三—99 |
| 9 | 28 | 徳川家康、真田昌幸に上野の旧長野氏の領地、甲州に二千貫文他、諏訪郡知行を約す。 | 「徳川家康宛行状」群7—三一八二 |
| 9 | | 北条氏大戸城を攻略。多目周防守・冨永主膳入城。 | 『加澤記』 |
| 10 | 3 | 先の松山城主、上田朝直案独斎宗調没。（光賢院殿宗調、六十七歳） | 『浄蓮寺過去帳』 |
| 10 | 5 | 佐竹義重、昨年以来上野只木山に出陣し、新田・館林両城を攻め、郷村に放火と上杉景勝に伝える。 | 「佐竹義重書状」12—六四五 |
| 10 | 14 | 北条氏邦、女淵地衆に女淵郷は新田の由良と館林の長尾に宛行われたと伝える。 | 「北条氏邦書状」『金山城と由良氏』一—三四〇 |
| 10 | 11 | 北条氏政、氏邦に返事を出し、佐久の面々が人質を出した。これにより真田に集まった人々も引き離れる事であろう。子細はどのようであれ合戦の是非の際でも勘に及ばず急ぎ取りなすべきで、沼田表・岩櫃表の寄居の事は余す事無く詳しい様子を伺いたい事。又どのような事であっても、衆議をもって能々究明する事は、当陣の吉事となる事等、将来の得失を考え、たとえ譜代相伝の地でも当家の滅亡には変えられない事。塩味の前に申し立てをしてはならない事等の苦言を伝え、真田の事・小幡出仕の事・佐竹の出陣の事など事細かに教示している。 | 「北条氏政書状」6—一一六九、戦北二四三〇、鉢二—46 |
| 10 | 22 | 真田逆心と伝え、大戸入道に佐久郡の仕置きに北条道感他五千人を派遣したので安心して欲しい事、大戸は吾妻へ出陣を致す事を命じる。 | 「北条氏直書状」6—一一七二、戦北—二四三三 |

| 年 | 月 | 日 | 事項 | 出典 |
|---|---|---|---|---|
| （天正10） | 10 | 25 | 北条家、真田逆臣を受け、北条に与した禰津昌綱に海野領内四千貫を宛行。 | 「北条家朱印状」6—一一四八、 |
| | | | 真田への対処の為、猪俣邦憲を信州境内山城に移らせ、防備させる。 | 「北条家朱印状」6—一一七三 |
| | 10 | 27 | 徳川と北条の同盟成立。若神子在陣中の徳川家康、梶原政景に書状を出し、信州での北条との戦いについて、織田信長の子・信雄からの和睦勧告が有り、信長には恩義があるので和睦すると伝える。 | 「徳川家康書状写」6—一一七四、 |
| | 10 | 28 | 北条氏邦、真田氏と沼田の森下で合戦。 | 「北条氏邦感状」戦北—二四九六 |
| | | | 「櫻井武兵衛武功書」に森下攻めに際して藤田大学頭と首二つの武功を挙げたと記され、「清水正花武功覚書」には、沼田の出城窪田（森下）城攻めで手傷を負い、藤田大学に預けられ、当地で療養した事が記される。 | 「桜井武兵衛武功書」群7—三六九三、「清水正花武功覚書」群7—三六〇四 |
| | 11 | 5 | 北条氏直、大道寺政繁を小諸城代に充て、倉賀野淡路守に同心衆の内から選んで大道寺の元での小諸城番を命じる。 | 「北条家朱印状」6—一一七七、戦北—二四四一 |
| | 11 | 8 | 直江兼続、梶原政景に上方の様子、家康・氏直の様子等情報を求める。 | 「直江兼続書状」12—六五〇 |
| | 11 | 22 | 北条氏直、甲州から帰国して以来の無沙汰をしたと岩田玄蕃に書状を出し、長の甲信出陣を労う。 | 「北条氏直判物写」岩田家系録15、鉢三—108 |
| | 12 | 7 | 梶原政景、佐貫の里見陣所に書状を出し、徳川と北条の和睦を伝える。 | 「梶原政景書状写」12—六四九 |
| | 12 | 9 | 北条家、奈良梨に七カ条の伝馬掟を下す。三カ年は一日に三匹、北条氏出馬の時は十匹とする。 | 「北条家伝馬掟」6—一一七九、戦北二四五〇 |
| | 12 | 27 | 横地吉晴、児玉間瀬谷の屋敷について竹木伐採禁止の制札を出す。 | 「横地吉晴制札」6—一一八〇、鉢四—70 |
| | | | 北条氏照は甲斐の宮谷衆中の小坂新兵衛に武蔵へ移る事について、村山の内、立川分を定めておいた、安心して移り住む事等と伝える。また、天野宮内右衛門尉にも移り住む場所を堪忍分として森下分を差し上げると伝え急ぎの出馬であり、まずは住居を与え本意の上改めて相談するという。 | 「北条氏照朱印状」戦北二四五八<br>「北条氏照書状写」戦北二四五九 |
| （三嶋暦） | ⑫ | 5 | 恒岡資宗と佐枝信宗は井草郷の牛村助十郎に井草郷水害で政所免・堤免を預け、来春田口伊与守と談合の上修理する事などを伝える。 | 「恒岡資宗・佐枝信宗連署状写」戦北二四六三 |
| | ⑫ | 20 | 足利義氏没（長山善公香雲院享年四十三才・京暦十一年一月二十一日） | 『史料綜覧』巻十一—三八八頁 |
| | ⑫ | 24 | 北条氏邦、この度の忠信を期待し、森下城大曲輪を任せるので新木河内守らに十九人と他二百四人に糸井・森下（昭和村）・久屋・沼須（沼田市）を奪い、馬上衆が十貫文ずつ、徒衆は三貫文ずつ扶持にするよう伝え、よく相談して忠信を遂げるよう申し渡し、この度中山を攻略、すぐに倉内も攻め、大手は南雲地 | 「北条氏邦朱印状写」戦北二四六七<br>6—一〇九五、 |

| | | | | | |
|---|---|---|---|---|---|
| 一五八三 | 天正11 | | | 衆の伊藤を来させる事、進退については望みのように出して置いたと伝える。 | |
| | | 1 | 5 | 酒井忠次から梶原政景に今後は徳川への取り次ぎを仰せつけられたので昵懇にと伝える。 | 「酒井忠次書状」6―一一九八、 |
| | | 1 | 6 | 北条氏直、足利義氏の死去に伴う香典(三万疋(三十貫文)を届ける。 | 「北条氏直書状」6―一二〇〇 |
| | | 1 | 7 | 北条氏邦、垪和康忠に、箕輪領小鼻輪は稲荷山禰宜の申すところで、武田勝頼の證文に明らかである事を伝え、勝頼の朱印状をさし添えて差し上げると伝える。 | 「北条氏邦書状」6―一二〇一、戦北二四七九 |
| | | 1 | 9 | 北条氏直、和田左衛門尉昌景に永禄十二年の武田信玄證文に拠って抱えてきた倉賀野治部少輔分の所領を安堵。 | 「北条氏直判物写」戦北二四八二 |
| | | 1 | 11 | 北条氏直、後閑刑部少輔に武田家以来抱えて来た後閑の内の五百貫文の所領を安堵。本領については、武田支配の時以来小幡が抱えてきたが、永禄十年武田との申し合わせで後閑に差し上げたものという。 | 「北条氏直書状」戦北二四八三<br>「北条氏直書状写」戦北二四八四 |
| | | 1 | 13 | 久喜の甘棠院で足利義氏の葬儀が行われる。 | 『戦国時代年表』後北条氏編 |
| | | 1 | 17 | 北条氏政父子、石倉城を攻める。 | 「北條芳林書状写」6―一二〇八、 |
| | | 1 | 21 | 北条氏邦、岩田玄蕃に三峯山中の事ついて実否の報告を求める。 | 「北条氏邦書状写」岩田家系録15、鉢二―109 |
| | | | | 北条氏邦、尻高源次郎に本領として尻高(高山村)を安堵。中山で忠節を尽くせば家中衆の相続についても援助するという。 | 「北条氏邦判物写」戦北二四八八 |
| | | 2 | 2 | 北条氏直、冨岡秀長に淡島へは早急に進攻するので三日の内に落す事が出来る。即普請するので五日の内には暇が出来、利根川を越えて、厩橋へ進攻し(北條への)仕置きを行うと伝える。 | 「北条氏直書状」戦北二四八九、 |
| | | 2 | 9 | 深谷市横瀬の華蔵寺の棟札に「上野国新田庄勢多郡横瀬郷心王山華蔵寺大乗院」と記され大旦那として由良信濃守国繁の名がある。これにより、横瀬地区はかって上野国新田分であった事が知られる。 | 「華蔵寺棟札銘」9―一―四―一〇八 |
| | | 2 | 13 | 北条氏邦、榛名山別当に箕輪城堅固等諸願成就願い一所宛行を約す。 | 「北条氏邦判物」6―一二〇五、 |
| | | 2 | 14 | 北条氏、小諸城を自落。禰津昌綱・望月氏等が占拠。 | 「上杉景勝書状」上別Ⅱ―二六六二 |
| | | 2 | 15 | 北条氏邦、沼田森下城攻めの荒木主税助と須田加賀守の高名を賞す。須田氏には沼田本意の上は必ず引き立てるという。 | 「北条氏邦判物」6―一二〇六、<br>「北条氏邦判物写」6―一二〇七 |
| | | 2 | 19 | 厩橋城主北條芳林(輔広)、上杉景勝の臣上條宣順に書状を出し、北条氏直の信州・甲州進攻や新府城における徳川家康との長の対陣、和睦。続 | |

| 月 | 日 | 事項 | 出典 |
|---|---|---|---|
| | | いて氏政父子の上野進攻、白井在陣。一月十七日には石倉城を攻め、八日は上野善養寺表に在陣したが防戦堅固にて差し支えなく、新田境の五六ケ所の砦は今も堅く守っているので安心して頂きたい事。佐竹・結城・宇都宮が後詰めに佐野・皆川間に出陣と太田道誉父子から伝えられたので、北条勢は暫時退散するという噂が聞こえているなどを伝え、上杉景勝に与力するので越山を要請する。 | 「北條芳林書状写」6－一二〇八 |
| 2 | 28 | 北条家、両後閑（刑部少輔・宮内少輔の二人）に百人の着到を定める。 | 「北条家朱印状」戦北二五〇〇～一、 |
| | | 和田左衛門尉昌繁に四十人の着到を定める。 | 「北条家朱印状写」6－一二〇九 |
| | | 北条氏邦、箕輪在城を伝え、玉村城主宇津木下総守氏久の与力を望み、返事次第での知行方を伝える。 | 「北条氏邦書状」6－一二一〇、戦北二五〇二 |
| | | 上田城の栗林政頼、直江兼続に北條輔広が北条へ味方という風聞が有り、女淵城に鉢形勢入城という。 | 「栗林政頼書状」6－一二一一 |
| 3 | 2 | 北条氏政、北条氏邦に大戸城取り立てたが、そこは険難な地かと尋ねる。 | 「北条氏政書状写」6－一二一二、鉢一－58 |
| 3 | 5 | 上田長則没。（妙賢院殿蓮調、五十歳） | 「浄蓮寺墓碑銘」「浄蓮寺過去帳」 |
| 3 | 16 | 上杉景勝、上条宜頼に越中の出陣について船が不調で留まっている事、魚津は堅く守っている事、藤田信吉と談合して励むよう伝える。 | 「上杉景勝書状写」12－六六六 |
| 3 | 19 | 北條芳林、上條宜順に北条の沼田城進攻を伝え、景勝の出陣を要請する。 | 「北條芳林書状」6－一二一四 |
| 3 | 24 | 北条氏照、武田家旧臣の天野宮内右衛門・佐渡入道に度々の陣触であるが、この度は小山に在陣を申しつけるので、風雨でも二十八日までに栗橋城へ着到するよう伝える。 | 「北条氏照書状」6－一二一五、戦北二五一五 |
| 3 | 30 | 北条氏直、中山地衆・沼田浪人等五十七人を赤見山城守に預ける。 | 「北条氏直判物写」戦北二五一七 |
| 4 | 1 | 佐竹義重、北条氏直が皆川に在陣していたが、二十七日に出陣したところ、氏直は退散した。そこで作戦を立てて敵を八方塞がりにするためにも景勝の出陣を要請する。そうなれば関東は静かになるという。 | 「佐竹義重書状」上別Ⅱ－二七一八 |
| 4 | 10 | 北条氏邦、沼田城攻略近き事を伝え、須田源介に七貫五百文宛行。館林・南雲の番を申しつける。 | 「北条氏邦朱印状」6－一二一九、戦北二五二一 |
| 4 | 13 | 真田昌幸、この頃海士渕（上田城）取り立て。 | 『上杉家御年譜』「上杉景勝書状」上別Ⅱ－二七二七 |
| 4 | 23 | 北条氏邦、山崎弥三郎に野上用土分から手作場一貫三百五十文を与え、出陣時には扶持を鉢形で受け取る事、奉公次第の増給を伝える。 | 「北条氏邦朱印状」、鉢一－49 6－一二二一、戦北二五二七 |

| 月 | 日 | 事項 | 出典 |
|---|---|---|---|
| 夏カ | | このころ、北条氏房、岩付領を継ぎ、岩付城主となる。 | 黒田二〇一五 |
| 5 | 10 | 北条氏邦、赤城神社の神主奈良原紀伊守に使者としての活躍に本意の上は倉内でも、鉢形でも望みの地を一ヶ所寄進すると伝える。 | 「北条氏邦朱印状」 戦北二五三四 |
| 5 | 16 | 糟尾寿信、氏邦箕輪城在城時の病に際して投薬・介抱などの功績と、薬の勉学に励んだ努力等を認め、黒澤伊与に一字を与え、養信と名乗らせ医師と認める。 | 「糟尾寿信判物写」6―一三二、戦北二五三六、鉢四―66 |
| 5 | 17 | 北条氏邦、赤見山城守が忠信を尽くし、氏康の證文も所持している。信州が徳川に渡され、赤見一類は北条領へ移り、松井田に屋敷共二貫文を与えているが、信州で与えられた扶持給などを失い、困窮している。小田原参府に当たり、調査の上で更に扶持を下されるべきと垪和康忠に伝える。 | 「北条氏邦書状」6―一三三 戦北二五三七 |
| 5 | 25 | 北条氏照、青梅の並木弥七郎・新田孫七郎に書出を与え、急ぎの出馬であり、軍法の通り夜中でも触のあったところへ集まる事、氏照が評定の為小田原に行くのでお供の為の出陣である。軍法は大切で、違反すれば切腹、配布した軍法に基づき間違いなく支度する事、手代の出陣は認めない。本人が参陣する事を申し渡す。 | 「北条氏照朱印状」12―六七五・六七六 戦北二五三九・二五四〇 |
| 6 | 3 | 北条氏直、氏邦に中山の番は日を限って替わるように伝える。 | 「北条氏直書状」12―六七八、戦北二五四二 |
| 6 | 4 | 北条氏邦、板鼻上宿町人衆に宿掟を発す。一、木戸番は六人宛、昼夜人改めをする。一、他所の見知らぬ者は留守の間は留めてはならない事。一、町人頭は毎晩人改めをする。一、火事を出さない事。一、横合い非分押し買い狼藉者は城に報告する事。一、日暮れ以降他所へ出入りしない事。一、宿の者は木草刈に出る時は何時も一カ所に集まり談合し筒貝などを持ち歩き、敵が出てきた時は法螺貝鳴り次第駆けつける事等を申し渡す。 | 「北条氏邦掟書」6―一三四、戦北二五四三 |
| 6 | 11 | 徳川家康、督姫の輿入れを七月として通知。また沼田・吾妻を北条に渡すとの連絡に氏政が謝意を伝える。 | 「北条氏政書状写」 戦北二五四七 |
| 6 | 17 | 矢沢頼綱、沼田城代として在城。 | 『信濃史料』一六―六六p |
| 7 | 15 | 上杉景勝、十七日に新潟を陣払いし、十八日に三条へ着陣した。五・六日人馬を休め、上野には五日中に作毛刈り取りに出馬する。越山の事は日がたってしまったが、その内佐竹などの東方衆への援軍の事は決めておきたい。藤田氏邦の所から倉内へ使者を出したところ、矢沢・金子を成敗したと言う事、 | 「上杉景勝書状」12―六八八 |

| | | | |
|---|---|---|---|
| | | 度々の忠信が明らかで感謝していると北條弥五郎(高広)・北條安芸入道(芳林高広)に飛脚便で伝える。 | |
| 7 | 28 | 北条氏房、井草郷(川島町)に天正十一年の棟別銭一貫五百文(十五軒分)を八月二十四日までに恒岡・佐枝に納入を命じる。 | 「北条氏房朱印状写」6—一二二八、戦北二五五八、 |
| | | 与野の立石甚右衛門と百姓中に、今年の十分一銭の一貫二百文を八月末までに納入を命じる。 | 「北条氏房朱印状写」6—一二二九、戦北二五五九 |
| 7 | 29 | 前田玄以、太田道誉に秀吉への御礼は伝達した事、直ぐに返事が為された事、これからは御用を仰せつけられるが、疎略があってはならないなどを伝える。 | 「前田玄以書状」12—六八九 |
| | | 羽柴秀吉、太田道誉からの書状に返信し、信長死後の秀吉の働きを記した十一条の長文の書状を出し、道誉への旧交を確認し、今後も御用を仰せつけると伝える。 | 「羽柴秀吉書状写」6—一二三〇 |
| 8 | 8 | 利根川が大洪水で、関宿・柏戸(加須市北川辺)等では堤防決壊、幸島も交通が途絶える。古河城はどうにか無事と北条氏照に伝え、古河の姫は栗橋に移ったという。 | 「足利義氏遺臣等連署書状写」6—一二三一、戦北四五二一 |
| 8 | 17 | 北条氏規、徳川家康に督姫の婚礼の輿が十五日に着いた事、氏政が大変喜んでいる事、氏規が徳川への取次役を務めるなどを伝える。 | 「北条氏規書状写」戦北二五六六 |
| 8 | 20 | 厩橋城の北條高広が北条氏に降伏。那波顕宗先陣。 | 「北条氏照書状」12—六九二 |
| 9 | 16 | 北条氏政、小熊孫七郎の着到を改定。岩淵下郷領家十八貫五百文分、一本指物・一本鑓・一騎馬上の三人役。軍法・法度に背くは厳罰、少しも違わず準備する事を伝え、この支度は十月五日までにするようにと命じる。 | 「北条氏政朱印状写」6—一二三三、戦北二五七一 |
| 9 | 21 | 奈良梨は公方伝馬に走り回りに付、諸役免除と伝える。 | 「上田憲直朱印状」6—一二三四、戦北二五七三 |
| 9 | 23 | 北条氏邦、吉田政重に退転百姓で小島台へ還住のものには十年間諸役免除し、荒地を開発させる。開発した田畑は知行地として宛行うと約す。 | 「北条氏邦朱印状写」6—一二三五、戦北二五七四、鉢一—53 |
| 9 | | 横地吉晴、児玉八幡神社へ前代の如く社領を寄進 | 「横地吉晴社領寄進状」児二—三—四九二、鉢四—27 |
| 10 | 11 | 上総衆の酒井政辰は正木頼忠力に書状を出し、上野は残すところ無く北条に属し、厩橋もこの度は北条氏照様を頼み、十八日に出仕した。北條高広が城外へ出た際に城を受け取った。二十一日より今日まで普請を行い大方ができ | |

| 月 | 日 | 事項 | 出典 |
|---|---|---|---|
| | | 上がった。上州では沼田は家康より渡される事となった。佐野宗綱は三千余貫文の御礼銭を毎年進上する事となり、城はそのままと言う事になったが未だに決着していない。皆川（広照・広昭）・壬生（義雄）・下妻（多賀谷重経）・下館（水谷勝俊）は北条に侘びを入れてきており、皆川は略従臣と言う事である。この様な情勢であるから、今、従臣すれば真里谷城も正木大膳亮憲時の跡も望み次第になるのではないか。一族で相談し、氏照様か氏規様へなり共思う存分申し上げ、望みを叶えるべきであろう。この書簡は見たら焼いて欲しい。上総・下総・安房衆の赦免について詫びを入れる者は一人もおらない事などを伝える。氏規様に取りなしを頼むのが良いのではないかと伝える。 | 「酒井政辰書状写」12－六九七、戦武四一九二 |
| 10 | 29 | 北条家は足利学校に禁制を出す。 | 「北条家禁制写」戦北二五八四 |
| 11 | 8 | 北条家、冨岡六郎四郎（秀長）に金山本意により総社領内大米分・大蔵分等を与えると伝える。 | 「北条家朱印状写」12－六九八 |
| 11 | 10 | 高萩新宿を二・七市とし、市法度三カ条を発給する。 | 「北条家朱印状写」6－一二三八、戦北二五八八 |
| 11 | 29 | 北条氏照、北條高広に書状を出し、今日栗橋に着城。膳城は一曲輪普請が出来た事満足。山上城は音信不通で不審。木戸寿三から狩野一庵への書状には、使者で返事をしたが北条氏直への従属で相違無いこと、毛利父子（北條高広父子）においても相違無く和睦に手加減があってはならない事。佐竹は小山表に在陣等を伝えると共に、西上州の兵糧について分国中で十疋宛の朱印状を出す事については大途の印判が出されなかった事。厩橋の当番衆について伝馬がその宿へ申し付けられ不審なので、北条氏勝・垪和伊予守に連絡を取り、改めて氏照から飛脚にて申し届ける事、林は表裏者であり注意などを伝える。 | 「北条氏照書状写」12－六九九、戦北二七四二 |
| 12 | 1 | 新田・足利・館林の家中が一緒になって十一月二十七日にその地（冨岡氏の小泉城カ）を攻めたが、防戦し、勝利した事は心地よく、さらに油断なく。氏邦の陣が近くにあり万事相談する事。氏直より玉薬・矢を送る。 | 「北条氏直書状」戦北二五九一 |
| | | 秩父左近、北条家奉行人として河津代官に鉛砂二駄の採取を許可。 | 「北条家朱印状」6－一二三九、鉢二－70 |
| 12 | 6 | 小泉城へ大藤政信と鉄炮衆を派遣。 | 「北条氏直書状」戦北二五九五 |
| | | 宇津木氏久に近隣の足軽を集め一刻も早く今村城へ移り、那波の指揮の下 | 「北条氏直書状」戦北二五九四 |

| 西暦 | 和暦 | 月 | 日 | 事項 | 出典 |
| --- | --- | --- | --- | --- | --- |
| | | | | に働くよう伝える。 | |
| | | 12 | 15 | （この年カ）氏照、那波顕宗の師・堀口（伊勢崎市）での活躍を賞す。この中で、北条が後詰めに十日小田原を出陣し、藤岡へ移り、忍衆も過半移り、氏照自身も三日の内に出陣。佐野・皆川へ向け軍事行動を取ったところ、敵は夜逃げし、敗北したと伝える。 | 「北条氏直書状」6―一六六三、戦北二七五四 |
| | | 12 | 17 | （小泉城の冨岡秀長にカ）十三日に佐竹義重敗北との注進状を見た事。小泉城の堅固の仕置き故で、早々の退散となったと伝える。 | 「北条氏直書状」戦北二五九九 |
| | | 12 | 21 | 北条氏房、内山弥右衛門尉に今年の扶持給永六貫文を佐枝信宗・恒岡資宗から二十八日までに受け取る事を命じる。 | 「北条氏房朱印状写」6―一二四〇、戦北二六〇五 |
| 一五八四 | 天正12 | 1 | 7 | 北条氏直、後閑刑部少輔らに厩橋城の番衆として移り、北条氏勝が移っているので万事相談する事を命じる。 | 「北条氏直書状」戦北二六一四 |
| | | 1 | 10 | 成田氏長、北条氏直に年始として太刀・鳥目（銭）二百疋（二貫文）等を贈り、氏直これに礼状を出す。 | 「北条氏直書状」12―七〇三、戦北―二六一六 |
| | | 1 | 25 | 北条氏政、氏邦に氏直が定めた事に基ずき動く事で、動きのない事をもどかしく思う事、備え無く動くのではなく。船橋でき次第兵を動かすことという。 | 「北条氏政書状」戦北二六二一、6―一二八三 |
| | | 2 | 8 | 北条氏房、昨年の大普請役不使用分として井草郷細谷三河守分五人と八林郷道祖土図書助分一人の百姓中に箕田郷（鴻巣市）の堤防普請のため十日間の出役を命ず。朝は日の出から夕は日の入りまで、一日遅れれば五日加算が惣国の法という。 | 「北条氏房朱印状写」6―一二四一～四二、戦北二六二二～三 |
| | | 2 | 12 | 北条家は厩橋城に北条綱成、遠藤政秀ら七人と兵五百六十四人を置く。 | 「北条家朱印状」戦北二六二六 |
| | | 2 | 13 | 北条家は中瀬郷（深谷市）の百姓中に召返しを命じる。 | 「北条家朱印状写」6―一二四四、戦北二六二八 |
| | | 2 | 16 | 上野の大戸城普請、松井田衆の本領分人足延べ九十人申しつける。 | 「北条家朱印状」戦北二六三〇 |
| | | 2 | 26 | 北条家、来月出馬を行うと伝え、急ぎの準備命じる | 「北条家朱印状」6―一六一八、鉢二―29、三―110 |
| | | 2 | 29 | 北条氏直、小泉城の冨岡対馬入道に二十四日佐野衆が小泉城へ進攻したが敵を追い崩し、多数討ち取り・生け捕り・武具・馬具を多く奪った事は感悦と伝え、鉄砲玉薬を送るという。 | 「北条氏直書状写」戦北二六三六 |
| | | 3 | 3 | 北条氏房、川口安行の金剛寺に対して、黒川氏の證文により古くから寄進された寺領と確認し、また、太田資正の証文によっても確認され、横合い非分が | 「北条氏房朱印状写」6―一二四六、戦北二六四〇 |

| 月 | 日 | 事項 | 出典 |
| --- | --- | --- | --- |
| | | あってはならない事とする。 | |
| 3 | 4 | 北条氏直、新田・館林・足利が相談してその地（冨岡の小泉城）に攻撃してきたのを撃退した冨岡秀高の高名を賞賛する。近日中に出陣するが油断をしないようにと伝える。 | 「北条氏直書状写」戦北二六四二 |
| 3 | 11 | 北条氏房は宮城美作守泰業に対し垪和康忠・板部岡融成二名を送り、豊田和泉守への借銭催促について、その催促使が豊田の知行分において打ち殺された事は前代未聞であり、その豊田は菖蒲領へ移った事について、その実否は計りがたい。子細はどうであれ、催促人への豊田の行いは法外のこと。知行召し上げ永代改易の上追放する事。以後分国内に徘徊しているのを見つけたら即、打ち殺すと言う処分を下す。 | 「北条氏房朱印状」戦北二六五一、6―一二四七、 |
| 3 | 18 | 北条氏直、急ぎ出陣。某氏に天候に関係なく二十六日までに本庄久々宇着陣を指示。 | 「北条氏直判物」6―一六七五、戦北二六五四、鉢四―23 |
| 3 | 21 | 北条家は入間郡戸口（坂戸市）の小代官・百姓中に正木棟別銭の麦の毎年の出分の内、初出分五俵を四月二十八日までに川越へ届ける事を命じる。これは御陣衆へくだされる分で日時を違わぬようにと言う。江戸宿・中野・阿佐ヶ谷にも出す。 | 「北条家朱印状」6―一二四八、戦北二六五八、二六五六～七、 |
| 3 | 23 | 氏邦、荒川郷只沢（深谷市）の百姓衆に荒れ地開発次第領地とし、地下人を集め開発する事。開発次第の知行を認め無沙汰と不開発は厳罰という。 | 「北条氏邦朱印状」6―一二四九、戦北二六六〇、鉢三―52 |
| 3 | 25 | 上田憲定出陣（下野足利攻めカ）と伝え、現栄院と宝泉院に寺領宛行。 | 「上田憲定朱印状」6―一二五〇 |
| 4 | 3 | （この年カ）北条家、木部宮内助貞朝・宇津木下総守氏久に作戦により、来たる十日前後に出陣予定を伝え、氏邦が鉢形を出陣するのでそれに併せて参陣する事、先に定め置いた人数は不足無く準備や軍支度も相違無いようにと伝える。 | 「北条家朱印状」戦北三七九〇 |
| 4 | 21 | 北条氏、足利城を攻める。 | 「北条氏勝感状写」6―一二五二、戦北二六六六 |
| 4 | 22 | 北条氏直、栃木小山表で佐竹勢と合戦。 | 「北条氏直感状」12―七一三、戦北二六六九他 |
| 4 | 23 | 北条氏直、徳川家康に九日の尾張岩崎の秀吉勢との合戦での勝利を祝す。 | 「北条氏直書状写」戦北二六六八 |
| 4 | 27 | 岡安兵庫助・久下兵庫助が二十二日の佐竹との合戦における小山表で高名に感状を与える。 | 「北条氏直感状」6―一二五五～六、戦北二六七二・二六七四 |
| 5 | 27 | 梶原政景、蘆名家の江南斎に書状を出し、下野藤岡で対陣（沼尻合戦）、双方 | |

| | | |
|---|---|---|
| | とも城のような陣を構え、北条勢の事なので詳しい事は解らないが、北条陣より多数の逃亡者があった事。敵味方共に大軍で北条勢を無衆の様に見る見方もあるが、相・武・上・両総・房の軍勢については自身で見ていないので、推量を過ぎないようにしているが、無二の戦いを急がれるべき等と伝える。 | 「太田道誉書状写」6―一二五九 |
| 5 28 | 北条氏直、五覧田城（みどりの市）を攻める。攻略・取立を条件に阿久沢彦次郎へ仁田山地内での領地宛行を約す。 | 「北条家朱印状」戦北二六七九 |
| 6 14 | 北条家は冨岡対馬入道（秀高）に小泉城への兵糧は忍領から古海（大泉町）へ運ぶので朱印を示したものは通過させる事と指示。 | 「北条家朱印状写」12―七一九、戦北二六八一 |
| | 北条氏直、（冨岡氏カ）に館林領・新田領内で二十一カ所を望みに任せ領地宛行を行う。その地（小泉城）は境目であり、昼夜の走り廻りに対して与えると伝える。 | 「北条氏直判物」戦北二六八二 |
| 6 18 | 太田道誉は岡本兵部少輔（氏元）に書状を出し、北条氏は上州へ出陣し、下野藤岡で由良・長尾・佐野の援軍に出馬した太田道誉勢と五十日程対陣、六月五日の合戦で北条勢を多数討ち取った事、互いに陣所を構えていたが長陣に及んでいる事、義重への誓詞も出しており、大望を果たすのはこの時等と伝える。 | 「太田道誉書状」12―七二〇 |
| 6 21 | 北条氏照、那波顕宗に小田城主梶原政景の帰属を伝える。 | 「北条氏照書状」6―一二六〇、戦北二六八三 |
| 7 8 | 羽柴秀吉、梶原政景に書を送り、氏直が常陸へ出陣し、佐竹はこれと対陣、佐竹義重の氏直攻略の勝利を祈り、秀吉の近江坂本出陣を伝える。 | 「羽柴秀吉書状」6―一二六一 |
| 7 13 | 阿久沢彦次郎、由良氏の五覧田城を三日に攻略。北条氏照、阿久沢彦次郎に普請人足を与え、普請させ守らせる。 | 「北条氏照書状」戦北二六八九 |
| 7 23 | 北条氏直、大藤政信に十九日に館林より古海へ進攻し、敵多数討ち取りの高名を賞し、佐竹義重は願い出たので、赦免し退陣させたと伝える。 | 「北条氏直書状」戦北二六九〇 |
| 7 26 | 北条氏規、酒井忠次に現在清洲在陣中かを聞き、秀吉が再び出陣との噂があり、本当かどうかを尋ねる。関東は佐竹の拠点の一つである岩船を十五日に攻略し、佐竹が面談について種々願い出ており安心をと伝える。 | 「北条氏規書状」戦北二六九一 |
| 7 吉 | 飯能市諏訪神社が再興され、大日那加治勘解由左衛門吉範、代官小室三右衛門。 | 「諏訪神社棟札銘」9―一―四―一一一 |
| 8 8 | 聖護院門跡、笹井観音堂領宮寺への玉林坊（さいたま市中尾）の違乱を止 | 「聖護院御門跡御教書」6―一二六六～七 |

| 月 | 日 | 事項 | 出典 |
|---|---|---|---|
| | | めさせ、所領を安堵。 | |
| 8 | 10 | (この年カ)逸見蔵人の子与八郎は法度に背き知行召上られそうになる | 「北条氏邦書状写」6—一七〇八、鉢二—45 |
| 8 | 12 | 北条家は急ぎの東口出陣に備え、後閑氏に準備と厩橋への参集を命じる。 | 「北条家定書」戦北二六九三 |
| 8 | 23 | 北条氏直、新田・桐生から深沢に向い出陣。阿久沢能登守高名。 | 「北条氏直感状」戦北二六九六 |
| 9 | 7 | (この年カ)金山城主横瀬国繁、長楽寺僧に、城中から兵が打ち出し、鉢形勢と合戦に及んだが、当方には石弓衆・鉄炮衆がいるので安心して欲しいと伝える。 | 「横瀬国繁書状写」『金山城と由良氏』四二一、鉢二—102 |
| 9 | 25 | 佐竹義重、小田城の梶原政景を攻める。北条氏直援軍を送る。 | 「北条氏直書状」6—一二六八 |
| 10 | 2 | 北条氏は遠山直景等十八騎五十七人を羽柴秀吉と小牧・長久手に対陣していた徳川氏への援軍として送る。 | 「北条家朱印状」戦北四九五八、12—七二九 |
| 10 | 12 | (この日カ)北条氏直、逸見氏に書状を送り、東口への出陣について、出陣途中で聞いた。一門家老などを総て出陣させた事、利根川を越えての三日目の出陣であるが、首尾次第で早い帰国もあり得る事、これより申し上げた事を氏照に申しあげると伝える。 | 「北条氏直書状写」12—付二〇七 |
| 10 | 16 | 北条家、下総衆の高城源次郎が簗田領内に貸した兵糧について徳政と称して返却を渋られている件について、簗田領のみに徳政を行う事はないと伝え、先の借用証にて返却をさせろと決定する。 | 「北条家朱印状」戦北二七二三 |
| 10 | 24 | 奈良梨は不入の地。棟別銭免除。 | 「上田憲定朱印状」6—一二六九、戦北二七二六 |
| 11 | 15 | 北条氏邦、中四郎兵衛に飯塚にいる三郎兵衛の土地は大串雅楽助分となると伝える。 | 「北条氏邦朱印状」6—一二七〇、戦北二七三三 |
| 11 | 17 | 北条家、宇津木下総守氏久に十人の鉄砲衆を与え、その扶持給八十六貫六百七十文とし、その内十五貫文は上紬十反、十三貫文は中紬十反とし、残りは都築太郎左衛門尉から受け取れと伝える。 | 「北条家朱印状」戦北二七三四 |
| | | 北条氏政は徳川家康と羽柴秀吉が和睦した事を聞き、大切な事で詳細を知りたく氏直から飛脚が送られると酒井左衛門尉忠次に伝える。 | 「北条氏政書状」戦北二七三七 |
| 11 | 23 | 皆川広照、足利長尾家臣免鳥城主の浅羽十郎左衛門尉に春以降北条氏直が下野に進攻し、皆川の城が攻められ、佐竹が後詰めとして出陣。その間に北条は陣を構え対陣しているが四月下旬より七月上旬まで勝負が着かなかった。北条氏照が和睦を申し入れ、互いに血判して決着(七月二十二日)したが、北 | 「皆川広照書状写」12—七三一 |

| 西暦 | 和暦 | 月 | 日 | 事項 | 出典 |
|---|---|---|---|---|---|
| | | | | 条はこれを違えて新田へ進攻した。前代未聞の扱い等と伝える。 | |
| | | 12 | 7 | 猪俣邦憲、美里町白石の光厳寺に亡父の遺志により、忍領白石村を不入地として寄進。 | 「猪俣邦憲判物」6―一二七一 戦北二七四六、鉢四―58 |
| | | 12 | 8 | 北条氏房、内山弥右衛門尉に今年の扶持給永六貫文を佐枝信宗・恒岡資宗から十五日までに受け取り精算するよう伝える。 | 「北条氏房朱印状写」戦北二七四七 6―一二七二 |
| | | 12 | 13 | 上田憲定、松山本郷の連雀商人等の棟別役永代赦免。 | 「上田憲定朱印状写」6―一二七三、戦北二七五二 |
| | | 12 | 30 | 北条家は館林高根寺へ禁制を出す。 | 「北条家禁制等」6―一二七四、戦北二七六一 |
| 一五八五 | 天正13 | 1 | 4 | 北条氏照、金山・館林両城を攻略、請け取り。氏直近日中に越河という。上州悉く本位は阿久沢彦次郎の忠信故という。 | 「北条氏照書状写」12―七三八、戦北二七六二 |
| | | 1 | 11 | 北条氏直、足利城主の長尾新五郎顕長に昨日の面談に満足したと伝える。 | 「北条氏直書状」6―一二七五、戦北二七六六 |
| | | 1 | 13 | 北条家、北条氏邦を奉行として高根郷（館林市）に禁制を出し、百姓の早々の還住を命じる。 | 「北条家禁制」6―一二七七、戦北二七六七 |
| | | 1 | 14 | 北条家は幸手城主一色直勝に、利根川東に在陣中は渡船往還を禁止し、舟を引き上げ、舟橋は一箇所にする事を命じる。<br>足利・桐生城主長尾顕長に、河東在陣中の赤岩・酒巻間の渡船往還禁止と舟橋一箇所に定め、舟の引き上げを命じる。 | 「北条家朱印状」6―一二七八、戦北二七六九<br>「北条家朱印状写」6―一二七九、戦北二七六八 |
| | | 1 | 18 | 北条家の命を受けた長尾顕長は赤岩・酒巻間の渡船について許可無く通行を禁止。油断すれば処罰すると小菅・宮内両名に伝える。 | 「長尾顕長判物」6―一二八〇、戦北二七七一 |
| | | 1 | 21 | 横地勝吉、鑁阿寺と不動院に対して去る十九日下総衆によって護摩堂が破壊された事に氏邦が立腹。出家衆が五・六人もいれば防げた事、足利衆が寺中を草刈り場にしている事は軍勢を派遣して止めさせる事、寺は庇うなどを伝える。 | 「横地勝吉書状」12―七四〇、戦北四二四四 |
| | | 2 | 5 | 宇都宮国綱、白川義親に由良国繁・長尾顕長が金山と館林城に戻り、両城を北条へ明け渡した事等を伝える。 | 「宇都宮国繁書状」『金山城を由良氏』一―二七七 |
| | | 2 | 11 | 鑁阿寺領橋本（足利市）の百姓中は北条家の奉行に、天正八年から十一年までは佐竹の乱入があっても年貢を皆済してきた事。長尾当長の時、それぞれ一貫五百文を定められ、争乱・大水等で作毛に違いがあれば申し出るように言われてきた。昨年四月から北条氏の陣が置かれ夏作が一円出来ず、これについて詫び言を申し上げたが、聞き入れられず、秋作と共に納めろ | 「橋本郷百姓申状案」戦北二七八〇 |

| 月 | 日 | 事項 | 出典 |
|---|---|---|---|
| | | との事は迷惑と訴える。 | |
| | | 北条氏房、伊達与兵衛尉房実に岩付奉行人を今後も申しつけるのでまず先の奉行と相談し、厳密公平に走り廻る事が重要と伝える。 | 「北条氏房判物」12―七四三、 |
| 2 | 13 | 北条氏直、青柳郷（館林市）百姓中に青柳郷は館林領とし、百姓の還住を命じ耕作に従事する事、他の人の指南を排除して、一途に北条家のために走り廻る事、御用は虎印判を持って命じる等を伝える。 | 「北条家掟書」戦北二七八一 |
| 春 | | 京の連歌師、宮津兼如、小田原から忍を訪れ、氏長、連歌の会を催す。 | 『成田記』行田市史資料編別冊 |
| 3 | | 乙酉歳（天正十三年）小田原城大普請。 | 「北条家朱印状」戦北二七八五～六 |
| 3 | 21 | 北条氏邦、飯塚六左衛門尉へ北谷の御蔵銭五貫文を郷中へ貸出、利銭で天正十四年四月迄に漆を調達するよう伝え、以後この様にするという。 | 「北条氏邦朱印状」戦北二七八八、6―一二八九、鉢四―102 |
| 3 | 27 | 下野下彦間（佐野市）の寄居で佐野宗綱が豊嶋彦七郎に討ち取られる。 | 「長尾顕長判物写」戦北二七九一 |
| 4 | 5 | 北条氏政、道祖土図書助に軍装を五月五日までに整えるよう命じる。この他岩付衆の金子中務丞・鈴木雅楽助・藤波与五衛門・内田兵部丞にも出す。道祖土氏は馬上一騎のほか馬鎧、鑓一、指物四方一となる。 | 「北条氏政朱印状」6―一二九一～四、12―七四九、戦北二七九三～七 |
| 4 | 11 | 北条氏直、簗田持助に壬生城へ万一敵が攻め掛かったら氏照から報告あり次第小山に移り、弓鉄砲衆を壬生へ加勢に出すよう命じる。 | 「北条氏直書状写」戦北二七九八 |
| | | 北条氏邦、小幡信定に官途が無かったので垪和刑部丞からの上申で兵衛尉の官途が与えられたと伝える。 | 「北条氏邦書状」戦北二七九九 |
| 4 | 14 | 北條氏直、冨岡秀高カに境目の走り廻りに対して隠居分として二万疋（二百貫文）の地を新田・館林領内に与える。 | 「北条家朱印状」戦北二八〇〇、6―一二九六 |
| 4 | 30 | 佐竹が壬生へ進攻した為、氏直後詰めとして出陣。佐竹早々退陣。 | 「近藤綱秀書状写」6―一二九八 |
| 5 | 1 | 北条氏政、関宿城の酒井曲輪などの堀端三間以内の作事禁止を指示する。 | 「北条氏政朱印状写」6―一二九九、 |
| 5 | 4 | 猪俣丹波守を大檀那、竹内氏を願主として、小鹿野町坂戸薬師堂造立。 | 「坂戸薬師堂棟札」鉢四―131、戦北二八〇六 |
| 5 | 25 | （この年カ）由良国繁は秩父孫次郎に金山城長期在番の謝礼を述べる。 | 「由良国繁書状写」12―付九九、戦北四三三七 |
| 6 | | 宇都宮国綱、下野武茂城主太田源介（景資）に、北条氏直が宇都宮城を攻めた。事前に道誉が鉄砲を多数送り、それにより堅固に防戦したが、手負い死人が数百人出た事などを伝える。 | 「宇都宮国綱書状写」6―一三〇一 |
| 6 | 11 | 北条氏照、伊達政宗に照宗の代と同様に氏照との取次役を依頼する。 | 「北条氏照書状」12―七五一 |

| 月 | 日 | 事項 | 出典 |
|---|---|---|---|
| 7 | 8 | 北条氏照、紅林八兵衛の寄子久木に宮寺内から十貫文の給、三ヶ島の棟別銭七貫文、陣夫一のほか九月迄に五人分の扶持を与える。 | 「北条氏照朱印状」6―一三〇二 |
| 7 | 10 | 北条氏政、氏房の祝言に伴う岩付への輿入れについてその行列を書き出す。 | 「北条氏政朱印状」6―一三〇三 |
| | | 北条氏政、道祖土図書助に祝言の為に人夫一人を出す事、十七日までに江戸城へ着くよう命じる。道祖土は肩衣・皮袴の出立で、従者は白衣にて見立てよくいたし、路次の最中は脇目も振らず無言で神妙にこれを務める事を申し付ける。 | 「北条氏政朱印状」6―一三〇四、戦北二八二八 |
| | | 太田氏房、文蔵（さいたま市）二階堂百姓中に、婚礼の為の徒夫一人について十七日に江戸城に着き奉行の申すように働く事を命じる。 | 「太田氏房朱印状写」6―一三〇五、戦北二八二九 |
| 7 | 11 | 羽柴秀吉、関白となる。 | 「関白詔勅書」足守木下家文書、新版『日本史年表』 |
| 7 | 15 | 上杉景勝、真田昌幸の従臣に伴い誓詞を出す。北条が上杉や沼田・吾妻を攻めたら後詰・援軍を出すこと等を伝える。 | 「上杉景勝起請文」上別Ⅱ三〇三九 |
| | | （九月五日に禰津昌綱には昌幸同心の功を賞す） | 「上杉景勝書状」上別Ⅱ三〇五五 |
| 8 | 1 | 羽柴秀吉、太田三楽齋道誉に返書を出し、来年三月富士山見物を兼ねて、東国の仕置きを行う事を伝える。 | 「羽柴秀吉書状」6―一三〇六 |
| 8 | 20 | 北条家は鷲宮神社に、鷲宮に集結した小荷駄は間違いなく陣中へ通過させる事と命じる。 | 「北条家朱印状」戦北二八四五 |
| | | この頃を中心に（小鹿野町両神の）薄薬師堂に十二神将造立される。申神の銘に「氏邦本命星」とあり、生年を天文十七年と確定。 | 「法性寺薄薬師堂十二神将」9―一―一八七〜一九八、鉢四―125〜130、浅倉二〇一七 |
| ⑧ | 9 | 北条氏邦、足利から信州坂本までの十二カ所の伝馬次を示す。足利―太田―世良田―小和瀬―金窪―笛木―倉賀野―和田―板鼻―安中―松井田―坂本―信州坂本（軽井沢） | 「北条氏邦判物」12―七六〇、戦北二八五一 |
| ⑧ | 13 | 徳川家康、上田の真田氏を攻めるが千三百人討ち取られる。真田信幸、沼田城将に北条が出陣するので守備を固めるよう伝える。 | 「真田信幸書状」群7―三三七九 |
| ⑧ | 24 | 真田勢、赤城村津久田へ出陣、北条勢と一戦に及ぶも負ける。 | 「北条氏政判物写」戦北二八五七 |
| 9 | 4 | 結城晴朝、上杉景勝に北条氏直の皆川・佐野攻めや北条氏邦の沼田表出陣を伝える。 | 「結城晴朝書状写」6―一三一〇 |
| 9 | 8 | 徳川勢信濃にて真田と対陣。北条氏直沼田城を攻める。森下城を攻略し、沼田城下を打ち散らす。この旨を徳川に連絡したところ直ちに沼田表に | 「北条氏直書状」群7―三三八七、戦北二八五五 |

| | | | |
|---|---|---|---|
| | | 出陣との返事が来たと千葉氏の重臣原豊前守胤長に伝える。 | |
| 9 | 10 | 神宮武兵衛に大戸への加勢として三十人の鉄炮衆を派遣したので、召し連れて氏邦の指示に従えという。 | 「北条家朱印状写」戦北二八五六 |
| 9 | 28 | 沼田宿城上戸張で合戦。高名を上げた矢野兵部右衛門に書状を出し、御陣で猪俣邦憲が披露し、お褒めの言葉があった。おって感状が出される事を伝える。 | 「北条氏邦書状写」12—七六四、戦北—二八六六 |
| 10 | 2 | 羽柴秀吉、島津義久に「天下静謐令」を出す。 | 「羽柴秀吉書状」『薩藩旧記雑録』 |
| 10 | 16 | 北条家、遠山直景に船橋費用二十九貫九百五十文を中村但馬守より早々請け取り、その設置を申し付けるよう命じられる。 | 「北条家朱印状」戦北二八七一 |
| 10 | 29 | 北条氏直、某に対して徳川と秀吉が戦いになれば時を移さず出陣すると伝え準備を命じる。 | 「北条氏直書状」12—七六六、戦北二八七六 |
| 11 | 5 | 北条氏直、小幡縫殿助に十六日に氏邦に同陣して松戸へ先陣として出陣を命じる。 | 「北条氏直書状写」12—七六七 戦北二八八一 |
| 11 | 9 | 北条家は宇津木下総守に金山城北曲輪在城に伴って百七十四貫文の給分を与える。大井豊前守は根曲輪在城で百七十四貫文の給分、高山遠江守は西城在城で百七十四貫文の給分を与える。 | 「北条家朱印状」戦北二八八二〜四 |
| 11 | 11 | 北条氏房、大森兵衛大夫・小田能登守を大将に、徳川家康の加勢として内山彌右衛門に命じ、宮城美作守泰業にも着到に基づいた出陣を命じる。 | 「北条氏房朱印状写」12—七六八 「北条氏房朱印状」戦北二八八八 |
| | | 北条家は先の約束（戦北二八〇〇）に基づき、冨岡氏に新田領浜田郷（太田市）に隠居分二百貫文を宛行う。 | 「北条家朱印状」戦北二八八六 |
| 11 | 14 | 上田氏（憲定）、新宿を設け、松山本郷宿・新市場共にその経営を町衆に委ねる。但し本郷宿の土貢五百疋（五貫文）を出す事は尤もと伝える。 | 「上田憲定朱印状写」6—一三二三 戦北二八八九 |
| 11 | 15 | 北条氏房、宮城美作守（泰業）に岩付城中城車橋内戸張の番を命じ、その定めを示す。 | 「北条氏房判物」戦北二八九〇、6—一三一四 |
| | | 徳川家康は北条氏直に十三日、石川伯耆守和正が秀吉の元に小笠原貞慶の人質を連れて出奔と伝える。 | 「徳川家康書状写」戦北四五一七 |
| 12 | 10 | 北条氏直、小幡信定に佐倉城の普請ができたので、東方（佐竹など）に対処するため十日関宿城に着陣した等を伝える。 | 「北条氏直書状」戦北二八九九 |
| 12 | 25 | 北条家、手脇衆堤（左近）に浅羽から小田原迄の伝馬三疋の手形を出す。 | 堤家文書「北条家伝馬手形」鉢四—123 |

一五八六 天正14

| 月 | 日 | 事項 | 出典 |
| --- | --- | --- | --- |
| 1 | 3 | 入曽村（入間市）の十二衆（木下越後・仁神山城・仁神與右衛門・原嶋門所・小沢高中・前嶋伊門太・馬場與右衛門・伊塚新七・木下才兵衛・伊藤新右衛門・田中外記・小玉新左衛門）は上野かむろ（鏑川カ）陣に出陣とある。 | 「出陣衆覚」『新編武蔵風土記稿』入間郡九 6—一三一七、戦北二九〇六 |
| 1 | 10 | 北条家戌年（天正十四年）大普請に付、入間郡石田本郷百姓中に人夫三人の小田原参集を命ず。二十一日より普請に従事と伝える。 | 「北条家朱印状」6—一三一八 戦北二九〇七、 |
| 1 | 13 | 北条氏直、鷲宮神社神主大内弾正少輔泰秀から新年の祈祷を終え、巻数・鯉十四・素麺を進呈され、お礼に太刀を贈る。 | 「北条氏直書状」戦北二九〇八 |
| 2 | 2 | 春日山城内で景勝連歌会を催す。木戸休波（寿三）、連歌を景勝の次に詠む。景勝一句、休波二十五句、釣斎（兼続）二十四句 | 「上杉景勝一座和漢連句百韻」上別Ⅱ三〇八二 |
| 2 | 6 | 北条氏房、天正十五年大普請の前借りとして（川島町）八林の道祖土分一人、井草の細谷分五人の人夫の鍬・もっこ持参で岩付参集を命ず。 | 「北条氏房朱印状」6—一三一九・一三二〇、戦北二九一五・二九一六 |
| 2 | 27 | 上田憲定、前々からの決定通り糟屋郷（伊勢原市）八幡別当法禅坊の寺内の五間分の棟別銭は永代免除とする。 | 「上田憲定判物写」12—七七一、戦北四七五七 |
| | | 北条氏房、川島の広徳院に長福寺分、駒形宮免、雷電宮分を前々の如く安堵するが、開墾後は検地を実施すると伝える。 | 「北条氏房判物写」6—一三二一、戦北二九二三 |
| 2 | 30 | 上田憲定、松山城下の本郷新市場開設の市掟五ヶ条を出す。一、喧嘩・口論・押し買い・狼藉禁止。一、市当日諸職は他所へ出ないこと、兵粮・竹木は決して出さない事。一、市で売買の物は諸職共に役をかけない。一、市へ来る者は借銭・借米をしてはならない、又、催促や特に質取りは行わない事、一、市の日に如何なる問題があっても奉公人は一言も不満を言ってはならない事、総て町人裁きとする事、これらについて違犯の輩があれば代官や町人衆は急ぎ申し出る事。 | 「上田憲定制札写」6—一三二二、戦北二九二四 |
| 3 | 4 | （この年カ）北条家は遠山右衛門大夫政景に軍勢が川を越えたら船橋を切り、夜通ししてでも浅草へ廻って、毎回船橋庭にかけておき、上総からの注進次第油断なく船橋を架ける事、葛西の船橋は毎回同様に致す事と申しつける。遠山は青山陣（熊谷市）より先陣させるので、江戸城において準備する事、上総進攻の事なので無足の者までも召し連れ、この指図に基づいて走り廻る事を命じる。 | 「北条家朱印状」戦北三七八四 |

| | | | |
|---|---|---|---|
| 3 | 8 | 北条家、総社より（中林カに）小田原迄の伝馬手形を出す。（宛所は総社鋳物師となっているが児玉の中林鋳物師家所有文書） | 「北条家伝馬手形写」6―一三三三 戦北二九二八、鉢四―30 |
| 3 | 9 | 北条氏照、日野惣郷（日野市）の立川領東光寺境から谷町屋までについて竹木伐採禁止とし、誤っても切った者は磔にすると平野豊後守等に伝える。 | 「北条氏照朱印状」戦北二九二九、 |
| 3 | 10 | 北条氏邦、秩父市下吉田、阿熊谷白岩の四郎左衛門・三郎左衛門と右京に山中への育林と管理、欠落者の鉢形への拘引を命じる。 | 「北条氏邦朱印状写」鉢一―77、6―一三三四 戦北 五二〇 |
| 3 | 11 | 北条氏房、西光院に百間六供（久喜市菖蒲）について前々のように寄進。 | 「北条氏房判物」6―一三三六、戦北二九三三 |
| | | 北条氏房、鶴岡八幡宮院家中に社領の笹目郷（戸田市）を安堵。岩付城の繁栄祈祷を依頼。 | 「北条氏房判物」6―一三三五、戦北 五三一 |
| 3 | 13 | 北条氏邦、秩父孫次郎と同心衆に鉢形城秩父曲輪百七十四間の修理分担を定める。 | 「北条氏邦定書写」6―一三三七 戦北二九三五 、鉢二―53 |
| 3 | 14 | 太田道誉、山宮斎に北条氏直と一族の成敗を進言し、北条は沼津で徳川と談合した事、居場所がわかれば関東の情勢を伝える事などを記す。 | 「太田道誉書状」12―七七五 |
| | | 徳川家康、北条氏直に今回の面会を喜んだ旨を伝える。 | 「徳川家康書状写」戦北四五二九 |
| 3 | 15 | 北条氏邦、持田四郎左衛門に人身売買等の禁止の掟書を出す。もし人身売買を行う場合は触口に断ってから行う事とし、（完全な禁止ではない）賭け事などを行う非分の者があれば秩父門脇に目安を書き立てる事。 | 「北条氏邦定書」6―一三三八、鉢二―50、戦北二九三六 |
| 3 | 20 | 北条家は上野国鋳物師（倉林鋳物師の事力）に小田原より上州迄の伝馬手形を出す。 | 「北条家伝馬手形」6―一三三九、戦北二九四一、鉢四―29 |
| 4 | 3 | 北条氏邦、吾妻石津郷（嬬恋村）へ進攻。中沢越後守の活躍を齋藤摂津守定盛が上申する。 | 「北条氏邦書状」12―七七八、戦北二九四八 |
| 4 | 11 | 北条氏直、簗田持助に壬生へ敵が動いたら、壬生が望むように簗田は小山へ進軍し、壬生へ鉄砲足軽を加勢に派遣せよと下知しろと伝える。 | 「北条氏直書状写」12―七七九 |
| 4 | 15 | 北条氏直、猪俣邦憲が沼田城の向城として、砦を築城したが、そこで活躍した小山田将監に書状を出す、更に氏邦から伝える事有りという。 | 「北条氏直書状写」12―七八〇 戦北二九四九 |
| 4 | 20 | 成田氏長、伊達政宗に書状を出し、陸奥仙道への出陣での勝利を祝し、関東は北条氏直が平定した事。氏照の申し次を行う事を伝える。 | 「成田氏長書状」12―七八一 戦北二九五〇 |
| 4 | 25 | 北条氏直、猪俣邦憲の吾妻郡仙人ケ岩屋（吾妻町）乗取りの高名を賞し、油断ない仕置が大切と伝える。 | 「北条氏直書状」12―七八三 戦北二九五三 |

| | | | |
|---|---|---|---|
| 4 | 30 | 佐竹が壬生へ出陣し、北条氏直が出馬したところ退散した。そこで佐野へ軍勢を動かし、五月二日には皆川へ出陣となると片倉景綱へ伝える。 | 「近藤綱秀書状写」戦北二九五四 |
| 5 | 7 | 北条氏邦、阿久沢能登守に三日、沼田東谷において助太郎が欲しいままに思いがけない方法で砦を破壊、放火し人馬二百余打ち取り、首五十余打ち捨て、鼻削ぎ八人などの高名を賞し、小田原へ報告すると伝える。 | 「北条氏邦書状写」12―七八七 戦北二九五五 |
| 5 | 13 | 秀吉、道誉に朱印状を出し、家康が色々懇望し、誓詞・人質も出したのでこれを赦した事、東国の事について使者を派遣し、境目など確認し、若し異議を唱える者がいるなら、必ず申し付けるので承知しておく事、いずれにしても富士見物の為、箱根を越える考えであり、その時期は改めて伝えるという。 | 「羽柴秀吉書状写」12―七八八 |
| 5 | 25 | 北条氏直、氏照・氏規・氏邦を大将にして沼田城を攻めるも敗退という。 | 『戦国史年表』後北条氏編 |
| 6 | 1 | 北条氏直、宇都宮国綱を攻め、残所無く荒らし多気山城を裸城にする。これにより皆川広照と和睦、従属させる。 | 「北条氏照書状写」12―七八九 戦北―三三二一 |
| 6 | 7 | 氏照、毛利弥五郎（北條高広）に天正十三年分の厩橋城領の千貫文の他、五ケ所知行から、天正十三年分の公物百余貫文などが未納入として催促。 | 「北条氏照書状」12―七九〇 戦北二九五九 |
| 6 | 11 | 北条氏房、三保谷郷の道祖土図書助（満兼）に岩付城普請役として同郷の人足を悉く集め、岩付城の中城での普請工事に五日間従事させる。出役しなければ代官を即召し上げという。 | 「北条氏房朱印状」6―一三三七 戦北二九六〇 |
| 7 | 10 | 上杉景勝、太田道誉へ五月二十日上洛し、六日に帰城した事。家康との協議も無事に終わり、北条氏の扱いの事について同意した。若し（北条を）討ち果たすとの評議が為されれば上杉は直ちに関東へ進軍し凶徒（北条）を討つ旨を告げ、佐竹をはじめ各方面へ回報を依頼。 | 「上杉景勝書状写12―七九五」 |
| 7 | 15 | 北条家、宇津木下総守氏久他四名に厩橋城の番を依田源五郎に渡し、二十七日までに利根川端着陣を命じ、後閑宮内大輔・同刑部大輔にも同様に伝える。 | 「北条家朱印状」戦北二八三一、二八三三、 |
| | | 同日カ、清水上野入道（康英）・同太郎左衛門には佐竹勢が壬生城に進攻したので急ぎ出馬・参陣の準備を伝える。 | 「北条家朱印状写」二九七〇 |
| 7 | 18 | 北条家、氏照を通じ壬生城への加勢として鉄炮二十、弓鑓三十併せて五十人の水海衆を送る。（四月十一日の氏直書状を受けての措置） | 「北条家朱印状写」12―七九六 戦北二九七二 |
| 7 | 24 | 北条家、宇津木下総守氏久に上野新田郷長岡、榛沢郡下新開など百貫文の | 「北条家朱印状」6―一三三八～九、 |

| | | |
|---|---|---|
| | 地と同心給七十貫文を給する。大井豊前守に下新開（深谷市）八木沼（伊勢崎市）で同様に給する。 | 戦北二九七八、二九八〇 |
| | 北条家、桜井武兵衛に新田領沖之郷（太田市沖野カ）の内五十貫文の地と同心給二十五貫文を給する。 | 「北条家朱印状」、戦北二九八一 |
| 8 3 | 増田長盛・石田三成は羽柴秀吉から上杉景勝が東国取次役に任命された等と伝える。また、徳川家康が真田真幸を攻めた事。関東・出羽・奥州へ秀吉が御朱印（関東奥惣無事令）を出した事も伝える。 | 「石田三成・増田長盛連署状」上別Ⅱ―三二二四、戦北三四七七 |
| 8 19 | 北条家、分国中の諸侍に人質提出を求めた事が記される。 | 「北条氏照書状」12―八〇二、戦北二九八七 |
| 8 26 | 北条氏直、二十二日佐野の唐沢山城攻略。徳川家康祝いの書状を送る。 | 「徳川家康書状」戦北四七九六 |
| 9 17 | 北条家、鎌倉八幡宮院家中に笹目郷（戸田市）を安堵する。 | 「北条家朱印状」6―一三四二戦北二九九六 |
| 9 26 | 北条氏照、鹿沼への加勢として三十人の鉄炮衆と小田野源太左衛門尉・森市兵衛尉・池上将監丞を派遣。 | 「北条氏照判物写」戦北三〇〇四 |
| 9 28 | 北条氏房、平林寺等の所領（馬込・四条村）を氏政の證文の如く認める。 | 「北条氏房判物」6―一三四四、 |
| 10 18 | 北条氏邦、吉田町の阿熊田倉の百姓與二郎に、助左衛門等三人は譜代の者では無い事など申し渡す。 | 「北条氏邦朱印状写」鉢二―35 6―一三四六、戦北三〇一〇 |
| 10 19 | 北条氏邦、北谷郷について検地を行う。北谷の屋敷地の下地は名主免として除外と飯塚和泉守に伝える。 | 「北条氏邦朱印状」6―一三四七・一三四八、戦北三〇一一・三〇一二、鉢四―103・104 |
| 11 2 | 北条家 由良国繁に西表の動静について使者に詳しく申し含めた。万一京において不都合が起きれば家康に遠慮無く味方する。十日以内に連絡があり、この様ならすぐに出馬するので準備を求める。十日までに利根川端まで着陣して欲しい事。これは当方の興亡に関わる事なので覚悟が必要。今回は十五から七十歳までは無足の者まで参陣を求めるという。冨岡秀高に息子に百人を付けて参陣させ、自身は残りの軍勢を引率いて金山城に移る事と伝える。 | 「北条家朱印状」戦北三〇一八<br>「北条家朱印状写」戦北三〇一九 |
| 11 4 | 北条家は秀吉との合戦になった場合は、「鉢形に在城する事」など北条氏邦がとるべき鉢形城主としての定書三カ条を示す。一、上州側に備えて鉢形城に在城の事、一、西国勢の様子により鉢形で引き付けておかず、かなわないなどの子細があるときは夜通ししてでも小田原に連絡する事。一、鉢形城に居るときは西上州・東上州共に城々へは折 | 「北条家朱印状」6―一三四九、鉢二―78 戦北三〇二二 |

（天正14）

| 月日 | 事項 | 出典 |
| --- | --- | --- |
| | に触れ使者を派遣し、油断無くまた、遠慮無く指図する事が大切などと伝える。 | |
| | 羽柴秀吉、上杉景勝へ徳川家康が上洛をし、入魂などを伝える。関東の取次役は家康に任せるという。 | 「羽柴秀吉判物」上別Ⅱ－三三五九 |
| 11・5 | 北条氏照、蘆名氏家臣冨田氏実に佐竹と北条の和睦について仲介をするという事、仲介を望む事は味方一同異存なく、他国の覚えも良い事と依頼する旨を伝える。 | 「北条氏照書状」戦北三〇二三 |
| 11・15 | 徳川家康、「関東総無事令」の事を北条氏直に伝える。秀吉の関東出馬は取りやめ、氏直も出馬取り止めを陣所に伝えるよう要請。 | 「徳川家康書状写」戦北四五三二 鉢三－117 |
| | 北条氏政、北条氏邦に氏邦からあった西国勢出陣の報告は虚説、白井から人質を取る事、沼田の備えには注意をせよと伝える。 | 「北条氏政書状」6－一三五〇 戦北三〇二七 |
| 11・17 | 北条家、宇津木下総守氏久に鉄砲衆十人の扶持給として百貫文宛行。六貫文は扶持で今年の八月から来年正月分、十三貫三百文は今年の秋の夫銭で七月に与える。残り八十貫七百文は六貫文が扶持で来年の二月から七月分、十三貫三百文は来年の夫銭、さらに残りの六十一貫四百文の内、二十貫文は下紬二十端で四十一貫四百文は厩橋城米から与えると言う。 | 「北条家朱印状」戦北三〇二八 |
| 11・21 | 羽柴秀吉、徳川家康の取りなしがあるとは言え、真田の申し開きは曲事と考えているが，この度は赦す事とした。更に伝える事があるので急ぎ上京するようにと真田昌幸に申し渡す。 | 「羽柴秀吉書状」鉢形城歴史館特展図録『北条安房守と真田安房守』 |
| 11・23 | 北条家、葛飾郡金野井本郷（春日部市）の代官恒岡長門・佐枝若狭と百姓中に天正十四年の検地明細書を出し、当納八十八貫八百五十文、荒れ地百四十八貫文、計二百十四貫百八十文と伝える。 | 「北条家検地書出写」6－一三五一、戦北三〇二九 |
| 12・3 | 羽柴秀吉、多賀谷修理進へ徳川家康に「関東・奥惣無事令」を命じた事を伝える。 | 名古屋市博編二〇一七『豊臣秀吉文書集』三 |
| 12・18 | 北条氏照、品川の百姓中に朱印状を出す。一、印判のない伝馬立は申しつけない事、一、段銭の増加分は国法により決まっている事、検地をしているものは年貢の中から納め、していないところは郷へ掛けられる事、一、年貢を始め諸役銭を納める時、米以外のも取られると言う事であるが糺明したところそれはないと言う事なので、今後も米以外に申しつけ | 「北条氏照朱印状」12－八〇六 |

| | | | | |
|---|---|---|---|---|
| | | | られたら書付を以て申し出る事、一、筵付の米（計量の時落ちる米）を奉行が取り上げたが今後は止めさせる、御蔵銭・借米については国法の計算式で行う事、一、代官が人足を使う事は今後は止めさせる事、一、帳面記載漏れの畑が天王免に有る間、天王様の祭りを致すと石見守が申したが、百姓は（宇田川）石見守の虚言であるというので百姓に付けたが、検地を行った上で糺明、決着させる事。（関連した朱印状が天正十五年五月二十一日に出される。12―八二〇） | 戦北三〇三八 |
| | | 12 19 | 羽柴秀吉、授与された豊臣姓を太政大臣補任に合わせ名乗るという。 | 『国史大辞典』 |
| | | 12 30 | 北条氏邦、糟尾伊与に関野帯刀知行地へ欠落百姓五人の内二人の召返しを命じる。 | 「北条氏邦朱印状写」6―一三五四、鉢四―67 戦北三〇四四 |
| 一五八七 | 天正15 | 1 5 | 北条氏照は、大途の出陣（秀吉との決戦に備え）ため小河内衆の人質を求めた事。十二才になる子供に扶持給を与えるので速やかに人質を出しての活躍を求め、活躍次第では望みの儘の知行を与えると杉田清兵衛に伝える。 | 「北条氏照朱印状写」12―八〇八 戦北三〇四六 |
| | | 1 6 | 北条氏房、関根岩見守に小田原城普請人足三人を賦課する。 | 「北条氏房朱印状写」6―一三五五、戦北三〇四七 |
| | | 1 15 | 北条家、石田本郷の百姓中に小田原大普請の為、鍬鋤を持参し二十四日までに参集を命じる。 | 「北条家朱印状」6―一三五六、 |
| | | 1 28 | 太田氏房、大相模（越谷市）不動坊に禁制を出す。 | 「太田氏房禁制」6―一三五八、戦北三〇五二 |
| | | 2 6 | 北条氏房、道祖土図書助に小田原城普請人足三人を賦課する。 | 「北条氏房朱印状写」6―一三五九、戦北三〇五四 |
| | | 2 7 | 北条家、氷川神社神官祝中務丞の神官屋敷に禁制を出す。 | 「北条家禁制」6―一三六〇 |
| | | 2 8 | 大村秀昌、井上雅楽助に弓道の極意を伝授する。 | 「大村秀昌弓道極意書」6―一三六一、鉢二―4、 |
| | | 2 24 | 豊臣秀吉、上杉景勝に北条氏直が佐竹・宇都宮・結城を攻めたら、成敗するので後詰めをするよう要請。 | 「豊臣秀吉書状」6―一三六二 |
| | | 2 26 | 北条家は那波顕宗家中の証人替えを命じるよう氏照に伝える。廐橋城当番にも伝える様命じる。 | 「北条家朱印状」12―八一二、戦北三〇六〇 |
| | | 2 30 | 豊臣秀吉、真田昌幸に信濃での矢留（合戦停止）を命じる。 | 「豊臣秀吉書状」『信濃史料』巻十六―四八七 |
| | | 3 7 | 太田道誉、蘆名家家臣金上盛満に佐竹義重次男義広の蘆名家入嗣・名跡継承への尽力に謝意を伝える。 | 「太田道誉書状写」6―一三六三 |
| | | 3 19 | 北条氏房、井草郷細谷分に籠の材料を送る人足五人を賦課 | 「北条氏房朱印状写」6―一三六四、戦北三〇六六 |

（天正15）

| 月 | 日 | 事項 | 出典 |
|---|---|---|---|
| 3 | 24 | 北条家、太田康宗が借銭の代として遠山の聟千世に渡した私領市ヶ谷四十五貫文の地は天正九年から十一年の年季が終えたら返す事と伝える。 | 「北条家朱印状写」6―一三六五、戦北三〇七一 |
| 4 | 1 | 某、黒田郷に対し、薬師堂の林・木草の切り取りを禁止する。 | 「某禁制」6―一三六六、戦北三〇七三、鉢三―17 |
| 4 | 3 | 北条家カ、新座郡白子郷代官に当郷田畠を差し置いての出作を禁止し、不作地を荒地と定めての開発を命じ、不入とし、新宿取立、楽市とする。 | 「北条家カ掟書写」6―一三六七、戦北三〇七七 |
| 5 | 3 | 北条家、垪和伯耆守に松井田について上信の境目に付、不足の普請を申しつける。着到や普請・番は小田原の普請に惑わされて手抜かりがあってはならず、分国を挙げて行う事。この筋目は後閑へ必ず申し聞かせ、五十人の人足が鍬もっこを持って十九日に松井田に着き、十九日から二十九日まで大道寺政繁の命により普請に従事する事。 | 「北条家朱印状」戦北―三〇八八 |
| 5 | 4 | 北条家、宇津木下総守氏久に惣並のように、知行分の人足五人、鍬・もっこを持参して十九日に箕輪へ派遣し、北条氏邦の下知に従っての十日間の普請従事を申しつける。 | 「北条家朱印状」6―一三六八、戦北三〇九一 |
| 5 | 8 | 氏邦は金山在城の宇津木下総守に箕輪城普請人足五人申しつける。 | 「北条氏邦書状」6―一三六九、戦北三〇九五 |
| | | 松田憲秀、山口若狭守重明に相模の関戸勝村で二十五貫文の給を宛行。これまでの横手の給恩は弥太郎に譲り、弥太郎は小田原に詰め、若狭守は山根にて以前のような走廻りと、陣役・武具・着到不足ない活躍を求める。 | 「松田憲秀朱印状」6―一三七〇、戦北三〇九六 |
| 5 | 11 | 北条氏邦、鈴木山城守に九郷堰普請に下郷の者の出役を命じ、下郷の者が出仕しなかったら下郷へは水を通してはならないと命じる。 | 「北条氏邦朱印状」6―一三七一、戦北三〇九七、鉢四―9 |
| 5 | 18 | 北条家は深谷衆の山川備中守・上原出羽守が訴え出ていた事に次の様に裁許した。由良を呼んで糺明したところ、新開郷の内、桐生衆新開平左衛門分の土地は平左衛門自身年貢の詳細を記した証文を持っていないので、いつもの通りの収穫物は渡すべきで、上杉憲賢の代より毎年検地を受け知行しているので、深谷上杉氏から受け継いでいる事は明白である。但し今後、もし、山川・上原が証文を明確にするなら追って糺明する事、昨年の年貢は由良から命じられたのは明白で有り、来月中には由良から受け取る事。 | 「北条家裁許朱印状」12―八一九、戦北三一〇三 |
| 5 | 21 | 北条氏照、先に品川天王免として宇田川石見守が抱えてきた土地について百姓からの訴えを受けて裁定し、張外れの土地で百姓持ちと決着した事を伝え、百姓が蒔き付け収穫を行う事、これまで石見守が蒔き付けた麦につ | 「北条氏照朱印状」12―八二〇、戦北三一〇四 |

| | | | |
|---|---|---|---|
| | | いては石見守が刈り取る事とした。 | |
| 5 | 24 | 北条氏房、与野郷周防堤と野相小透の堤の普請を命じる。 | 「北条氏房朱印状」6―一三七二、戦北二二一五 |
| 5 | 27 | 酒井左右衛門が粟船郷と越生の内、嶋村分について上田朝直と長則が奪い取ったと訴えた事について、証文を見たところ相違無く長く知行している事を確認した事。何事においても前々の様で、新規の役は無い事、大途の御用は虎印を以て申し付けると裁定する。<br>＊粟船分については天正九年八月十七日の検地書出（6―一〇八五）で三分の一は上田所へこれを遣わすとある。 | 「北条家朱印状写」戦北二二〇六 |
| 5 | | 上田周防守後室本門寺山門金剛仏修理。 | 「本門寺三門仁王像修理札銘」大田区史 |
| 6 | 10 | 北条氏邦、深谷市荒川の持田四郎左衛門と只沢の治部左衛門に軍支度などを定めた七カ条の朱印状を出し、荒川衆の棟別銭を免除、扶持を与え、誰の知行地であっても大途の被官と伝える。 | 「北条氏邦朱印状」6―一三七四、戦北二二一三、鉢三―48 |
| 6 | 14 | 北条氏房、栢山代官鈴木雅楽助に一手組恒岡三郎左衛門ほか十三人分人足二十人の出役を命じ、石倉の小奉行の元に入っての走り廻りを命じる。 | 「北条氏房朱印状写」6―一三七五 戦北二二一五 |
| 6 | 15 | 北条氏邦、山口上総守（秩父市上吉田）に預かりの蔵銭を本利共に調え、十二月二十日までに納入と命じる。 | 「北条氏邦朱印状写」6―一三七九、鉢一―25、戦北二二一六 |
| 6 | 16 | 北条氏房、井草宿の市日を一・七と定め、三年間諸役不入 | 「北条氏房朱印状写」6―一三七七、戦北二二一八 |
| 7 | 6 | 北条氏政、関宿に愛宕堂を建立し、八月二十四日に市を立てる事を認め、宿中の事は町人に任せる事、宿を不入とする事の掟を出す。 | 「北条氏政掟書写」6―一三七八 戦北二二一四 |
| 7 | 11 | 北条氏房、渋江鋳物師に氏政の證文の如く御用鋳物師職を安堵。 | 「北条氏房朱印状写」6―一三七九、戦北二二二六 |
| 7 | 30 | 北条家、川越市大袋と大井・増形・本郷・高麗分等の小代官・百姓中に郷中から十五才から七十才までの住民の中から戦闘要員を選ばせ、道具を用意致し、その名簿を提出させる。同様な文書を分国中に出す | 「北条家定書」6―一三八〇～一三八四、戦北二二四四～八、 |
| 8 | 6 | 北条氏直は家臣清水太郎左衛門尉に金山在城を命じ、新田領内等で五百十三貫五百六十一文の地を与え知行させる。 | 「北条氏直判物写」戦北二二五四 |
| 8 | 7 | 北条氏房、岩付城防備のため三保谷郷等に郷中から十五才から七十才までの住民の中から戦闘要員を選出し、名簿提出を命じる。 | 「北条氏房定書」6―一三八五～六 戦北二二五六～七 |
| 8 | 8 | 北条氏房、岩付城防備のため内山弥右衛門知行地の十五才から七十才までの住民の中から戦闘要員を選出し、名簿提出を命じる。 | 「北条氏房朱印状」6―一三八七 戦北二二五八 |

| | | | |
|---|---|---|---|
| 8 | 11 | 北条氏房、鴻巣勝願寺に隠居所として一寺を寄進。その建立を命じる。 | 「北条氏房判物」6―一三八八、戦北三一六三 |
| 8 | 18 | 北条家、上丸子郷（川崎市）名主と百姓中に年貢四十二貫五百六十六文の内三貫文は上丸子と丸子の名主免として残し、残りを御蔵へ納めさせる。 | 「北条家朱印状」戦北三一六五 |
| 8 | 23 | 北条氏邦、北谷百姓にこの秋の穀物は収穫次第箕輪城へ残らず納める事等昼夜油断なく収穫等を行う事を伝える。借り兵粮も同様と伝える。 | 「北条氏邦朱印状」6―一三八九、戦北三一六六、鉢四―105 |
| 8 | 25 | 北条氏房、勝田大炊助に箕輪下の開墾地六貫文を宛行、伊達房実の下で鉄砲一挺、足軽一人をつれ不足無く走廻るように命じる。 | 「北条氏房朱印状写」6―一三九一<br>戦北三一六八 |
| | | 北条氏邦、北谷の飯塚和泉守に表の屋敷付の土地は名主免と認め、箕輪御用の時や谷中の事についての走廻りを求める。 | 「北条氏邦朱印状」6―一三九〇<br>戦北三一六七、鉢四―106 |
| 9 | 10 | 上田憲定、比企左馬助（則員）に朱印状を出し、中山の内で与えた北寺家分を南寺家分に替える願いを認める。この着到は小旗一・鑓・馬上一騎。 | 「上田憲定朱印状写」6―一三九二、<br>戦北三一七七 |
| 9 | 11 | 猪俣邦憲、須田弥七郎に長井坂城での在城に対して、塚本舎人分の内から十五貫文宛行う。 | 「猪俣邦憲判物」6―一三九三、<br>戦北三一七八 |
| 9 | 20 | 猪俣邦憲、飯塚和泉守に領地内より五貫文を与え、境目所用の時は多野郡谷中の野伏を招集する触口を等を申し付ける。 | 「猪俣邦憲判物」6―一三九四、<br>戦北三一八一、鉢四―113 |
| | | 北条家、高橋某に永禄七年の證文に基ずき丸子（川崎市中原区）の内手作分七貫文、島根（さいたま市西区）一カ所を安堵する。 | 「北条家朱印状」6―一三九五、<br>戦北三一七九 |
| 10 | 12 | 北条氏房、河越符川郷四十六貫九百文の検地書出を竹谷・大野両名に渡す。 | 「北条氏房検地書出」6―一三九六 |
| 10 | 15 | 北条氏房、清河寺（さいたま市西区）に対して、太田道也(氏資)の証文に基づき諸公事を赦免し、門前棟別諸公事・諸勧進を停止させる。 | 「北条氏房判物」6―一三九八、<br>戦北三一九〇 |
| 10 | 18 | 北条氏房、太田窪千葉領の百姓中に岩付城諸曲輪の塀破損修理二間二尺八寸の修理を命じる。 | 「北条氏房朱印状写」6―一四〇一、<br>戦北三一九六 |
| | | 北条氏房、岩槻飯塚の法華寺門前諸公事、棟別諸勧進を証文に任せ停止。 | 「北条氏房朱印状」6―一三九九 |
| | | 北条氏房、岩槻浄安寺に寺と末寺の諸役不入とする。 | 「北条氏房判物写」6―一四〇〇、戦北三一九四 |
| 10 | 20 | 北条家、石神井の三宝寺に禁制を出し、横合い非分・狼藉を禁止する。 | 「北条家禁制」戦北三一九八 |
| 10 | 21 | 北条氏政、石神井の三宝寺に近年領主の早川某に押さえられていた長く抱えてきた寺領一貫四百四十文の田畠を改めて安堵すると伝える。 | 「北条氏政朱印状写」戦北三一九九 |
| 10 | 28 | 北条氏房、井草・伊達分と芝・内山弥右衛門の百姓中に岩付城諸曲輪の塀の普請修復を命じる。伊達分六間、内山分一間三尺余。 | 「北条氏房朱印状」6―一四〇二～三、<br>戦北三二〇四～五 |

| | | | |
|---|---|---|---|
| 11 | 2 | 北条氏照、金子左京亮に久下郷検地増分五貫九百十二文は小山衆の給分の増分の旨を告げる。給田の増分召し上げは国法なりという。 | 「北条氏照朱印状」6―一四〇四、戦北三二〇七 |
| 11 | 3 | 北条氏照、久下郷（加須市）金子左京亮の領地を検地し、九十三貫五百二十文とし、その内増分五貫九百十二文を書出、年貢増分について十一月十五日までに栗橋の蔵へ納入と伝える。 | 「北条氏照朱印状」6―一四〇五、戦北三二〇八 |
| | | 北条氏照、久下の金子左京亮と百姓中に久下分として栗橋城四間の修繕を命じる。 | 「北条氏照朱印状」6―一四〇七、戦北三二〇九 |
| 11 | 8 | 猪俣邦憲、北谷の飯塚和泉守に陣夫については氏邦の奥方に申し付けられようとも出してはならない事、諸役についてはこちらに差し出す事であり、他から指図される事ではない。竹木人足など鉢形から朱印状で申し付けられてもこちらへ申し出る事。これらの条々は我々の知行分については不入であり大途の御用でも猪俣から申し付ける事と伝える。 | 「猪俣邦憲判物」6―一四〇八、戦北三二一六、鉢四―114 |
| | | 北条家、伊豆桑原の百姓一人賃雇いして十日分の賃金永六十文を支払う。 | 「北条家朱印状」戦北三二一五 |
| 11 | 15 | 北条氏邦、倉林鋳物師に両神薄薬師堂へ奉納の鰐口を造らせ奉納。表面に「願主聖乗坊成範大旦那北條安房守氏邦」、裏面に「武州児玉郡金屋村細工大工棟梁倉林若狭守政次」。 | 「法養寺鰐口銘」9―一―二―一八七、戦北三二一八、鉢一―124 所在不明、『新編武蔵風土記稿』記載。 |
| 12 | 24 | 北条氏房、道祖土図書助と内山弥右衛門に来年五十日の出陣に備え、妻子の岩付城大構の入城を十二月十八日までとし、兵糧は正月五日までに納入と命じる。 | 「北条氏房朱印状」6―一四〇九～一〇 戦北三二三八～九 |
| | | 北条氏照、天下戦のため惣国の侍等に来る正月十五日までに小田原へ集合の陣触を出す。妻子は何時でも八王子城に入れるよう準備しておく事とする。 | 「北条氏照朱印状」12―八四〇、戦北三二三七 |
| 12 | 25 | 上田憲定、ときがわ町の立正院（東光寺）に寺中法度五カ条を定める。 | 「上田憲定寺中法度」6―一四一一 |
| 12 | 27 | 猪俣邦憲、榛名峠城法度を出す。 | 「猪俣邦憲法度」6―一四一三、戦北三二四三 |
| | | 北条氏房、水判土（さいたま市西区）慈眼院に太田氏資の證文に任せて前々からの諸役を赦免。 | 「北条氏房朱印状」6―一四一二、戦北三二四二 |
| 12 | 28 | 上総衆井田因幡守に京勢の来攻の動きがあり、軍勢を急ぎ集め、着到状に | 「北条氏政判物」12―八四一、 |

| | | | | | |
|---|---|---|---|---|---|
| | | | | 定めた兵は不足無く来月正月十五日に小田原へ着陣する事を命じる。 | 戦北三二四五 |
| 一五八八 | 天正16 | 1 | 3 | 斉藤八右衛門尉、山城守受領。 | 「北条氏邦朱印状」6－一四一五、戦北三二四九、鉢一－15 |
| | | | | 北条氏照、久下兵庫助に十四日までに出陣であり、小山衆と一緒に十六日までに出陣と命じ、郷中に食べ物を残してはならない事、妻子は八王子城へ入れる事などを命じる。 | 「北条氏照朱印状写」6－一四一四、戦北三二八四 |
| | | 1 | 4 | 北条家、後閑宮内大輔に厩橋在番は申し定めた通りである事。同城本堂曲輪への着到分二十五人は十五日移り、先衆と交代する事、仕置きについて申し合わせを行うので一騎で小田原迄十五日に来る事を命じる。 | 「北条家朱印状」戦北三二五〇 |
| | | 1 | 5 | 北条氏房、道祖土図書助に岩付城領分八林の兵粮を二十日までに大構の内に運び込む事を命じる。鈴木雅楽助と栢山百姓中にも同様の命令。 | 「北条氏房朱印状」6－一四一七～八、戦北三二五四～五 |
| | | | | 北条氏照、青梅市成木の愛染院・同長淵の玉泉寺・毛呂大明神に天下戦のため鐘の借用を伝え、静謐になったら鋳造して返還するという。 | 「北条氏照朱印状」6－一四一六、戦北三二五一～三二五三 |
| | | 1 | 6 | 北条氏房、井草本郷・下井草比企分、角泉立川分に岩付城外構普請のため人夫三人分出役を命じる。十三日から十日間従事という。不参の場合は一人に付五人分の追加使役を課すという。 | 「北条氏房朱印状写」6－一四一九、戦北三二五八 |
| | | 1 | 8 | 北条氏照、入間笹井観音堂と杉本坊傘下の山伏の参集を求め、北条家の合戦に備え下知による走り廻りを求める。従わない場合は死罪。 | 「北条氏照判物」6－一四二〇、戦北三二六二 |
| | | | | 北条氏照、北条家挙げての合戦に備え、大久野（多摩郡日の出町）の番匠落合四郎左衛門に領内の番匠を引き連れ八王子城に籠城する事を求め、番匠衆の人質として妻子を同城に籠もらせる事を命じる。 | 「北条氏照朱印状写」戦北三二六三 |
| | | 1 | 11 | 上杉景勝連歌の会を催す。木戸元斎寿三は三番手に詠む。 | 「上杉景勝一座連歌」上Ⅱ三二〇八 |
| | | 1 | 18 | 北条家、小田原より鉢形までの伝馬三疋の手形を発給し、氏邦用は伝馬二疋とし、一里一銭を宰領（伝馬取り締まり）から徴収とする。 | 「北条家伝馬手形写」6－一四二一、戦北三二七五 |
| | | 2 | 3 | 簗田助縄、大泉坊に赤岩新宿（吉川市）の屋敷十間を末代不入とし、百姓を招き入れての宿立てを命じる。また、筑紫八幡の代官を務めた功績により屋敷と下人十間も不入、その他の者は御用を仰せ付けるとした。さらに赤岩新宿を八年不入、荒野とした。 | 「簗田助縄判物」戦北三二七九～八〇、三二八二、6－一四二二～四 |
| | | 3 | | 北条家、陣中掟を出す。 | 「北条家定書写」鉢一－70・三－111 |

| | | |
|---|---|---|
| 3 20 | 北条氏房、道祖土図書助(満兼)に岩付城留守普請を命じ、出役三人とする。 | 「北条氏房朱印状」6—一四二七 |
| 4 26 | 笠間綱家、那須資胤に北条軍が二十二日小田領を打ち散らし、二十三日筑波に進攻し、知息院に放火、二百人が取り囲み、繰り返し際限なく人馬を略奪した。二十五日には陣所を替えたと伝える。 | 「笠間綱家書状」12—八五二 |
| 4 27 | 猪俣邦憲に名胡桃に近い権現山城取り立てに対して、北条氏政が子細が解らず、度々の事で不審、普請にて留守の兵も不足となろう。簡単に普請を行い、真田を置く事になってはならず、どの様な城かと尋ね詳しい絵図等の図を早く届けるように伝える。 | 「北条氏政書状」12—八五三、戦北—三四四六 |
| 4 | 猪俣能登守邦憲、那珂郡猪俣村の聖天宮に鰐口奉納。 | 「正円寺鰐口銘」鉢四—85、9—上—一八八 |
| 5 5 | 北条氏房、道祖土図書助他の家臣七人と同心、合わせて二十二人に小田原番所へ出役を命ず。十四日に出立し十五日参集と伝える。 | 「北条氏房朱印状」6—一四二八<br>戦北三三一〇 |
| 5 6 | 北条氏房、宮城美作守（泰業）に所領を子の四郎兵衛（正重）に相続させる事は申すまでも無い事と認める。 | 「北条氏房判物」6—一四三〇<br>戦北三三一一 |
| 5 7 | 猪俣邦憲、吉田真重に権現山城在城を申し付け、父旧領小嶋郷百貫文を安堵。黛郷に百五十貫文を宛行、内百貫文は鉄砲衆二十人の扶持給。更に本意の上は名胡桃に三百貫文を宛行うのでその時黛郷は返納という。 | 「猪俣邦憲判物写」6—一四三一・一四三二、<br>戦北三三一二・三三一三、鉢一—55・56 |
| 5 21 | 徳川家康、北条氏政・氏直父子に豊臣秀吉への従臣の為、入洛するよう促す。承知できないなら氏直の嫁に出した娘を返す事などを伝える。 | 「徳川家康起請文」戦北—四五三四<br>小田原市史・斎藤慎一二〇〇五 |
| | 北条氏房、福嶋出羽守手代一人と内田兵部少輔に中足立の着到を改め農民や在郷武士にも軍役を賦課し、名前を申告させ、鉄砲持ちには矢・玉薬を支給し、馬上武者には褒美を与えると通知し、岩付城での忠節を求める。なお、道具を持っていても持参しないなど心掛けの無い者は岩付から永久追放という。 | 「北条氏房朱印状写」戦北三三一七、<br>12—八五四 |
| | 北条家、北条氏邦に「権現堂之城掟」五カ条を出す。権現山城カ | 「北条家朱印状写」6—一四三四、鉢一—57、 |
| ⑤ 23 | 沼田城の真田氏が権現山城を攻めるが、撃退される。 | 「北条氏直感状写」戦北三三二一 |
| ⑤ 24 | 北条氏規、朝比奈右兵衛尉に望みにより相模一宮（寒川町）百三十七貫百五十文余を宛行、白子（和光市カ）分と交換させる。伊豆国奥の不足銭分もこの内に含まれ、併せて二十貫余り多いが、少しの事であり、働きに報い与えると言う。 | 「北条氏規判物」戦北三三二七、<br>12—八五七 |

| | | |
|---|---|---|
| ⑤28 | 沼田城の真田氏が権現山城を攻めた時（閏五月二十三日）、石原主計助、敵一人討ち捕りの高名に感状を与える。 | 「北条氏直感状写」戦北三三三一 |
| 6 6 | （この年カ）北条氏邦、吉田真重に「権現山城」での失火を諫め、鉢形城でさえ火の用心に勤めていると「火の用心」を申し渡す。 | 「北条氏邦判物写」6―一七〇三、戦北三三三三、鉢一―67 |
| 6 7 | 北条氏邦、秩父孫二郎と同心衆に北条氏規上洛の分銭として知行役と扶持役の分限に従い、半役分を黄金・出物・真綿での供出を命じる。 | 「北条氏邦朱印状写」6―一四三五、戦北三三三四、鉢二―79 |
| 7 3 | 北条氏房、井草の百姓中に今年の公役銭三百図を九月十五日までに岩付城の立川・深井迄の納入を命じる。 | 「北条氏房朱印状写」6―一四三七、戦北三三四三 |
| 7 12 | 北条氏邦、糟尾養信斎に金屋郷内にて京岩カ十二貫七百二十文・永楽銭にして六貫三百六十文の知行を与える。 | 「北条氏邦朱印状写」6―一四三八、戦北三三四六、鉢四―68 |
| 7 22 | 北条家、小田原酒匂本郷等の小代官・百姓中に総動員を申し付け、十五から七十才までの農民・侍に軍役を課し、二十五日までに名前と武具を書き出し、飯泉河原（小田原市・酒匂川）の公方検使の所に着到した上で、報告等と命じる。 | 「北条家定書写」戦北三三四九・五〇・五三 |
| 7 28 | 北条氏邦、吉田真重に渋川市の岩井堂山城の守備を申し付ける。深谷衆にも援軍依頼、二十日間は合戦を疑われるような事は慎むこと。鉄砲の玉薬は毎日日に干して乾燥させ、鉄砲は日々洗って手入れをしておかないと役に立たないと伝える。 | 「北条氏邦書状写」6―一七〇六、戦北三三五五、鉢一―58 |
| 8 14 | 北条氏房、深井対馬守と同藤右衛門に自分が植えた林の木は氏政の證文の如く伐採を禁止するが、自分用として切る事は認める。しかし、他人に一本でも譲れば重罪とすると伝える。 | 「北条氏房朱印状写」6―一四三九、戦北三三五八 |
| 8 15 | 北条氏邦、荒川郷の検地明細を示す。計永二十貫二百九文。最初から開発に従事した者十一人の扶持は永高で三貫六百六十文（一人永三百三十文）、持田四郎左衛門尉の扶持給は永一貫五百四十一文とする。今後この宿へよそから移って開発に携わる者には永代諸役免除する事、この秋までには二十軒移住させる事を命じる。 | 「北条氏邦検地書出」6―一四四〇、戦北三三五九、鉢三―52 |
| 8 18 | 秩父孫次郎、北条氏邦奉行人として城立寺に禁制を出す。 | 「城立寺禁制」6―一四四一、鉢三―81 |
| 8 19 | 北条氏邦、井上織部助・吉田代官・町人衆に秩父谷における麦・大豆・穀物は五盃入り枡で百文に付二斗五升の値以外で売る事禁止する。 | 「北条氏邦定書写」6―一四四二、戦北三三六一、鉢二―73 |

| 月 | 日 | 事項 | 出典 |
| --- | --- | --- | --- |
| | | 年貢以外の穀物は鉢形に出してはならない事を申し渡す。 | |
| 8 | 22 | 北条氏邦勢、足利城攻めに足利に着陣。 | 「北条氏邦書状」戦北—三九九一 |
| | | 北条氏規、十七日に京へ到着し、本日、豊臣秀吉と対面。 | 『輝元公上洛日記』国会図書館デジタルアーカイブ |
| 8 | 23 | 足利城外張で合戦。同二十六日に小泉城主富永秀長の高名を賞す。 | 「北条氏直感状」6—一三四〇、鉢四—31 |
| 9 | 2 | 豊臣秀吉は太田道誉と梶原政景に朱印状を出し、北条は何事も上意に随うとしたため氏直を赦免した事。関東の仕置きは上使の元に置かれ、それぞれの領分の境界等について仰せつけると伝える。 | 「豊臣秀吉朱印状」6—一四四四 |
| 9 | 3 | 北条氏邦が沼田城へ進攻した時、長尾顕長は参陣しなかった。 | 「北条氏邦書状」戦北三七〇五 |
| 9 | 4 | 北条氏邦は沼田城を攻める。 | 「北条氏邦感状」6—一四四五、戦北三三六九、鉢三—5 |
| 9 | 11 | 北条氏邦、沼田口での北爪新八郎の高名を賞す。 | |
| 9 | 22 | （この年カ）吉田新左衛門の所領、小嶋郷の領地書立が出される。 | 「小嶋郷知行書立写」6—付四七 鉢一—59 |
| 10 | 11 | 北条某、岩付の恒岡越後守などに金野井本郷（春日部市）の天正十六年の水損について、八十二貫六百八十文の定納分から九貫百三十文を一回だけ差し引くと伝える。 | 「金野井本郷子歳水損書出」6—一四四七、戦北三三七八 |
| 10 | 13 | 北条氏邦、吉田真重に書を送り、信濃より五百人程の忍者、権現山城侵入の情報を告げ、用心を厳命する。 | 「北条氏邦書状写」鉢一—64、戦北三四三二 |
| | | 吉田真重の守る権現山城の軍備と吉田真重の軍備の大要を記す。この中に、「こんた祢」があり、鉢形の権田鍛冶が造った矢の根との頭注が追記される。 | 「権現山城物書立写」6—一四四八、戦北三三八〇、鉢一—64 |
| 10 | 16 | 北条氏直、阿久澤能登守に桐生の由良が一日に亀山北表に向かい足尾・黒川谷へ動いたのを防戦して多数討ちとった高名を賞する。 | 「北条氏直書状写」戦北三七二五 |
| 11 | 30 | 北条氏規、徳川氏の家臣酒井忠次に、来る二月に駿府でお目にかかれること。氏政が氏規の上洛は反対で、閉じこもっている事。秀吉からの使者が来られた事。徳川氏が北条のために沼田の扱いを定める努力をしている事などを伺った等と伝える。 | 「北条氏規書状写」戦北三五四八 6—一四九〇、鉢二—80 |
| 12 | 7 | 宇津木下総守（氏久）に昨年の扶持給三分の一分並びに今年二月から七月迄の扶持給分と今年の春の夫銭未進分合わせて三十九貫七百七十六文について、半分は厩橋城米、残り半分は同城の麦で支給すると伝える。 | 「北条家朱印状」戦北三三九五 |
| | | 北条家、宇津木下総守（氏久）に鉄砲衆十人の扶持百貫文の給と二十貫四百四十六文について、十三貫三百三十文は今年春の夫銭、六貫文は二月か | |

| 西暦 | 和暦 | 月 | 日 | 事項 | 出典 |
| --- | --- | --- | --- | --- | --- |
| | | | | ら七月迄の扶持、十九貫三百三十文は来春与える事、残り八十貫六百七十文の内三十貫百二十文は厩橋城城米、残り三十貫百二十文は同麦で今支給し、残り二十貫四百四十六文は今後与えるという。 | 「北条家朱印状」戦北三三九六 |
| | | 12 | 11 | （この年カ）北条氏直、赤堀又太郎に阿曽番所の防備を命じる。 | 「北条氏直書状」戦北三三九七 |
| | | 12 | 14 | 北条家、宇津木下総守に鉄砲衆十人の扶持百貫文の給について、十三貫三百三十文は今年の春の夫銭、六貫文は二月から七月迄の扶持とし、十九貫三百三十文は来春支給。残り八十貫六百七十文の内、十三貫三百三十文は昨年秋の夫銭、六貫文は昨年八月から正月までの扶持、四十貫八百九十四文は給分の三分の二とし、このうち三十貫文は下紬三十端、三十貫二百二十四文は城米として与え、残り二十貫四百四十文は今後与えるという。 | 「北条家朱印状」戦北三四〇一 |
| | | 12 | 23 | （この年カ）吉田真重、知行書上に小嶋郷（本庄市）親知行分三百貫文（実は百貫文）。自分分として黛之郷（上里町）百五十貫文、併せて計三百貫文の他、名胡桃一ケ所、茂呂田一村（みなかみ町）を知行と記す。 | 「知行書上写」鉢一－66、戦北四二四七 |
| | | 12 | 24 | 北条家、深谷の小野氏に今年の扶持給三十一貫文を給する。 | 「北条家朱印状」戦北三四〇六、鉢三－14 |
| | | 12 | 28 | （この年カ）北条家、岩田河内守に着到状に基づき過不足無い着陣を命じる。 | 「北条氏直カ書状写」『岩田家系録』鉢三－112 |
| | | | | （この頃カ）太田資正は家督を三男資武に譲る。 | 『太田家譜』 |
| 一五八九 | 天正17 | 1 | 3 | 北条氏邦、末野（寄居町）の二十人の飛脚と鐘打に屋敷を安堵し、花園山と共に管理を厳密にするよう命じる。 | 「北条氏邦朱印状写」6－一四五二、戦北三四一一、鉢三－128 |
| | | 1 | 16 | 北条氏直、足利城攻めで、城際まで押し詰めたが敵は出てこなかった事、厩橋の人馬は沼田から返すようにとの書立を見たが、その替えに付いて伺いたいと（北条氏照カに）伝える。 | 「北条氏直書状写」6－一六七二、鉢三－17 戦北三四一四 |
| | | 1 | 19 | 天徳寺宝衍（佐野房綱）、上杉景勝に北条氏照が長尾顕長在城の地・足利に着陣、付城を築いて物主となり、三・四月頃まで堅く守ると伝えられた事を伝え、石田三成・増田長盛にも伝えたので協議して善処を依頼する。 | 「天徳寺宝衍書状」6－一三五七、 |
| | | 1 | 24 | 足利で合戦。岩田河内守三人討ち取り、金井猪助一人討ち取りの高名。 | 「北条氏直感状写」12－八六七・補一四、 |
| | | 1 | 28 | 北条氏直、金井猪助、岩田河内守・宇津木氏久に二十四日の足利城攻めの忠節に感状を出す。 | 岩田家系録8、鉢三－113・四－53 6－一五〇二～四、戦北三六三二～五 |
| | | 2 | 2 | 北条氏直、桜井武兵衛尉の一月二十四日足利城における活躍に感状を与える。 | 「北条氏直感状」戦北－三六三七 |
| | | 2 | 12 | 北条家は松井田の旗本衆に足利への出陣の為、不足無く利根川端に着陣を命じ | 「北条家朱印状」戦北－三四二一 |

| 月 | 日 | 事項 | 出典 |
|---|---|---|---|
| | | る。 | |
| 2 | 19 | 北条氏政、氏規に由良国繁・長尾顕長の不参陣等について氏邦に糺明させ、由良は城破却、妻子は小田原在府とした事、長尾は今糺明中。 | 「北条氏政書状写」戦北三四二六 6—一二四五 |
| 2 | 20 | 北条氏直、氏邦に足利城の破却を無事進めている事、足利城の破却を預かっていない上は指図あるまじき事、小俣が敵を討ち取った事心地よい事でなおも油断無きようお指図頂きたい事、佐伯の事は優れた合戦で、壬生からの注進状は十八日に届き、急ぎ出馬先へ引き連れてくると伝えてきたと記す。 | 「北条氏直書状写」6—一六七四、戦北三四二七、鉢二—18 |
| 2 | | 徳川氏との国分け協定の問題で北条氏直は板部岡融成を秀吉の元へ派遣。 | 『戦国時代年表』後北条氏編 |
| 3 | 11 | 石田三成、宇都宮国綱に氏直が足利に進攻した事の調停を豊臣秀吉が行う事などを考えている等を伝える。 | 「石田三成書状写」12—八六九 |
| 3 | 14 | 北条氏房、岩槻平林寺の僧が上洛する事で、留守中の横合い非分を禁止、違犯の輩があれば留守居の者が伊達房実の所へ申し出るように伝える。 | 「北条氏房朱印状」6—一四五五 戦北三四三一 |
| 3 | 24 | 北条氏直、北条氏邦が足利城の破却を終了し、二十一日に帰城した事、検使より報告を聞いたと伝える。 | 「北条氏直書状」戦北三四三六、鉢一—34 |
| | | 北条氏房、深井藤左衛門・佐枝若狭守と百姓中に御領所粕壁（春日部市）の諸役不入とし、大普請役と棟別役は定めの通り務める事、その他の役は無いので人を集めて開発する事と命じる。 | 「北条氏房朱印状写」6—一四五六 戦北三四三七 |
| 4 | 3 | 大石秀信、北野天神社（所沢市）に社殿等破損無きよう修築する事、神宝の紛失にも注意と指示する。 | 「大石秀信判物」6—一四五七、戦北三四三八 |
| 4 | 6 | 北条氏邦、西戸（毛呂山町）の山本坊に秩父郡年行司職安堵。山伏の統率を命じる。 | 「北条氏邦朱印状」6—一四五八、戦北三四三九 |
| 4 | 27 | 北条氏政、太田康宗が質問に卑怯な内容の返書した事で本来なら打ち首のところ、これほどの愚人は犬同前で有り、死罪は許し、罪科として二百人手間で関宿の築堤を命じる。 | 「北条氏政朱印状写」6—一四六〇、戦北三四四四 |
| 5 | 16 | 松田憲秀、横手郷（飯能市）を山口若狭守に隠居分として宛行う。 | 「松田憲秀朱印状」6—一四六五、戦北三四五二 |
| 5 | 30 | 巻島主水助は先の関宿城簗田との合戦での高名で間釜（栗橋）内に十貫文を宛行われ、開墾を進め来年は軍役を賦課すると伝えられる。 | 「某朱印状写」6—一四六六、戦北三四五六 |
| 5 | | 北条氏房家臣、伊達與兵衛尉房実、慈恩寺に灯籠を鋳造して奉納。 | 「鉄灯籠銘」戦北三四五七、9—一—二—一八九 |
| 6 | 5 | 北条氏直、豊臣秀吉の家臣妙音院（富田知信）と一鷗軒（津田勝信）に氏直 | |

| 月日 | 事項 | 出典 |
|---|---|---|
| | 父子の内一人を上洛させるように言ってきたが、氏政の上洛を決めたものの年内は無理であり、十二月上旬に出発と伝える。 | 「北条氏直書状写」戦北三四六〇 |
| 6 13 | 北条氏房、中尾（さいたま市）の吉祥寺と慈星院との本末の争論は仙波中院の證文に拠り慈星院が末寺と裁定する。 | 「北条氏房朱印状写」戦北三四六二、6―一四六七 |
| 6 23 | 豊臣方から氏政の上洛の催促があったが、氏政の上洛は十二月になると和田昌繁に伝え、二、三の事を口上で伝える。 | 「北条家朱印状」戦北三四六五 |
| 7 14 | 北条氏政、沼田城受取りは氏忠に申し付けた事、使者の接待は氏邦に対応を指示。 | 「北条氏政書状」6―一四六八、戦北三四七二、鉢二―19 |
| 7 18 | 和田信業、安中宿に掟を出す。この掟では特に男女の密会、女の門外にでる事、男女の他衆と会う事等を厳しく禁止し、酔狂の輩は改易とする事などを命じる。 | 「和田信業掟書」戦北三四七三 |
| 7 20 | 北条氏房、井草宿百姓中に棟別銭二貫三十七文を例年の如く九月末までに岩付城の御蔵へ納入と命じる。 | 「北条氏房朱印状写」6―一四七〇、戦北三四七五 |
| | 安中城主安中左近大夫久繁に、沼田引き渡しについて京より富田・津田両名が安中城へ到着する事を伝え、この事で氏邦が途中まで出迎え、請け取り役として北条氏忠を派遣した事。安中久繁は二百人ばかりを選抜して氏邦に同道させ、歩者は白衣、馬上衆は袖細・皮袴・畳紙服の装束、武具は持たない事。弓・鉄砲・鑓などは誂え次第煌びやかに整え、火急の事に備える事等を命じ、到着は二十五・六日になると伝える。 | 「北条氏直書状」戦北三四七四 |
| 7 21 | 北条氏直、豊臣秀吉の裁定で沼田城を真田昌幸から受け取る | 『家忠日記』国立公文書館公開資料 |
| 7 29 | 北条氏照、伊達政宗に書状を出し、太刀受贈の礼を伝え、佐竹と伊達の間は平穏であるようだが、北条と佐竹は敵対しており、何時合戦になるか不安、今後も協力をと依頼する。氏直から南蛮笠・唐錦三巻、氏照から景光の太刀を贈る。 | 「北条氏照書状」12―八七三 |
| 8 下カ | 猪俣邦憲沼田城主となる。 | 『戦国時代年表』後北条氏編 |
| 8 5 | 北条家、北爪新八郎に女淵五郷を検地した上で給田を下される旨を伝える。 | 「北条家朱印状」6―一四七一、鉢三―6 |
| 8 7 | 北条氏房、鷲宮神社に岩付より鷲宮まで兵粮を一日に三駄づつ通す事を伝える。 | 「北条氏房朱印状」6―一四七二、戦北三四八二 |
| 8 16 | 北条氏房、深井対馬守父子に植林した山林で毎年栗を採り、苗木を植えて | 「北条氏房朱印状写」6―一四七三、 |

| | | | |
|---|---|---|---|
| | | 御用立を行っている事に対し、その山を安堵し、横合非分を禁止する。 | 戦北三四八三 |
| 8 | 22 | 松田直秀、高麗郡横手村二十貫文を山口重久等三人に給田として宛行。その割り振りは山口郷左衛門重久と山口喜兵衛重勝に七貫五百文づつ、山口美作守重保に五百文とする。 | 「松田直秀朱印状」6−一四七四、戦北三四八五 |
| 8 | 28 | 北条氏房、畔吉（上尾市）の井原土佐守に訴えを受けて徳正寺の門前共に諸役免除・不入と伝える。 | 「北条氏房朱印状」6−一四七五、戦北三四九〇 |
| 8 | 29 | 北条氏邦、飯塚和泉守に北谷の今年の年貢で黄金・真綿を調達し、御蔵へ納めるよう命じる。 | 「北条氏邦朱印状」6−一四七六、戦北三四九一、鉢四−109 |
| 9 | 1 | 猪俣邦憲、吉田和泉守に下川田二百貫文等、計三百三十貫文の地の年貢催促。 | 「猪俣邦憲判物写」戦北三四九三、6−四四九、鉢一−68 |
| 9 | 13 | 北条氏邦、飯塚和泉守に北谷の今年の年貢皆済について間違いないように尽力する事を命じる。 | 「北条氏邦朱印状」12−八七七、鉢四−110、戦北三四九八 |
| 9 | 25 | 北条氏直、足利城主長尾顕長に国峰城主小幡家中が氏邦の命に従わない場合、氏邦が退治に出陣すると伝え、参陣を要請。 | 「北条氏直書状写」6−一四七七、戦北三五〇〇 |
| 9 | 26 | 北条家、宇津木氏久と神宮武兵衛の鉄砲衆の扶持分三十九貫六百八十九文を厩橋城の麦で支払う。但し、麦の換算は百文につき二斗四升とする。 | 「北条家朱印状」戦北三五〇一 |
| 9 | 28 | 北条氏邦、横瀬兵部大夫に、かって猪俣が使役していた陣夫を命じ、横瀬自身馬一匹をひいて参集すべきと命ず。 | 「北条氏邦朱印状写」6−一四七八、戦北三五〇五、鉢二−109 |
| 10 | 1 | 猪俣邦憲、和田伊賀守に沼田家退転で三十年間失っていた沼田の本領と屋敷地五十一貫文を安堵。恩田の本領屋敷地は右近衛へ返す事とする。 | 「猪俣邦憲判物」12−八八二、戦北三五〇七 |
| | | 同日、木内左（右カ）近衛にも譜代の本領八十貫文を返還。 | 「猪俣邦憲判物」12−八八三、戦北三五〇八 |
| 10 | 3 | 上田憲定、比企郡かたよせ郷百姓中に奉公と松山城出仕を求める | 「上田憲定朱印状」6−一四七九、戦北三五一〇 |
| | | 松田直秀、山口重明に多摩郡関戸内乞田村二十五貫文を宛行。軍役三人。 | 「松田直秀朱印状写」6−一四八〇 |
| 10 | 8 | 北条氏勝、鶴岡八幡宮御院家中・神主・小別当に人足役を付加したが、人足役免除の北条家朱印を知らず行った事でと謝罪し、人足は自らが出すと伝える。 | 「北条氏勝書状」戦北三五一二 |
| 10 | 14 | 北条氏政の上洛に伴う分担金一貫八百四十文を永楽銭・黄金・麻の中からでき次第の供出を高瀬紀伊守に命じる。 | 「北条氏忠朱印状」戦北三五一七 |
| 10 | 15 | 佐野城主北条氏忠が小曽戸丹波守に下野尻内（栃木市）七十四貫五百七十 | |

| | | | |
|---|---|---|---|
| | | 一文分の年貢二十九貫八百二十文を申し伝えた中に、四貫八百二十九文分として塩硝で納める事が記され、この分は塩硝二百四十一升半、但し一升は百目宛て、一升は二十文と規定される。 | 「北条氏忠朱印状」戦北三五一八 |
| | | これに関連する史料として（年不詳）六月十六日の氏忠朱印状（戦北四〇三八）には高瀬紀伊守宛てに鉄炮の薬錐の手間手伝い二名を新田休雪の元に一ケ月間出役させるよう命じたものがある。 | 「北条氏忠朱印状」戦北四〇三八 |
| | | 小幡信定、安威佐渡守・熊井土甚内を奏者に新井治部少輔に忠節の恩賞として阿相（麻生）の内・飯嶋の内・大寄の窪地の三箇村（神流町）と黒澤十郎左衛門一跡を与える。なお、この土地は支配が入り組んでおり子細があるがその扱いは改めて申し伝えられるという。（元亀二年四月七日の山口上総守宛行地と関係あるカ。） | 「小幡家朱印状写」戦北三五一九 |
| 10 | 21 | 上田又五郎宗建没。 | 『浄蓮寺過去帳』梅沢二〇一一 |
| 10 | 29 | 東秩父村御堂に蓮忠等供養板石塔婆を大河原浄研の息・日福（日蓮宗池上本門寺十二世日惺の付人カ）造立。 | 「大霊神社板石塔婆銘」梅沢二〇一一 |
| 11 | | 藤田信吉、上杉景勝の上洛に供奉し、従五位下に叙せられる。 | 『藩翰譜』 |
| 11 | 2 | 北条家、金山城主由良国繁に西表の動き次第で、十日に二百人を連れ、利根川端に参陣すべき事を要請する。北条の興亡に関わる事で覚悟を持って間違いないよう十五才から七十才まで無足の者を含めた参陣を求める。 | 「北条家朱印状写」6―一四八三 |
| 11 | 5 | 北条氏直、猪俣邦憲に連絡のため山上久忠を派遣した事、沼田は境目の城であり、昼夜を問わず油断無く走り廻る事が大切と伝え、大筒二挺と一種一荷を送る。 | 「北条氏直書状」戦北三五三七 |
| 11 | 10 | 北条氏直、塚本仁兵衛の名胡桃城攻めで、敵一人討捕りの高名を賞す。 | 「北条氏直感状写」6―一四八四 |
| 11 | 11 | 木戸元斎（寿三）に書状を出し、上杉景勝の会津出兵について、その労をねぎらうと共に、伊達政宗の使者遠藤下総守が上洛したが、伊達が略取した会津について返還無くば許されないとの事。北条は沼田を受け取って以来、上洛もせず、今月に上洛しなければ、来月二十日には北条征伐の陣触が発せられる事を伝える。この出馬では景勝に大将としての役割が与えられるが、天徳寺も旗本として参陣する事になっている。この事に付いて相談するよう命が下った。これらの事を直江兼続に伝えて欲しい事などを依頼する。 | 「天徳寺宝衍書状」上別Ⅱ―三三三五 |

| | | | |
|---|---|---|---|
| 11 | 20 | 池上本門寺十二世日惺上人は松山城主上田憲定室法名妙上に曼荼羅を書き与える。 | 「日惺曼荼羅」『小川町史』資料編2―一一―三―二九一 |
| 11 | 21 | 豊臣秀吉、真田昌幸に猪俣範直が名胡桃城に攻撃をし、物主（鈴木主水）を討ち果たし奪取した事、成敗する事などを伝える。 | 「豊臣秀吉朱印状」6―一四八五 |
| 11 | 24 | 豊臣秀吉、北条氏へ宣戦布告する。この中に二月の沼田領国分けの事が書かれ、真田の支配してきた知行沼田の三分の二は北条に与え、三分の一を真田分とし、不足分は信濃で徳川家康が渡す事とされていた。 | 「豊臣秀吉条書」6―一四八六、戦北四五三七 |
| | | 豊臣秀吉、徳川家康に北条征伐の打ち合わせの為の急ぎの上洛を求める。 | 「豊臣秀吉書状写」6―一四八七 |
| 11 | 26 | 北条氏房、比企藤四郎へ井草の内六貫文の給田・検地増分三貫文、山林一ヶ所を指添え出しておいた。着到は鉄炮一挺、伊達房実の下で陣役を果たす事。足立郡安行内慈林村十七貫文の所は間違いないと伝える。 | 「北条氏房朱印状写」6―一四八八 戦北三五四六 |
| 11 | 28 | 豊臣秀吉、太田道誉に朱印状を送り、北条への宣戦布告状の写しを送った上で、覚悟を要請する。梶原政景にも送る。 | 「豊臣秀吉朱印状」6―一四八九 同 12―八九〇 |
| | | 猪俣邦憲、吉田真重に追加の二百貫文の着到を定める。内百貫文は足軽給分で足軽七十人（鉄炮衆三十人、槍衆二十人、弓衆二十人）分。 | 「猪俣憲邦判物写」鉢一―69 戦北三五四七、6―一〇〇六 |
| 11 | 29 | 上田右京亮法名浄覚（大河原浄研娘研理の夫）の供養塔婆が造立される。 | 浄蓮寺「浄覚板石塔婆」梅沢二〇一一 |
| 12 | 4 | 豊臣秀吉、小早川隆景に北条への宣戦布告状写を送り、北条征伐の先鋒正月から出発と伝える。小早川は清洲城へ二千の兵で在番。 | 「豊臣秀吉朱印状」小一―八三一 |
| 12 | 7 | 北条氏直は、五日に書簡を送られ、驚いて豊臣秀吉の側近富田・津田両者に氏政の上洛が遅れている事について四ヶ条の条書を出す。この中で名胡桃城の乗っ取りについては氏直は一切知らない事と伝えている。 | 「北条氏直条書写」6―一四九一、戦北三五六三 |
| 12 | 8 | 北条氏直、上野衆の宇津木氏久等に出陣の用意を急ぐ事、正月三日に出陣し、小田原城に参集と指示する。 | 「北条家朱印状」戦北三五六四～六 |
| 12 | 9 | 北条氏直、徳川家康に名胡桃城奪取は北条方からの乗っ取りでは無い事を伝え、宣戦布告に驚き、取りなしを依頼する。 | 「北条氏直書状写」6―一四九二 戦北三五七〇 |
| 12 | 11 | 北条氏邦、阿曽砦の番について、津久田衆の狩野越後守康行に検使を命じ、番に阿久沢氏と赤堀又太郎に自身が移るよう命じたが従わない事、境目の在番に遅れるのは問題なので、先ずは両方の人衆が交代し、阿久沢衆は本城に、赤堀衆は中城、津久田衆は戸張に在番する事等を命じる。 | 「北条氏邦書状写」6―一四九三 |

| 西暦 | 年号 | 月 | 日 | 事項 | 出典 |
|---|---|---|---|---|---|
| | | | | 京都からの使者が沼田・吾妻に参り、当方へ来られた。真田は京に止め置かれているので、先日停戦を申しつけられたが、敵の足軽が出てきたら取り逃がしてはならない事、十分なる仕置きが重要と伝える。阿曽当番は一番に越後(狩野康行)に申しつけ、二番は須田に申しつけるとしている。 | 戦北三五七四 |
| | | 12 | 13 | 徳川家康のもとに豊臣秀吉からの陣触が届く。 | 『家忠日記』国立公文書館デジタルアーカイブ |
| | | 12 | 14 | 北条家は北爪新八郎に女淵郷内に給田二十貫文を与える。 | 「北条家朱印状」戦北三五七五、6―一四九四、鉢三―7 |
| | | 12 | 19 | 北条家は大藤与七に来年の西表との合戦に備え韮山へ移り対応を命じる。長浜に八十人を置き入れ替える事、二百四十人の内二百人は韮山城楯籠もり、四十人の内二十人は在所に置いて対処させる事など。 | 「北条家定書」戦北三五七九 |
| | | 12 | 20 | 成田氏長、栗原大学助に二十貫文所と夫馬免十貫文宛行。 | 「成田氏長判物」6―一四九五〜六 |
| | | 12 | 21 | 上田憲定、奈良梨郷へ朱印状を出し、松山領への攻撃があったときの対処法を指示する。 | 「上田憲定朱印状」6―付六六、 |
| | | 12 | 22 | 北条氏邦、香下源左衛門に四方田知行一騎を潰し計四十五貫八百文宛行。 | 「北条氏直書状写」6―一四九七、鉢二―64 |
| | | 12 | 26 | 佐竹義宣、直江兼続・木戸元斎に書状を出し、会津を伊達から取り返す事の秀吉の裁定に謝意を表し、上杉のすぐの進攻を願う。 | 「佐竹義宣書状」上別Ⅱ―三三三八 |
| | | 12 | 27 | 北条家、長尾左衛門尉(輝景)に京勢の出陣が連日伝えられている事、白井城の防備を任せる事、軍勢を集め良くも悪くも氏邦と相談してその筋の防戦に当たって欲しい事、郷村の兵粮は正月晦日を限度に要害へ入れる事が領国全ての決まりであるので厳密に下知される事、長井坂城の番は小幡であるが小田原へ参陣されるので正月七日にはかならず受取り、番を行う事などを申しつける。 | 「北条家朱印状写」12―八九三、戦北三五八九 |
| | | 12 | 28 | 北条家、某(冨岡氏カ)に朱印状を出し、京勢の出陣の注進が連日ある事に併せ、先軍を招集している。佐竹も敵の出陣に併せて合力して来るので佐野から館林、小山を堅く守る事を申しつける。地衆を手元に置き、一騎衆は新三郎を大将として六十人を正月十五日までに小田原迄着陣させる事。郷村の兵粮は正月二十日までに城にいれるが、村民の食料分は残す事などを命じる。 | 「北条家朱印状」戦北三五九三 |
| 一五九〇 | 天正18 | 1 | 6 | 北条氏直、深沢城の阿久沢能登守に武蔵・上野の人衆を総て小田原へ集める事としたので、阿久沢自身大小旗一・鑓十五・鉄砲十・馬上五騎・手明 | 「北条氏直書状」6―一四九八 戦北三六〇七 |

| 月 | 日 | 事項 | 出典 |
| --- | --- | --- | --- |
| | | 十の計四十一人を召し連れ、十五日までに着陣と命じる。 | |
| 1 | 8 | 北条家は宇津木氏久・本間五郎大夫に私領内の兵糧を月末までに全て金山城内に入れる事を命じ、境を超えて郷中にいる事を申し出た者には食料を与える。これは北条領国の掟である事。但し食料を土中に埋めて置くのは禁止と伝える。 | 「北条家朱印状」戦北三六〇九<br>「北条家朱印状写」戦北三六一〇 |
| | | 豊臣秀吉、真田昌幸に北条攻めの先鋒、二月十日頃出陣を命じる。 | 「長国寺殿御事績稿」八『信濃史料』巻十七 |
| 1 | 9 | 豊臣秀吉、上杉景勝に北条攻めの先鋒、信濃国人衆を引き連れ、二月十日頃出陣を命じる。 | 『史料綜覧』巻十二―二六二頁 |
| 1 | 16 | 北条氏政、猪俣能登守に上野は沼田城が唯一重要な城であり、自身も鍬を持って普請に従事すれば、普請に従事しない者無くなるといい、伊豆では氏規を始めとして自らが昼夜区別無く行っていると伝える。 | 「北条氏政書状」12―八九四、戦北三六一六 |
| 1 | 17 | 北条氏直、伊達政宗が関東への加勢として出馬の噂を聞いて喜び、具足一領を贈る。 | 「北条氏直書状」戦北三六一七 |
| | | 北条氏照、猪俣邦憲に昨年の夏以来小田原城の大普請を請け、その上、上方の事で御用繁多のため無沙汰をした事を詫び、沼田城は重要な城であるが猪俣がいるので安心等を伝え、太刀一、鵝目百疋の受贈の礼を伝える。 | 「北条氏照書状」戦北三六一八 |
| 1 | 18 | 北条氏房、勝田大炊助等七人にこのたびの着到改めを受け、各人が軍装を整備した事を讃え、伊達房実の元での走り廻りを命じる。 | 「北条氏房朱印状写」6―一五〇〇<br>戦北三六二三 |
| 1 | 21 | 北条家、福岡郷（ふじみ野市）等へ今年の作付けの為種夫食を郷中に残し、作付けする事、郷中の兵粮については郡代の関わりを排除し、領主が直接関わる事、横合いの輩有れば厳罰に処する事、種夫食でも食物でもない食料を郷中に隠してある事を聞き次第兵粮として取り上げる等を命じる | 「北条家定書写」6―一五〇一<br>戦北三六二七 |
| | | 建長寺に寺中に兵粮を置く事を禁止し、玉縄城か小田原城へ二十五日までに搬入と命じる。 | 「北条家定書」戦北三六二六 |
| 2 | 2 | 徳川家康五日、上杉景勝は十日、前田利家は二十日に関東出陣という。 | 「前田利家書状」群7―三五八七 |
| 2 | 6 | 簗田助縄、戸張筑前守に簗田領吉川郷（吉川市）へ盗賊に入った者を打ち取った功積を賞する。 | 「簗田助縄感状写」戦北三六三九 |
| 2 | 7 | 北条氏房、植谷宮内に軍役着到のとおり十八日に岩付城への着陣を命じる。 | 「北条氏房朱印状写」戦北四〇四三 |

（天正18）

| | | | |
|---|---|---|---|
| 2 | 12 | 北条氏邦、大浜弥八郎へ贄川の新井縫殿助・喜兵衛分二十二貫文宛行。陣役での走り廻りを命じる。 | 「北条氏邦朱印状」6―一五〇七、戦北三六四八、鉢二―94 |
| | | 北条氏房、道祖土図書助満兼に、岩付城普請の為、屋敷一間に付き一人、五日の人足を命じる。 | 「北条氏房朱印状」6―一五〇八、戦北三六四九 |
| 2 | 14 | 北条家は上田掃部助に上田掃部助領地戸守郷百姓深谷兵庫が年貢未納で欠落し、一本木宿（さいたま市岩槻区カ）にいるので召返を命じる。 | 「北条家朱印状」戦北三六五〇<br>12―八九六 |
| 2 | 20 | 上田憲定、小田原籠城に付、木呂子丹波守等に松山城中の後事を託す。 | 「上田憲定朱印状写」12―八九七 |
| | | 常陸小田城主梶原政景、上総大多喜城主正木頼時に書を送り、豊臣秀吉の関東進発、宣戦布告の朱印状の到来。北条父子がたとえ降伏しても赦免される事はないと天徳寺宝衍の副状にあった事。正月二十九日に小田氏治が小田奪回を謀ったが勝利した事など伝える。 | 「梶原政景書状写」6―一五〇九 |
| 2 | 21 | 北条家は女淵衆二十六人に百四十二貫文の給田を分け与え、走り廻りを要請。 | 「北条家朱印状」戦北三六五三 |
| | | 北条家、入間郡福岡郷カに乱暴狼藉・刈田・伐採を禁止の禁制を出す。 | 「北条家禁制」6―一五一〇、戦北三六五四 |
| 2 | 23 | 北条家は河越本郷の小代官等に対し、昨年の御蔵米二十五俵六升六合が未進であり、三月五日までの皆済を命じる。福岡なら分・沼間分にも出す。 | 「北条家朱印状」6―一五一一～二、戦北三六五五～六 |
| 2 | 24 | 北条氏直、小幡兵衛尉（信定）に西国勢が沼津近辺に着いた事を伝え、その地の備えの様子などを伝える様命じる。 | 「北条氏直覚書写」戦北三六五七 |
| 2 | 28 | 上田憲定、犯科人・負債ある者にも参陣を促し、扶持・褒美・取立などを約す。松山城代上田河内守。 | 「上田憲定制札」6―一五一四、戦北三六六一 |
| 3 | 1 | 豊臣秀吉、四万人の軍勢を引きつれ関東出陣。 | 「蓮成院記録」小一―八五一 |
| 3 | 7 | 豊臣秀吉、足利義氏遺児古河姫に堪忍分として所領安堵し、喜連川家の足利国友との婚姻を勧める。 | 「豊臣秀吉書状写」『埼玉の中世文書』三九、註『喜連川家文書』に正文有り |
| | | 北条家、逗子等に西国衆の出張に対処するため町人・商人・細工人まで武器を持っての出役を求め、本意の上は望みに任せ褒美を取らせると伝える。また各々の指南する者や、その手脇の者にもこの旨を伝え、覚悟させる事を命じる。 | 「北条家朱印状」6―一五一五、戦北三六七三～四 |
| 3 | 8 | 岩付の伊達房実は鈴木雅楽助に岩付領分の兵粮を四月十五日までに岩付城大構への搬入を命じる。小田原の北条氏直の仰せという。 | 「伊達房実奉書写」6―一五二四、戦北四九七二 |

| | | | |
|---|---|---|---|
| 3 | 9 | 北条氏政、猪俣邦憲に駿河・伊勢辺の衆は二十五・六日に黄瀬川辺りに到着。一万騎位と言うが見ていないのではっきりしない事、八日までは全く動かず三嶋前後にて芋掘りをしている状況。豊臣秀吉は十五日頃着陣予定、韮山・山中・足柄城の普請は怠りなく行った。利根川は満水で河東の国衆は敵対しないだろう、川西では鉢形城・松井田城・箕輪城が堅固で敵を撃退できると知らせる。 | 「北条氏政書状」12―九〇〇、戦北三六七五 |
| | | 大道寺政繁、上杉景勝・前田利家に松井田城を守る城兵は疲労で防戦の行が無い。降伏するので城兵の命を助けて欲しいと懇願する。 | 「大道寺政繁書状」『上杉家御年譜』3上別Ⅱ―三三四八 |
| 3 | 11 | 北条氏直、小幡兵衛尉（信定）に秀吉が三日に京を出陣し、五日の内に駿河着陣を伝えてきており、諸口の備えを怠りなくと伝える。 | 「北条氏直書状」戦北三六七八 |
| | | 上田憲定、小田原陣中から松山本宿・新宿町人衆に朱印状を出す。宿中の者が松山城に籠城する事を聞いた事を喜び、宿内で長年暮らしてきた者の筋目である事、この度活躍無くしてはかなわない事、籠城し走り廻りをする者はどの様な者でも引き立てる事などを伝え、総ての宿の者達の松山城籠城を呼び掛ける。 | 「上田憲定朱印状」6―一五一六、戦北三六八〇 |
| 3 | 13 | 日蓮宗池上本門寺十二世日惺は小田原城籠城の前に、後継を日億に譲ると置文を出す。 | 「日惺置文」12―九〇三 |
| 3 | 16 | 北条氏邦、大浜弥八郎に欠落した百姓の召返しを命じる | 「北条氏邦朱印状写」6―一五一七、戦北三六八三、鉢一―95 |
| 3 | 18 | 十五日に碓氷峠の敵と戦い大きな戦果を上げた大道寺直昌に感状を与える。塩田衆・真田衆も西国勢を碓氷峠で迎え討ち高名。 | 「北条氏直感状」戦北三六八五～六 |
| 3 | 20 | 北条氏房、右衛門尉欠落に伴い、郷中の被官・百姓等も欠落したが、還住の上このたびの普請での走り廻りと耕作に従事する事を命じる。 | 「北条氏房朱印状写」6―一五二〇戦北三六八九 |
| 3 | 28 | 豊臣秀吉、前日沼津に着き、今日は山中城筋を視察し、長久保城に入る。 | 『家忠日記』 |
| 3 | 29 | 山中城落城。 | |
| 4 | 1 | 相模鷹巣城（箱根町）落城 | 「豊臣秀吉書状写」6―一五二一 |
| 4 | 2 | 足柄城（南足柄市）・根府川城（小田原市）開城。 | |
| 4 | 11 | 北条氏邦、碓氷峠を越えてきた敵は松井田の上之山に陣取りし、仮宿を焼いたが支障は無いという。 | 「北条氏邦書状」戦北三七〇三、6―一五二六 |
| | | 豊臣秀吉、真田昌幸父子に三月二十九日山中城攻略し、小田原城から二～ | |

| | | |
|---|---|---|
| | 三町の所に堀・柵を造って取り囲み、海上は数千の船を配しているので鳥さえも越せない事、これで小田原は為す術がない。八日夜には皆川広照が百人余を連れて当陣へ走入り、命乞いをしてきたので赦免した事などを伝え、上杉景勝・前田利家と相談して油断なく働く事が簡要という。 | 「豊臣秀吉朱印状」6―一五二五 |
| 4 12 | 北条氏直、小幡兵衛尉（信定）に敵が条件を付けて降伏をするよう申し入れてきても一切取り合わないよう命じる。 | 「北条家朱印状写」戦北三七〇四 |
| 4 20 | 松井田城落城。玉縄城落城。<br>真田昌幸、松井田城攻略の様子を詳細に報告。真田信幸が手勢百三十余人を連れ、碓井峠を下り町口についたところ、大道寺政繁が七・八百騎で城外に出、三方を囲まれ、さらに備えは弓鉄砲がなく、頼る兵具は太刀・長刀・鑓などで劣勢になり、佐久の依良宗源が手勢数十人で坂本の民家に放火するなどして後を脅かしたが、吉田庄介などがこれに掛け合い馬上から打ち落とし即、首を刎ねるなどして勢いを盛り返し、敵八十人ほどを打ち取り勝利し、門外まで攻め詰め、鬨を上げた事等を記す。 | 「真田真幸書状写」6―一五二七ほか |
| 4 23 | 大道寺政繁、藤田信吉に上杉景勝への取りなしを依頼する。 | 「大道寺政繁書状写」12―九〇九、戦北三七一八 |
| 4 26 | 北条氏直、木呂子丹波守・新左衛門父子に丹波守が松山城、新左衛門が小田原城籠城の忠節により本意の後は駿河・上野で一箇所の知行を約す。 | 「北条氏直判物写」12―九一〇、戦北三七二二 |
| | 小田原攻めの北国勢の武将として武蔵に入った藤田信吉は、児玉郡今井村の鈴木氏に今井村・阿佐美村・富田村・四方田村・小嶋村五箇村を今まで通り支配管理させ、用務遂行を申しつける。 | 「藤田信吉判物」鉢四―10、戦北三七二三 |
| 4 28 | この頃、江戸城・河越城・箕輪城・佐野城・前橋城など落城等を伝える。 | 「豊臣秀吉朱印状」6―一五三一 |
| 4 29 | 北条氏直は上田掃部助・同河内守へ松山城・小田原城籠城の忠節を認め、本意の後は駿河・甲斐で一箇所の知行を約す。 | 「北条氏直判物」12―九一二、戦北三七二四 |
| | 豊臣秀吉、真田昌幸に箕輪城受け取りへの指示を伝え、百姓の還住をさせる事や、東国の習いとして女・童の拉致・売買があるが、これの禁止等を命じる。 | 「豊臣秀吉朱印状」12―九一一 |
| | 浅野長吉、浦和宿（さいたま市）等に秀吉の朱印を取り次いだ事、狼藉は一切あってはならず、違犯の輩あれば申し出る事を命じる。 | 「浅野長吉證状」6―一五三三〜四、 |
| 4〜 | 豊臣秀吉、熊谷・鉢形・東国寺・正龍寺・城立寺・大滝・山口等・龍渕 | 「豊臣秀吉禁制」6―一五三五〜四一 |

| | | | |
|---|---|---|---|
| 5 | | 寺に禁制を出す。この時二種類の禁制が出された事が確認される。 | 鉢一―91、三―39・67・82・83 |
| 4 | | 八王子高乗寺、豊臣秀吉から禁制二通を貰う。四十四貫文払う。 | 「豊臣秀吉禁制」『新八王子市史』資料編2―一〇六三 |
| 5 | 2 | 伊達家臣河島重続、松井田・箕輪・厩橋・石倉・西牧・新田・深谷・忍・江戸・河越・佐野・足利を攻略したと伝え、伊達政宗の急ぎ参陣を要請する。（＊忍はまだ攻略されていない） | 「河島重続書状」6―一五四二 |
| 5 | 3 | 河越城落城、前田利家受取り。則、鉢形城攻めを命じる。この時、浅野長吉・木村一の求めに応じて制札百枚を遣わした事も記す。 | 「豊臣秀吉朱印状」6―一五四三 |
| 5 | 6 | 北条氏邦、那波領川辺五郷（玉村町）における鉢形衆の横合非分を禁止。 | 「北条氏邦朱印状」6―一五四四 |
| 5 | 8 | 北条氏邦、出浦式部に日尾城籠城での忠節を賞し、講和の後には隠居分一箇所の知行を約す。 | 「北条氏邦朱印状」、12―九一七、戦北三七三二、鉢一―35 |
| 5 | 12 | 土気城・東金城受け取りの報告を了承した豊臣秀吉の朱印状が浅野弾正小弼長吉・木村常陸介一に出される。この中で、上杉景勝・前田利家に鉢形城・松山城・忍城攻めについて急ぐよう指示が出る。 | 「豊臣秀吉朱印状写」12―九一八 |
| 5 | 13 | 豊臣秀吉、上杉景勝に鉢形城を攻囲するも進展がない事に早く落城させるよう命じる。 | 「豊臣秀吉朱印状」6―一五四六 |
| 5 | 20 | 岩付城惣構えを破られる。首五百余が届けられ、これを見たという。 | 「豊臣秀吉朱印状写」12―九二三・九二四 |
| | | 沼田城の猪俣邦憲、当座、沼田城の堅固・維持を祈願して十八貫文の神領を城下の八幡宮に寄進。 | 「猪俣邦憲判物写」6―一五四八、戦北三七三三 |
| 5 | 21 | 北条氏房家臣松浦佐渡守康成は山本信濃守正次に報告。昨日岩付城の惣構が破られ総崩れになったが、総ての門をいち早く開いた為数百人が逃げ込め助かったのは山本の大手柄である。敵の正面は板屋根の建物で火災が心配なので、本城は今夜茅葺きを塗り屋根にするよう申しつけた。これらの事氏房に伝えて欲しい事。又近日中に前田利家も寄陣との事で、敵の人数が増え、大攻めになるから覚悟が必要などを伝える。 | 「松浦康成書状写」12―九二一 |
| | | 一色義直、浅野弾正少輔（長吉）に岩付城が裸城になり、三日の内には落城するだろうと伝える。 | 「一色義直書状写」12―九二二 |
| 5 | 22 | 豊臣秀吉、本田忠勝等へ岩付城は二の丸、三の丸を落とし多数討ち取ったというが、一人も残さず討ち取る事。女子は全て連れてく等る事を命じる。 | 「豊臣秀吉朱印状」6―一五四九 |
| 5 | 23 | 豊臣秀吉、平岩信吉、赤座九兵衛尉に、岩付城外曲輪を破り、多数討ち取 | 「豊臣秀吉朱印状」6―一五五一、 |

| 年 | 月 | 日 | 事項 | 出典 |
|---|---|---|---|---|
| （天正18） | | | りの高名を讃え、岩付城本城北籠もりの残党処理を申しつけ、手負いなどの無いよう討ち果たせと指示する。 | 「同写」12－九二四 |
| | 5 | 27 | 北条氏直に対して、関東諸城の攻略状況を伝える。残るは岩付・鉢形・八王子・忍・津久井の五カ所である事、岩付城を二十日から攻めた。岩付城は討死千人余を出して落城。残るは女子供ばかり等と記す。 | 「長岡忠興・池田輝政・長谷川秀一連署状写」6－一五五四、戦北四五五一 |
| | | | 天徳寺宝衍、羽生城へ書状を出したが、城代衆の考えが合わないと言う事であった。木戸重朝と菅原為繁は羽生へ出陣、積年の遺恨を晴らすのはこの時であろうが、秀吉様は身命は許すという事であり、自分の考えは置いといて、浅野長吉と相談するようにと伝える。 | 「天徳寺宝衍書状写」12－九二五 |
| | 5 | 29 | 豊臣秀吉、本多忠勝・鳥居元忠・平岩親吉に鉢形城へ進軍し、陣取りしたのかを問い、四・五日鉢形からの報告がないのでそれを聞くために朱印状を出したと伝える。 | 「豊臣秀吉朱印状」6－一五五九 |
| | 5 | | 豊臣秀吉、久喜郷・甘棠院、蓮馨寺・見立寺、豊田郷・池辺郷・大袋郷、正傳院、集福寺に三箇条の禁制を出す。 | 「豊臣秀吉禁制」6－一五六〇～四 |
| | | | 前田利家、秀吉の禁制の旨に任せ、報恩寺、医王寺、山口郷・藤沢・北の村・入曽・三ヶ島、岩殿、井草・中山・平沼、奈良梨・越畑、明覚郷光明寺に三箇条の禁制（黒印状）を出す。 | 「前田利家禁制」6－一五六五～七一 |
| | 6 | | 前田利家、八王子高乗寺へ禁制を出す。 | 「前田利家禁制」『新八王子市史』資料編2－一〇六四 |
| | | | 前田利家・浅野弾正・木村一の鉢形城攻めの大将は連名で鉢形城請け取りに際しての自軍への定書を出す。 | 「前田利家・浅野長吉・木村一連署定書」6－一五九九、鉢三－40 |
| | 6 | 1 | 前田利家、越生龍穏寺に門前寺領百姓支配を認める。 | 「前田利家朱印状写」6－一五七三 |
| | | | 浅野長吉、鴻巣郷の大島大炊助などを還住させ耕作させる。 | 「浅野長吉證状」6－一五七四 |
| | 6 | 2 | 豊臣秀吉の右筆安威摂津守は前田利家の問い合わせに答え、制札の礼銭の扱いについて、利家が取りそろえて秀吉に上納する事を申し伝える。 | 「前田利家書状（勘返状）写」峰岸純夫二〇〇九『中世の合戦と城郭』 |
| | 6 | 3 | 前田利家、石橋（東松山市）の上の台に古城（青鳥城）が有り、そこに陣を取り小屋を架けた事は尤もと、長九郎左衛門・不破彦三郎・高畠石見守に伝え、天気が回復次第松山城へ参り、浅野弾正忠長吉を待ち、打ち合わせの上鉢形へ向かうが、長九郎左衛門（蓮龍）等もそこに陣取りし、しっ | 「前田利家書状写」6－一五七五 |

| | | | |
|---|---|---|---|
| | | かりと守る事を申しつけられる事が大切と伝える。 | |
| 6 | 5 | 豊臣秀吉、筑紫上野介（筑後山下城主）に関東のしかるべき城は次第に成敗を加えつつある事を伝える。岩付城には浅野長吉・木村一・山崎堅家・岡本良勝・本多忠勝・鳥井元忠・平岩親吉等二万余で五月二十日攻撃し外郭を落とし、首千余をとり、本丸まで攻め込み妻子・町人等を助命、城は落城した。氏邦が色々詫び言を申してきた鉢形城は上杉景勝・前田利家・浅野長吉・木村一など五万余で責め寄せた。忍城へは石田三成・佐竹義重・宇都宮邦綱・多賀谷重経・水谷勝俊・結城晴朝等二万余で責め寄せた。小田原城はいよいよ堅固に取り巻いていると伝える。 | 「豊臣秀吉朱印状」6―一五七六 |
| | | 北条家、鷲宮神社の神領百五十九貫七百文安堵。 | 「北条家朱印状」6―一五七七、戦北三七四一 |
| 6 | 8 | 豊臣秀吉、（柳川城主）立花宗茂に小田原城では日に日に耐えがたくなり欠落の者が多くなった事、昨夜は和田信業の家来百人余りが家康と通じ小屋に火を掛け逃げてきたがこれを赦免した事。関八州では城々を悉く受け取り、その内岩付・鉢形・忍・八王子・津久井では何れも命乞いを北条氏邦がしてきたが聞き入れなかった。特に岩付城は北条氏房の居城で関八州では要害堅固の城と聞いているのでこの城より先に攻め落とせと木村一等に申しつけ二十二日に外構えを打ち破り本城一ノ門に攻め寄せた。城中は殆ど討ち死にして残るは町人百姓その他女ばかりで、氏房は小田原に在城しているのでこれらの者の命は助ける事とし城受け取りを申しつけ、氏房の妻子を始め悉く召し捕った事、八州の城々に楯籠もった者共の妻子も同じように助命したが、これが小田原城中へ聞こえ、心が迷い吾を忘れた様であった。氏邦は命乞いをする始末であった。既に鉢形へは上杉景勝・前田利家・浅野弾正・木村常陸介を始めとして五万余の兵を差し向けた。忍城へは石田治部に佐竹・宇都宮・結城・多賀谷・水谷・佐野天徳寺を差し添え二万余にて攻囲している。目前の岩付城の成敗については命は助け、城は受け取るよう申しつけた。奥州の面々は残らず参陣し、伊達政宗もその内参陣する等と伝える。 | 「豊臣秀吉朱印状」12―九二七 |
| 6 | 12 | 豊臣秀吉、石田三成に対して忍城水攻めを命じ、城内の一万余の者の命を助け、足弱は岩付城同様、端城に猪垣を廻らして籠置きなどを命じる。 | 「豊臣秀吉朱印状」12―九二九 |

| 月 | 日 | 事項 | 出典 |
|---|---|---|---|
| | | 前田利家、児玉の久米氏に印判状を出し、地下人・百姓等の還住を命じる | 「前田利家黒印状」6―一五七九、鉢四―24 |
| 6 | 13 | 石田三成、忍城攻めについて大方が済んだと報告する。 | 「石田三成書状」6―一五八〇 |
| 6 | 14 | 鉢形城開城。氏邦は命乞いをして助命され、剃髪して山林へと記す。 | 「豊臣秀吉朱印状写」12―九三六 |
| | | 小幡信実、黒澤出雲守に重恩として十貫文の地を与える | 「小幡信実判物」6―一五八一、鉢四―92 |
| 6 | 16 | 太田氏房、天野主殿助に永代賣、借銭などについて徳政とすると伝える。 | 「太田氏房朱印状」6―一五八二、戦北三七四五 |
| 6 | 20 | 山中長俊（秀吉奉行）、忍城開城を促す。 | 「山中長俊書状写」6―一五八九 |
| | | 北条氏直、木呂子下野守・岩田河内守に判物を出し活躍次第とし、本意の上は知行を望みの所に与えると伝える。 | 「北条氏直判物」6―一五八八、鉢三―115<br>12―九三一、戦北三七四七～八 |
| 6 | 23 | 豊臣秀吉、上杉景勝へ八王子寄陣と聞き、即責め寄せる事を命じる。 | 「豊臣秀吉朱印状」群7―三六三六 |
| 6 | 24 | 相模津久井城開城。 | 『戦国時代年表』後北条氏編 |
| | | 岩付城三の丸（端城）に虜の小少将から端城番の役人に助命嘆願の願いが出される。 | 「小少将書状」12―九三四、<br>戦北―三七五二 |
| 6 | 25 | 北条氏房、内田兵部に岩付城籠城中で、頼母子講や借銭について徳政を行うよう申し出された事を許可する。 | 「北条氏房朱印状写」戦北三七五三<br>12―九三五 |
| 6 | 27 | 木村一、栗原右馬助に八王子の落人の還住を認める。 | 「木村一證状」6―一五九六 |
| 6 | 28 | 豊臣秀吉、加藤清正に鉢形城を攻めたところ北条氏邦が命乞いをしてきたので十四日に城を請け取り、氏邦は剃髪して山林へ、八王子城は二十三日に攻略、大将分他二千人討ち取り、妻子足弱まで悉く成敗。忍城は水攻め、韮山城の氏規を助命し、高野山へ追放などと伝える。 | 「豊臣秀吉朱印状」12―九三六 |
| 6 | 29 | 豊臣秀吉、八王子城の捕虜の女六十人を助命、在郷へ返す。 | 「豊臣秀吉朱印状」小一―九三五 |
| 7 | 1 | 北条氏直、小幡信定にこの度関白のもとへ出頭する事を受け入れた事、降伏の条件の詳細は明日きまるなどを伝える。 | 「北条氏直書状」戦北三七五四 |
| | | 長井政実、飯塚和泉守に本領十七貫五百文他、安保に十五貫文の知行を与え、一人の所であるが、今後走り廻るという事であり、奉公が大切という。 | 「長井政実判物」6―九五八、鉢四―111 |
| 7 | 3 | 豊臣秀吉、忍城水攻めを命令。水攻めの普請できたという | 「豊臣秀吉朱印状」6―一六〇二ほか、12―九三八 |
| 7 | 4 | 秀吉は浅野長吉に十五・六日に忍城行を伝え、その後会津へ出陣という。 | 「一柳可遊書状」12―九三九 |

| | | | |
|---|---|---|---|
| 7 | 5 | 豊臣秀吉、北条氏直の命は助け、北条氏政・氏照・大道寺政繁・松田憲秀切腹と通告。 | 「豊臣秀吉朱印状写」戦北四五四五 |
| | | 忍城攻めに際して城方の反撃があり、浅野長吉手勢の手負いが多かった事を伝える。 | 「寺西正勝書状」6―一六一五、「町野重仍書状」6―一六一六 |
| 7 | 6 | 北条氏直・氏房、五日に小田原城を出て降伏。氏直は切腹と考えられたが、親類その他の将が命乞いをして、略そのように文案を出された。多分そのように決するだろうと天徳寺宝衍に伝える。 | 「増田長盛書状案」12―九四一 |
| | | 小田原城開城。榊原康政請け取りに小田原城へ入る。 | 『家忠日記』等 |
| 7 | 7 | 小田原城本城引き渡し。北条氏直、瀧川下総守雄利陣中にいるという。 | 「井伊直政書状」6―一六一二 |
| 7 | 8 | 秋元長朝、浅野長吉にかこ堰（籠堰カ）準備のための竹木を熊谷にて切り取ると急ぎ連絡し、自身もその場に立ち会うと伝える。 | 「秋元長朝書状」6―一六一四 |
| 7 | 11 | 北条氏政、氏照切腹。 | 『家忠日記』 |
| 7 | 12 | 北条氏直、高野山へ追放と決定。 | 『家忠日記』 |
| 7 | 13 | 木村一、浅野弾正は熊谷奈良の長慶寺僧の還住と昼夜の勤行精進を命じる。 | 「木村常陸介浅直弾正小弼連署定書」6―一六六六、鉢三―2 |
| 7 | 14 | 浅野長吉、忍城受取りを簗田晴助に伝える。 | 「浅野長吉書状」12―九四七 |
| | | 浅野長吉の忍城落城への戦功を賞す。 | 「織田信雄書状」6―一六六七 |
| | | 徳川家康、太田備中守・伊達房実・野本将監の妻子に領国内居住の自由を与える。 | 「徳川家康書状写」6―一六六八 |
| 7 | 19 | 大道寺駿河守政繁（法名松雲院殿江月常清大居士）没。 | 『新編武蔵風土記稿』巻百八十一高麗郡之六 |
| 7 | 20 | 浅野長吉に忍城攻落は手柄である事、北条氏直は高野山に入った事。小田原城受け取りで忙しさに取り紛れ無沙汰等を伝える。 | 「榊原康政書状」6―一六八九 |
| 7 | 23 | 徳川家康、豊臣秀吉から家康に関八州が宛行われたと新田守純に伝える。 | 「徳川家康書状」6―一六八八 |
| 7 | 26 | 豊臣秀吉、奥州仕置きのため宇都宮に着く。八月四日会津へ出発。九日到着、十二日会津から帰路、十五日宇都宮を発つ。 | 江田邦夫「豊臣秀吉が宇都宮で過ごした十一日間」『知られざる下野の中世』 |
| | | 徳川家康、諏訪頼忠に比企郡奈良梨など二万七千石を宛行。 | 「徳川家康判物」6―一六九〇 |

| 西暦 | 和暦 | 月 | 日 | 事項 | 出典 |
|---|---|---|---|---|---|
| | | 7 | 30 | 秀吉、奥州平定の軍勢を三手に分けて出発し会津に移る。関八州並びに奥州の侍・女子・子供についてはそのままとする。 | 「豊臣秀吉朱印状」12—九五一 |
| | | 7 | | 豊臣秀吉、浦和宿・足立庄内鳩井村に禁制を与える。 | 「豊臣秀吉禁制」6—一六九二〜三 |
| | | | | 浅野長吉、浦和の市に禁制を与え、商売を勧める。 | 「浅野長吉禁制」6—一六九三 |
| | | | | 岡本良勝、阿熊郷へ禁制を出す。 | 「岡本良勝禁制写」6—一六九四、鉢二—82 |
| | | | | 岡本良勝、鉢形良秀寺庄屋屋敷の諸役免除。 | 「岡本良勝證状」6—付三七、鉢三—129 |
| | | 8 | | 豊臣秀吉の制札発給に対する礼銭額が示される。上の所は永三貫二百文、中は二貫百文、下は一貫二百文、その他筆耕料一枚二百文とし、その他の礼銭等は一切取ってはならないと記される。 | 「豊臣秀吉朱印状」本法寺文書 |
| | | 8 | 1 | 徳川家康、関東入封。河越城主酒井重忠、松山城主松平家広、八幡山城主松平家清、本庄城主小笠原信嶺、深谷城主松平康直（以上一万石）、忍城主（十万石）松平忠吉、忍城預かり松平家忠（一万石）、騎西城主（二万石）松平康重、羽生城主（二万石）大久保忠隣、岩槻城主（二万石）高力清長、川越城主（一万石）酒井重忠、小室領主伊奈忠次（一万三千石）、奈良梨領主諏訪頼水（一万二千石）、東方領主松平康長（一万石）。 | 「埼玉県史年表」『新編埼玉県史』別編4<br>「徳川家関東入部知行割」通史3—二九頁 |
| | | 8 | 29 | 松平家忠、忍城に入る。 | 『家忠日記』 |
| | | 12 | 8 | 松平清宗、平野土佐ら三名と百姓中に児玉新宿や郷中に来る者に対して来年は役を申し付けない事等を伝える。 | 「松平清宗判物」17—5、鉢四—20 |
| | | 12 | 21 | 狭山市白鬚神社の懸仏銘に施主柏原村住神田市右衛門、大工神田宮内とある。天正七年柏原鋳物師神田宮内作とみられる懸仏が坂戸市大福寺にある。 | 「白鬚神社懸仏銘」9—一—二—一九二、「大福寺蔵懸仏銘」9—一—二—一八二 |
| | | | | 成田氏長、蒲生氏郷に預けられる。娘甲斐姫は秀吉の側室となる。 | 「成田系図」 |
| 一五九一 | 天正19 | 1 | 8 | 徳川家康、陸奥出陣の為に十一日岩槻に着くと伝える。 | 『参州日記』 |
| | | 1 | 12 | 徳川家康、陸奥出陣をやめ、岩槻より江戸に戻る。 | 『参州日記』 |
| | | 1 | 20 | 松平家清、児玉八幡神社に初穂料として壱分（金百疋）を寄進。 | 「松平家清寄進状」『児玉党』鉢戦史四—25 |
| | | 2 | | 豊臣秀吉、北条氏直の罪を許し、関東に九千石、近江に一千石、合一万石の知行を与える朱印状発給。 | 『新編埼玉県史』通史編2 |

| 西暦 | 年号 | 月 | 日 | 事項 | 出典 |
|---|---|---|---|---|---|
| | | 3 | | 松平家清、児玉八幡神社に社領寄進。 | 「松平清宗寄進状」鉢四―28 |
| | | 3 | 6 | 松平家忠、熊谷堤を築く。 | 『家忠日記』 |
| | | 5 | 23 | 木戸元斎寿三、大石元綱に二度の書簡対する返書を出す。（山形県仙北郡）藤島の地については様々な申し入れが有ったが、これを訴え、木戸元斎の在城していた藤島城は破却。大宝寺城普請を申し付けた事。この秋にも中奥に出陣の事驚いているが、準備を済ませた事などを伝える。 | 「木戸寿三書状」上別Ⅱ―三四八二 |
| | | 6 | 21 | 山田伊賀守、徳川家康にお目見え。 | 『天正日記』市史2―一〇六六 |
| | | 7 | 18 | 大久保十兵衛ほか二名連署して水野新左衛門に赤浜・能増で八百石知行書立をを与える。 | 「大久保十兵衛ほか連署知行書立写」17―一―四―四五一、鉢三―86 |
| | | 7 | 24 | 蒲生氏郷、南部出陣。成田氏長・泰親も同陣。 | 「氏郷様九戸江御出陣武者押之次第」行田市史資料編古代中世三九七 |
| | | 8 | 24 | 徳川家康、成田氏長に岩手・南部での近況を知らせる。 | 『行田市史』資料編古代中世三八一 |
| | | | | 豊臣秀吉、成田氏長に下野烏山三万七千石を与える。 | 『成田系図』『行田市史』資料編古代中世 |
| | | 9 | 8 | 太田資正（三楽斎道誉）片野にて没す。 | 「太田系図」『系図纂要』 |
| | | 10 | 27 | 徳川家康、古河まで帰陣。 | 『参州日記』 |
| | | 11 | 4 | 北条氏直没。（松厳院殿大円宗徹公大居士） | 『史料綜覧』巻十二―三四〇頁 |
| | | 11 | | 徳川家康、極楽寺・正龍寺に寺領各二十石を与える。 | 「徳川家康朱印状」中四八七・四九四、鉢三―59・68 |
| | | 12 | | 藤田信吉、京より色部修理大夫長真に書を出し、上洛に際し準備する行列の備え等を指示する。 | 「藤田信吉書状」上別Ⅱ―三五一一 |
| 一五九二 | 天正20 | 1 | 5 | 〔文禄の役〕豊臣秀吉、諸大名に朝鮮・明への出兵を命じる。 | 『埼玉県史年表』別4 |
| | | 2 | 1 | 徳川家康、水野新左衛門に赤浜・能増で八百石を与える。 | 「徳川家康朱印状写」17―一―四―451、鉢三―87 |
| | | 2 | 19 | 忍城主松平家忠、下総小見川に転封、松平忠吉が入る。 | 『埼玉県史年表』別4 |
| | | 3 | 3 | 伊奈熊蔵・大久保十兵衛は武川衆に万吉・野原・須賀広・千代・折原・富田・飯塚・今市等に三千百四十石九斗九升三合の知行書立を与える。 | 「伊奈忠次等連署知行書立写」17―一―一―一〇、鉢三―78 |
| | | 3 | 12 | 日下部兵右衛門、聖乗坊に聖天領書立を与える。 | 「日下部兵右衛門尉寺領書立」中―四八八、鉢二―60 |
| | | 3 | 16 | 平林弥兵、聖天領二十石分の年貢二貫四百七十文の書立代物を出す。 | 「平林弥兵田畠書立」中―四八九、鉢二―61 |
| | | 3 | 19 | 成瀬吉右衛門尉、広木光厳寺に寺領引き渡し。 | 「成瀬吉右衛門尉打渡状写」中―四八二、鉢四―59・60 |
| | | 4 | 29 | 三輪忠左衛門尉等、横瀬の加藤雅楽助・将監、阿佐美杢助に卯年年貢割付 | 「横瀬年貢割付状」中―三三二、鉢二―52 |

| | | | | |
|---|---|---|---|---|
| | | | を出す。 | |
| | | 8・14 | 色部長真、大石播磨守元綱と木戸元斎（重朝）に書を出し、家督の存続について取り持ちを依頼する。 | 「色部長真条書」上別Ⅱ—三五二六 |
| | | 8・28 | 木戸元斎、天徳寺宝衍の求めに応じて詠歌大概聞書を著す。 | 「詠歌大概聞書奥書」上別Ⅱ—三五三〇 |
| | | 9・23 | 徳川家康、都築右衛門尉を発起旦那とし、成瀬吉右衛門尉を旦那に、武田軍の放火によって消失した秩父神社社殿の造営をさせる。 | 「秩父神社棟札」鉢二—113 |
| | 文禄1（12・8） | 9・24 | 豊臣家の奉行衆が連署して、（山形県鶴岡市）藤島一揆の残党征伐を直江兼続の同意を得て、松本伊賀守（越後侍中・千二百二十五石・七十三人）・志田修理亮（与板在番衆・千五百六十三石・九十三人）・芋河越前守親正（信州侍中・四千四百八十六石・二百六十七人）・栗田永寿・木戸元斎（越後侍中・三千二百八十二石・百九十七人・五月には鶴岡市藤嶋在城）に命じる。 | 「豊臣家奉行連署状」上別Ⅱ—三五三一 |
| 一五九三 | 文禄2 | 3・10 | 釜山城普請にあたる。豊臣家掟書に成田氏長は那須太郎資晴共に二百二十人を割り当てられる。「総数一万五千五百七十人」 | 「豊臣家掟書」上別Ⅱ—三五四一 |
| | | 5・10 | 北条氏邦室大福御前、正龍寺で自害。墓が正龍寺にある。 | 「大福御前宝篋印塔」寄居町史資料編 |
| | | 8 | 藤田信吉、朝鮮出兵中の藤田組三百十人中四十四人が煩うと記す。 | 「藤田信吉覚書」上別Ⅱ—三五六二 |
| | | 10・27 | 深谷城主松平康直が没し、家康の子松千代丸が城主となる。 | 『寛政重修諸家譜』 |
| 一五九四 | 文禄3 | 2・3 | 元松山城代上田河内守宗節没。 | 梅沢二〇一一『浄蓮寺過去帳』 |
| | | 2 | 八王子高乗寺、秀吉の制札二通を天正十八年四月に貰い、山内への避難する人々から小屋掛け賃を四十文宛取り、九十三貫文となった事。秀吉へは礼銭四十四貫文払った等について記す。秀吉の規定によれば禁制一枚の礼銭は中の土地で二貫百文に筆耕料二百文、計二貫三百文であるが、実際は二十二貫文支払った事になる。 | 「高乗寺伝略起写」『新八王子市史』資料編2—一〇六五 |
| | | 9 | 上杉家家臣、二千八百八石三斗九升九合七夕藤田能登守、七十一石七斗三升九合　逸見十八郎・西大瀧大瀧甚兵衛（一千八百八十九石三斗）同心、二十三石三斗吉田新左衛門・水谷信州上倉抱上倉治部大輔同心衆。<br>木戸元斎（重朝・休波）三千三百八十二石・公役人数百九十七人。 | 上杉家『文禄三年定納員数目録』<br>矢田俊文他編二〇〇八『上杉家分限帳』 |
| | | 9・15 | 羽生城主大久保忠隣、小田原城に転封し、羽生城兼帯。 | 『寛政重修諸家譜』 |

| | | | | | |
|---|---|---|---|---|---|
| | | 10 | 9 | 伊奈備前守忠次、小鹿野三山郷へ年貢割付状を出す。 | 「伊奈備前守年貢割付状写」『新編武蔵風土記稿』二三九、鉢一―106 |
| | | 10 | 27 | 玉縄城主北条氏勝室、上田案独斎朝直息女妙俊没。 | 梅沢二〇一一『浄蓮寺過去帳』 |
| | | 12 | | 豊臣秀吉、北条氏規に丹南・河南両郡に六千九百八十石宛行。 | 『新編埼玉県史』通史編2 |
| | | この年 | | 代官中川某、ときがわ町玉川に陣屋を置き、玉川領四十二箇村を支配。 | 『新編武蔵風土記稿』 |
| 一五九五 | 文禄4 | 1 | 29 | 浄蓮寺に松山城主上田憲定室妙上の墓石（板石塔婆）造立。 | 浄蓮寺「妙上板石塔婆銘」『慶長八年過去帳』 |
| | | 12 | 11 | 成田氏長没。無嗣の為、甲斐姫の口添えで、氏長弟泰親が烏山城主。 | 「成田系図」『行田市史資料編』古代中世 |
| 一五九七 | 慶長2 | 1 | 1 | 〔慶長の役〕豊臣秀吉、諸大名に朝鮮再出兵を命ず。 | 「埼玉県史年表」別4 |
| | | 8 | 8 | 北条氏邦、金沢にて没す。墓が寄居町正龍寺にある。 | 正龍寺「北条氏邦宝篋印塔銘」三別―55 |
| | | 10 | 12 | 上田上野介案独斎憲定、法名日上没。 | 梅沢二〇一一『浄蓮寺過去帳』 |
| 一五九八 | 慶長3 | 1 | 10 | 上杉景勝、会津転封。 | 「豊臣秀吉朱印状」上別Ⅱ三七二〇 |
| | | 2 | 19 | 本庄城主小笠原信嶺が没し、養子信之が城主。 | 『寛政重修諸家譜』 |
| | | 4 | 2 | 伊奈熊蔵、武川衆に鉢形城廻の知行替えを通知する。 | 「伊奈熊蔵知行替覚書」17―一―一―一六、鉢三―77 |
| | | | | 後に藤田信吉会津津川城主一万一千石。五百石 吉田新左衛門、三百石逸見四郎左衛門、二百石 東使弾正、弐百五拾石 逸見拾八郎 | 『会津御在城分限帳』矢田俊文他編二〇〇八『上杉家分限帳』 |
| | | 8 | 18 | 豊臣秀吉、伏見城にて没す。 | 「埼玉県史年表」別4 |
| 一五九九 | 慶長4 | 1 | 12 | 深谷城主松千代丸八才が没し、家康六男辰千代丸（後の忠輝）が城主。 | 『寛政重修諸家譜』 |
| | | 2 | 20 | 徳川家康、昌国寺に寺領二十石の領地を寄進。 | 「徳川家康朱印状写」17―二―一四―五一六、鉢三―88 |
| | | 3 | 27 | 吉田新左衛門は会津郡山北草五百五十石を領し、開墾。 | 「荒地之目録写」『吉田家文書』鉢一―71 |
| | | 9 | 28 | 徳川家康、大阪城西の丸に入る。 | 「埼玉県史年表」別4 |
| | | 12 | 30 | 吉田新左衛門組に東使弾正等二十人が組み込まれる。 | 「上泉主水判物」『吉田家文書』鉢一―73 |
| 一六〇〇 | 慶長5 | | | 藤田信吉、会津津川城主後神指城に移る一万一千石外三千二百石同心七人。藤嶋城主木戸元斎。五千石。五百石吉田新左衛門、三百石逸見四郎左衛門 二百石東使弾正、弐百五拾石逸見拾八郎 | 『吉田家文書』鉢一―78 「直江支配長井郡分限帳」矢田俊文他編二〇〇八『上杉家分限帳』 |
| | | 2 | 8 | 北条氏規没。（一睡院殿勝誉宗円大居士、五十六才）。氏盛継ぐ。河内狭山藩一万一千石。 | 『新編埼玉県史』通史編2 |
| | | 6 | 16 | 徳川家康、会津征伐に大阪を発つ。七月二日江戸城に入る。 | 『上杉御年譜』三―一九六頁 |
| | | 3 | 13 | 藤田信吉、上杉から出奔。京の大徳寺に入り源心と号すという。 | 『藩翰譜』藤田 |

| 西暦 | 和暦 | 月 | 日 | 事項 | 出典 |
|---|---|---|---|---|---|
| | | 7 | 23 | 家康、小山に着くも、石田三成挙兵を聞き帰陣。 | 『上杉御年譜』三―二〇一頁 |
| | | 9 | 15 | 関ヶ原合戦。 | 『上杉御年譜』三 |
| | | 10 | | 忍城主松平忠吉清洲へ転封。忍城城番を置く。 | 「埼玉県史年表」別4 |
| | | | | 藤田信吉、関ヶ原合戦の後、下野西方藩一万五千石の大名となる。 | 『藩翰譜』藤田 |
| | | | | 梶原政景、磐城植田城に移り、小田城には佐竹の同族・小場義成が入る。 | 『筑波町史』上巻五〇二頁 |
| 一六〇一 | 慶長6 | 2 | | 松山城主松平忠頼浜松、騎西城主松平康重笠間、八幡山城主松平家清三河吉田へ転封。松山城廃城。 | 『寛政重修諸家譜』『新編埼玉県史』通史編3 |
| | | | | 越前北ノ庄藩結城秀康「結城秀康給帳」に藤田大学「母衣衆」四百石。 | 「結城秀康給帳」『福井市史』資料編 |
| | | 8 | 16 | 上杉景勝、米沢へ転封。 | 『上杉御年譜』三 |
| 一六〇二 | 慶長7 | | | 藤田信吉、佐竹義宣、秋田移封に伴い、水戸城在番となる。 | 『管窺武鑑』『藩翰譜』藤田 |
| | 慶長7 | 5 | 19 | 会津で浪人中の吉田新左衛門に米沢の上泉主水から空きがないと書状。 | 「上泉主水判物」『吉田家文書』鉢一―80 |
| | | 5 | | 佐竹義宣、秋田へ所領替え。二十万石に減封。湊城に入る。 | 『日本城郭体系』2 |
| | | 11 | 28 | 深谷城主松平忠輝佐倉城主へ転封。 | 『新編埼玉県史』通史編3 |
| | 慶長8カ | 4 | 27 | 会津で浪人中の吉田新左衛門に越前の藤田大学から仕官の申し入れに対して一杉殿を尋ねるよう書状が届く。大學は結城秀康の家臣で母衣組四百石。 | 「藤田大学書状」『吉田家文書』鉢一―81 「結城秀康給帳」『福井市史』資料編4 |
| | この頃 | | | 吉田新左衛門父子、越前結城氏秀康家臣本多伊豆守与力となり、新左衛門七百石・善兵衛三百石。 | 『吉田系図』 |
| 一六〇三 | 慶長8 | 2 | 12 | 徳川家康、江戸幕府を開く。 | 『東照宮実記』 |
| | | 5 | | 佐竹氏、この月より、久保田城を築く。梶原政景は大曲城に入る。 | 『日本城郭体系』2 |
| 一六〇四 | 慶長9 | 3 | 2 | 大久保石見守・成瀬小吉は武川衆に加増の知行書立を与える。 | 「大久保石見守・成瀬小吉連署知行書立」17―一―一―二四、鉢二―80 |
| | | 3 | 11 | 水野長勝、昌国寺麦原門前を屋敷地として寄進。 | 「水野長勝判物」中―五〇八、鉢二―91 |
| 一六〇五 | 慶長10 | 10 | 20 | 吉田新十郎、結城秀康の家臣本田富正に仕え、百五十石宛行われる。 | 「本多富正判物」『吉田家文書』鉢一―82 |
| 一六一四 | 慶長19 | 1 | 19 | 大久保相模守改易。藤田信吉、小田原城在番となる。 | 『管窺武鑑』 |
| | | 3 | 吉 | 吉田善兵衛、山河長政から火薬極意書を授かる。 | 「山河長政火薬極意書」吉田文書、鉢一―84 |
| | | 9 | 9 | 藤田信吉、里見直義改易により、館山城在番となる。 | 『管窺武鑑』 |
| | | 10 | 1 | 【大坂冬の陣】徳川家康、大阪討伐を命じる。 | 『新編埼玉県史』別編4―一六八頁 |

| 西暦 | 和暦 | 月日 | 事項 | 出典 |
|---|---|---|---|---|
| | | 12・19 | 豊臣と徳川の和議成立。 | 『新編埼玉県史』別編4—一六八頁 |
| 一六一五 | 慶長20 | 4・1 | 【大阪夏の陣】 | 『新編埼玉県史』別編4—一六八頁 |
| | | 18 | 藤田信吉、榊原康勝の軍監として従軍、負け戦の責により病を理由に隠居し信濃に蟄居。 | 『藩翰譜』藤田 |
| | 元和1 | 5・8 | 豊臣秀頼・淀君自害し、豊臣家滅亡。 | 『新編埼玉県史』別編4—一六八頁 |
| | (7・13) | ⑥・13 | 徳川幕府、諸国に居城を残し、その外の城は悉く破却あるべしと命じる。 | 右同『国史大事典』「一国一城令」 |
| 一六一六 | 元和2 | 4・17 | 徳川家康、駿府城にて没。 | 『徳川実紀』第一編 |
| | | 7・14 | 藤田信吉木曽奈良井宿にて五十八歳にて病没。嗣子が無い為除封。西方藩廃藩。 | 『管窺武鑑』 |
| | | 12・18 | 成田泰親没。嫡子重長既に没（慶長八年）、二男泰之が家督を継ぐ。 | 『行田市史』資料編古代中世「断家譜」 |
| 一六一七 | 元和3 | 2・14 | 藤田大学、出橋左衛門尉に書状を出し、吉田善兵衛親子等の武蔵猪俣帰国について木曽福島関所通行の便を依頼す。 | 「藤田大学書状写」『吉田家文書』鉢一—85 |
| | | 2 | 本田伊豆守寄騎吉田善兵衛、越前北ノ庄結城秀康之重臣本多伊豆守富正に仕えていたが、暇を貰い、妻子等七人を連れ武蔵猪俣に帰る。 | 「山田弥五左衛門書状」『吉田家文書』鉢一—86〜88 |
| | 元和3頃カ | この頃 | 藤田大学邦綱は木部兵右衛門尉に西木部・真仁田分・長久院分・天太面（天白免カ）共四十八貫八百文の所領を親の因幡守に遣わしたもので、大學としても兵右衛門尉が所有する事を確認すると伝える。 | 「藤田邦綱書状」12—付一四三、鉢三—94 |
| 一六一八 | 元和4 | 3・7 | 大河内金兵衛、吉田善兵衛に屋敷を小鹿野で与えた事を逸見四郎左衛門に伝える。 | 「大河内金兵衛書状写」『吉田家文書』鉢一—91 |
| 一六二二 | 元和8 | | 成田泰之没。嫡子が無く、成田家断絶。 | 『行田市史』資料編古代中世「断家譜」 |
| 一六二三 | 元和9 | 10・18 | 梶原政景は佐竹義宣（慶長七年五月、佐竹氏は出羽国久保田二十万石に減封された）に仕えた後、越前結城秀康の所に逗留、禄二千石を給される。この日、元和九年十月十八日梶原政景没す。 | 「結城秀康給帳」『福井市史』資料編4 『岩槻市史』古代中世資料編Ⅱ「太田家記」『藩翰譜』藤田 |

# 参考引用文献

赤見初夫　一九九四「榛名峠城と権現山城及び雨乞山の要害について―城の変遷とその位置をめぐって―」『群馬文化』二三九号
浅倉直美　一九八三「後北条氏と用土新左衛門尉」『戦国史研究』第六号
一九八八「後北条氏の権力構造―鉢形領を中心として―」『中世東国史の研究』東京大学出版会
一九九六「第四章三・四」『上里史』通史編　上里町
一九九七『後北条領国の地域的展開』岩田書院
二〇一〇「解説　乙千代の藤田入婿と鉢形領の成立」『論集戦国大名と国衆2　北条氏邦と武蔵藤田氏』岩田書院
二〇一七「北条氏邦の生年について」『戦国史研究』第七四号
浅倉直美編　二〇一〇『北条氏邦と猪俣邦憲』論集戦国大名と国衆3
新井浩文　一九八八「永禄十二年の越相一和に関する考察」―太田資正の動向を中心として―『駒澤史学』三九・四〇
二〇〇〇「梶原政景の政治的立場」―足利義氏との関係を中心に―『駒澤史学』五五
二〇〇四「江南町周辺の「領」と領主支配」『江南町史』通史編上巻
池　享　二〇一二『東国の動乱と織豊権力』吉川弘文館
池享・矢田俊文編　二〇〇三『上杉氏年表』高志書院
池上裕子　一九七六「戦国大名領国における所領および家臣団編成の展開」『戦国期の権力と社会』東京大学出版会
池上裕子編　二〇〇五『中近世移行期の土豪と村落』岩田書院
稲村坦元　一九六六『武蔵史料銘記集』東京堂出版
岩槻市　一九八三『岩槻市史』資料編Ⅱ　岩付太田氏関係史料
梅沢太久夫　二〇一一『改訂版　武蔵松山城主上田氏』―戦国動乱二五〇年の軌跡―　まつやま書房
二〇一三『戦国の境目』―秩父谷の城と武将―　まつやま書房
二〇一五『北条氏邦と鉢形領支配』まつやま書房
江田郁夫　二〇〇五「豊臣秀吉が宇都宮で過ごした十一日間」『知らざれる下野の中世』随想社
太田市教育委員会編　一九九六『金山城と由良氏』
小川町　一九九九『小川町史』資料編2　古代・中世Ⅰ
小田原市　一九九六『小田原市史』史料編中世Ⅰ
一九九〇『小田原市史』史料編中世Ⅱ
一九九二『小田原市史』史料編中世Ⅲ
神奈川県　一九七九『神奈川県史』資料編3　古代・中世（3下）
上里町　一九九二『上里町史』資料編

川越市　一九七五『川越市史』史料編中世Ⅱ
騎西町　二〇〇五『騎西町史』資料編中世
行田市　二〇一一『行田市史』資料編　古代中世
工藤定雄ほか　一九七七『上杉家御年譜』1～3　米沢温故会
栗野俊之　一九八八「天徳寺宝衍考」―戦国後期の関東と織田・豊臣政権―『駒澤史学』三九・四〇
黒田基樹　一九九四「用土新左衛門尉と藤田信吉」『戦国史研究』二八号
一九九五『戦国大名北条氏の領国支配』岩田書院
二〇〇一『戦国期東国の大名と国衆』岩田書院
二〇〇四『扇谷上杉氏と太田道灌』岩田書院
二〇〇五『戦国北条一族』新人物往来社
二〇〇七『北条早雲とその一族』新人物往来社
二〇〇九『図説太田道灌』江戸東京を切り開いた悲劇の名将　戎光出版
二〇一〇「総論　戦国期藤田氏の系譜と動向」『論集戦国大名と国衆2　北条氏邦と武蔵藤田氏』岩田書院
二〇一一『戦国関東の覇権戦争』洋泉社
黒田基樹編　二〇一二『武蔵成田氏』戦国大名と国衆7　岩田書院
二〇一三『北条氏年表』高志書院
黒田基樹他編　二〇一一『戦国遺文』房総編第二巻　東京堂出版
黒田基樹・浅倉直美編　二〇一〇『北条氏と武蔵藤田氏』岩田書院
群馬県　一九八六『群馬県史』資料編7　中世3　編年史料
一九八九『群馬県史』通史編3　中世
国史大事典編集委員会　一九七八～一九九三『国史大事典』第一巻～第十四巻　吉川弘文館
国立公文書館蔵　『家忠日記』『参州日記』『新編武蔵風土記稿』『武州文書』などデジタルアーカイブ史料
児玉町　一九九二『児玉町史』中世資料編
埼玉県　一九八〇a『新編埼玉県史』資料編6　中世2　古文書二
一九八〇b『新編埼玉県史』資料編8　中世4　記録二
一九八二『新編埼玉県史』資料編5　中世1　古文書一
一九八五『新編埼玉県史』資料編7　中世1　記録一
一九八五『新編埼玉県史』資料編17　近世8　領主
一九八八『新編埼玉県史』通史編2　中世

一九八八『新編埼玉県史』通史編3　近世
一九九一『新編埼玉県史』別編4　年表・系図
二〇一四『埼玉県史料叢書』12　中世新出重要史料二
斎藤慎一　二〇〇五『戦国時代の終焉』中公新書
酒井憲二編著　一九九四『甲陽軍鑑大成』第一巻本文編上　汲古書院
坂戸市　一九八六『坂戸市史』中世史料編
佐藤博信　一九八八「第三章第一節二享徳の大乱と武蔵」『新編埼玉県史』通史編二中世　埼玉県
二〇〇六『戦国遺文』古河公方編　東京堂出版
佐脇栄智　一九七六『後北条氏の基礎研究』吉川弘文館
狭山市　一九八二『狭山市史』中世資料編
下山治久　一九九五『戦国遺文』補遺編　東京堂出版
二〇一〇『戦国時代年表』後北条氏編　東京堂出版
下山治久・黒田基樹　一九九五『戦国遺文』後北条氏編第六巻　東京堂出版
柴辻俊六・黒田基樹編　二〇〇二～二〇〇六『戦国遺文』武田氏編1～6　東京堂出版
上越市史編さん委員会編　二〇〇二『上越市史』別編1　上杉氏文書集一
二〇〇四『上越市史』別編2　上杉氏文書集二
続群書類従完成会　一九八二『続群書類従』第六輯下
杉本智彦二〇〇九『カシミール3D』実業之日本社のほか、『フリーソフトインターネット版』
杉山博・下山治久編　二〇〇八～二〇〇九『戦国遺文』後北条氏編1～5　東京堂出版
竹井英文　二〇〇七「戦国前期東国の戦争と城郭―『杉山城問題』によせて―」『千葉史学』第五一号
武井尚　二〇〇四「北条氏邦の文書―乙千代発給文書を中心に―」『鉢形城開城―北条氏邦とその時代―』寄居町教育委員会
武田氏研究会編　二〇一〇『武田氏年表　信虎・信玄・勝頼』高志書院
千代田恵汎　一九八〇a・b「鉢形北条氏の権力構造（上）・（下）」『埼玉地方史』第8号・第9号
二〇一〇『北条氏邦と猪俣憲邦』戦国大名と国衆3に再録　岩田書院
筑波町　一九八九『筑波町史』上巻
東京大学史料編纂所編　一九三五『大日本古文書』家わけ十二ノ二
一九三〇～一九五三『史料綜覧』巻六～十二
富樫泰時ほか一九八〇『日本城郭体系』2　新人物往来社
中世豊島氏研究会編　一九八八『豊嶋・宮城文書』中世豊嶋氏関係史料集（一）豊島区立郷土資料館

富澤一弘・佐藤雄太　二〇一二「『加澤記』からみた戦国時代沼田地方の政治情勢」『高崎経済大学論集』第五四巻第二号
冨田勝治　一九九二『羽生城』―上杉謙信の属城―
豊国義孝編　一九二五　加澤平次左衛門遺著『加澤記　全　附羽尾記』上毛郷土史研究会
長野県立歴史館　「信濃史料データーベース」
名古屋市立博物館編　二〇一七『豊臣秀吉文書集』三　吉川弘文館
八王子市　二〇一六『新八王子市史』資料編2
鉢形歴史研究会編　二〇一九『鉢形領内に遺された戦国史料』第一集（本編・別編）
二〇二〇『鉢形領内に遺された戦国史料』第二集（本編・別編）
二〇二一『鉢形領内に遺された戦国史料』第三集（本編・別編）
二〇二二『鉢形領内に遺された戦国史料』第四集（本編・別編）
東松山市　一九八二『東松山市史』資料編第2巻
一九八五『東松山市の歴史』上
平岡　豊　一九八四「猪俣能登守について―沼田城主としての活躍―」『國學院雑誌』八五巻一〇号
二〇一〇『北条氏邦と猪俣憲邦』戦国大名と国衆3に再録　岩田書院
真島玄正　一九七九「戦国武将藤田氏の研究（1）」『埼玉史談』二六巻二号
二〇一〇『北条氏邦と猪俣憲邦』戦国大名と国衆3に再録　岩田書院
藤岡市　一九九三『藤岡市史』資料編　原始・古代・中世
福島幸八　一九六八『吉田家文書の調査』小鹿野町教育委員会
福井市　一九八八『福井市史』資料編4
峰岸純夫　二〇〇九『中世の合戦と城郭』高志書院
矢田俊文ほか　二〇〇八『上杉氏分限帳』高志書院
山田邦明解説　一九九九『覚上公御書集』上・下　臨川書店
山梨県　一九九八『山梨県史』資料編4中世1　県内文書
二〇〇一『山梨県史』資料編6中世3上　県内記録
二〇〇二『山梨県史』資料編6中世3下　県外記録
二〇〇五『山梨県史』資料編5中世2上　県外文書
寄居町　一九八四『寄居町史』原始・古代・中世資料編
一九八六『寄居町史』通史編
歴史研究会編　一九八四『新版日本史年表』　吉川弘文館

## 中世年表２

| 干支 | 西暦 | 和暦 | 年 | 改元月日 | 閏月 | 西暦 | 和暦 | 年 | 改元月日 | 閏月 | | 和暦 | 年 | 改元月日 | 閏月 | 西暦 | 和暦 | 年 | 改元月日 | 閏月 |
|---|---|---|---|---|---|---|---|---|---|---|---|---|---|---|---|---|---|---|---|---|
| 辛未 | 1391 | 明徳 | 2 | | | 1451 | 宝徳 | 3 | | | 1511 | 永正 | 8 | | | 1571 | 元亀 | 2 | | |
| 壬申 | 1392 | | 3 | | ⑩ | 1452 | 享徳 | 1 | 7.25 | ⑧ | 1512 | | 9 | | ④ | 1572 | | 3 | | ① |
| 癸酉 | 1393 | | 4 | | | 1453 | | 2 | | | 1513 | | 10 | | | 1573 | 天正 | 1 | 7.28 | |
| 甲戌 | 1394 | 応永 | 1 | 7.5 | | 1454 | | 3 | | | 1514 | | 11 | | | 1574 | | 2 | | ⑪ |
| 乙亥 | 1395 | | 2 | | ⑦ | 1455 | 康正 | 1 | 7.25 | ④ | 1515 | | 12 | | ② | 1575 | | 3 | | |
| 丙子 | 1396 | | 3 | | | 1456 | | 2 | | | 1516 | | 13 | | | 1576 | | 4 | | |
| 丁丑 | 1397 | | 4 | | | 1457 | 長禄 | 1 | 9.28 | | 1517 | | 14 | | ⑩ | 1577 | | 5 | | ⑦ |
| 戊寅 | 1398 | | 5 | | ④ | 1458 | | 2 | | ① | 1518 | | 15 | | | 1578 | | 6 | | |
| 己卯 | 1399 | | 6 | | | 1459 | | 3 | | | 1519 | | 16 | | | 1579 | | 7 | | |
| 庚辰 | 1400 | | 7 | | | 1460 | 寛正 | 1 | 12.2 | ⑨ | 1520 | | 17 | | | 1580 | | 8 | | ③ |
| 辛巳 | 1401 | | 8 | | ① | 1461 | | 2 | | | 1521 | 大永 | 1 | 8.23 | | 1581 | | 9 | | |
| 壬午 | 1402 | | 9 | | | 1462 | | 3 | | | 1522 | | 2 | | | 1582 | | 10 | 三嶋暦 | (12) |
| 癸未 | 1403 | | 10 | | ⑩ | 1463 | | 4 | | | 1523 | | 3 | | ③ | 1583 | | 11 | | ① |
| 甲申 | 1404 | | 11 | | | 1464 | | 5 | | | 1524 | | 4 | | | 1584 | | 12 | | |
| 乙酉 | 1405 | | 12 | | | 1465 | | 6 | | | 1525 | | 5 | | ⑪ | 1585 | | 13 | | ⑧ |
| 丙戌 | 1406 | | 13 | | ⑥ | 1466 | 文正 | 1 | 2.28 | ② | 1526 | | 6 | | | 1586 | | 14 | | |
| 丁亥 | 1407 | | 14 | | | 1467 | 応仁 | 1 | 3.5 | | 1527 | | 7 | | | 1587 | | 15 | | |
| 戊子 | 1408 | | 15 | | | 1468 | | 2 | | ⑩ | 1528 | 享禄 | 1 | 8.2 | ⑨ | 1588 | | 16 | | ⑤ |
| 己丑 | 1409 | | 16 | | ③ | 1469 | 文明 | 1 | | | 1529 | | 2 | | | 1589 | | 17 | | |
| 庚寅 | 1410 | | 17 | | | 1470 | | 2 | | | 1530 | | 3 | | | 1590 | | 18 | | |
| 辛卯 | 1411 | | 18 | | ⑩ | 1471 | | 3 | | ⑤ | 1531 | | 4 | | ⑤ | 1591 | | 19 | | ① |
| 壬辰 | 1412 | | 19 | | | 1472 | | 4 | | | 1532 | 天文 | 1 | 7.29 | | 1592 | 文禄 | 1 | 12.6 | |
| 癸巳 | 1413 | | 20 | | | 1473 | | 5 | | | 1533 | | 2 | 三嶋暦 | ⑤ | 1593 | | 2 | | ⑨ |
| 甲午 | 1414 | | 21 | | ⑦ | 1474 | | 6 | | | 1534 | | 3 | | ① | 1594 | | 3 | | |
| 乙未 | 1415 | | 22 | | | 1475 | | 7 | | | 1535 | | 4 | | | 1595 | | 4 | | |
| 丙申 | 1416 | | 23 | | | 1476 | | 8 | | | 1536 | | 5 | | ⑩ | 1596 | 慶長 | 1 | 10.3 | ⑦ |
| 丁酉 | 1417 | | 24 | | ⑤ | 1477 | | 9 | | ① | 1537 | | 6 | | | 1597 | | 2 | | |
| 戊戌 | 1418 | | 25 | | | 1478 | | 10 | | | 1538 | | 7 | | | 1598 | | 3 | | |
| 己亥 | 1419 | | 26 | | | 1479 | | 11 | | ⑨ | 1539 | | 8 | | ⑥ | 1599 | | 4 | | ③ |
| 庚子 | 1420 | | 27 | | ① | 1480 | | 12 | | | 1540 | | 9 | | | 1600 | | 5 | | |
| 辛丑 | 1421 | | 28 | | | 1481 | | 13 | | | 1541 | | 10 | | | 1601 | | 6 | | ⑪ |
| 壬寅 | 1422 | | 29 | | ⑩ | 1482 | | 14 | | ⑦ | 1542 | | 11 | | ③ | 1602 | | 7 | | |
| 癸卯 | 1423 | | 30 | | | 1483 | | 15 | | | 1543 | | 12 | | | 1603 | | 8 | | |
| 甲辰 | 1424 | | 31 | | | 1484 | | 16 | | | 1544 | | 13 | | ⑪ | 1604 | | 9 | | ⑧ |
| 乙巳 | 1425 | | 32 | | ⑥ | 1485 | | 17 | | ③ | 1545 | | 14 | | | 1605 | | 10 | | |
| 丙午 | 1426 | | 33 | | | 1486 | | 18 | | | 1546 | | 15 | | | 1606 | | 11 | | |
| 丁未 | 1427 | | 34 | | | 1487 | 長享 | 1 | 7.2 | | 1547 | | 16 | | ⑦ | 1607 | | 12 | | ④ |
| 戊申 | 1428 | 正長 | 1 | 4.27 | ③ | 1488 | | 2 | | | 1548 | | 17 | | | 1608 | | 13 | | |
| 己酉 | 1429 | 永享 | 1 | 9.5 | | 1489 | 延徳 | 1 | 8.21 | | 1549 | | 18 | | | 1609 | | 14 | | |
| 庚戌 | 1430 | | 2 | | ⑪ | 1490 | | 2 | | | 1550 | | 19 | | ⑤ | 1610 | | 15 | | ② |
| 辛亥 | 1431 | | 3 | | | 1491 | | 3 | | | 1551 | | 20 | | | 1611 | | 16 | | |
| 壬子 | 1432 | | 4 | | | 1492 | 明応 | 1 | 7.19 | | 1552 | | 21 | | | 1612 | | 17 | | ⑩ |
| 癸丑 | 1433 | | 5 | | ⑦ | 1493 | | 2 | | ④ | 1553 | | 22 | | ① | 1613 | | 18 | | |
| 甲寅 | 1434 | | 6 | | | 1494 | | 3 | | | 1554 | | 23 | | | 1614 | | 19 | | |
| 乙卯 | 1435 | | 7 | | | 1495 | | 4 | | | 1555 | 弘治 | 1 | 10.2 | ⑩ | 1615 | 元和 | 1 | 7.13 | ⑥ |
| 丙辰 | 1436 | | 8 | | ⑤ | 1496 | | 5 | | ② | 1556 | | 2 | | | 1616 | | 2 | | |
| 丁巳 | 1437 | | 9 | | | 1497 | | 6 | | | 1557 | | 3 | | | 1617 | | 3 | | |
| 戊午 | 1438 | | 10 | | | 1498 | | 7 | | ⑩ | 1558 | 永禄 | 1 | 2.28 | ⑥ | 1618 | | 4 | | |
| 己未 | 1439 | | 11 | | ① | 1499 | | 8 | | | 1559 | | 2 | | | 1619 | | 5 | | |
| 庚申 | 1440 | | 12 | | | 1500 | | 9 | | | 1560 | | 3 | | | 1620 | | 6 | | |
| 辛酉 | 1441 | 嘉吉 | 1 | 2.17 | ⑨ | 1501 | 文亀 | 1 | 2.29 | ⑥ | 1561 | | 4 | | ③ | 1621 | | 7 | | |
| 壬戌 | 1442 | | 2 | | | 1502 | | 2 | | | 1562 | | 5 | | | 1622 | | 8 | | |
| 癸亥 | 1443 | | 3 | | | 1503 | | 3 | | | 1563 | | 6 | | ⑫ | 1623 | | 9 | | |
| 甲子 | 1444 | 文安 | 1 | 2.5 | ⑧ | 1504 | 永正 | 1 | 2.3 | ③ | 1564 | | 7 | | | 1624 | 寛永 | 1 | 2.3 | |
| 乙丑 | 1445 | | 2 | | | 1505 | | 2 | | | 1565 | | 8 | | | 1625 | | 2 | | |
| 丙寅 | 1446 | | 3 | | | 1506 | | 3 | | ⑪ | 1566 | | 9 | | ⑧ | 1626 | | 3 | | ④ |
| 丁卯 | 1447 | | 4 | | ② | 1507 | | 4 | | | 1567 | | 10 | | | 1627 | | 4 | | |
| 戊辰 | 1448 | | 5 | | | 1508 | | 5 | | | 1568 | | 11 | | | 1628 | | 5 | | |
| 己巳 | 1449 | 宝徳 | 1 | 7.26 | ⑩ | 1509 | | 6 | | ⑧ | 1569 | | 12 | | ⑤ | 1629 | | 6 | | ② |
| 庚午 | 1450 | | 2 | | | 1510 | | 7 | | | 1570 | 元亀 | 1 | 4.23 | | 1630 | | 7 | | |

中世年表１

| 干支 | 西暦 | 和暦 | 年 | 改元月日 | 閏月 | 西暦 | 和暦 | 年 | 改元月日 | 閏月 | 西暦 | 和暦 南朝 | 年 | 改元月日 | 和暦 北朝 | 年 | 改元月日 | 閏月 |
|---|---|---|---|---|---|---|---|---|---|---|---|---|---|---|---|---|---|---|
| 辛未 | 1211 | 建暦 | 1 | 3.9 | ① | 1271 | | 8 | | | 1331 | 元弘 | 1 | 8.9 | | | | |
| 壬申 | 1212 | | 2 | | | 1272 | | 9 | | | 1332 | | 2 | | 正慶 | 1 | 4.28 | |
| 癸酉 | 1213 | 建保 | 1 | 12.6 | ⑨ | 1273 | | 10 | | ⑤ | 1333 | | 3 | | | 2 | 5月廃止 | ② |
| 甲戌 | 1214 | | 2 | | | 1274 | | 11 | | | 1334 | 建武 | 1 | | | | | |
| 乙亥 | 1215 | | 3 | | | 1275 | 建治 | 1 | 4.25 | | 1335 | | 2 | | | | | |
| 丙子 | 1216 | | 4 | | ⑥ | 1276 | | 2 | | ③ | 1336 | 延元 | 1 | 2.29 | 建武 | 3 | | |
| 丁丑 | 1217 | | 5 | | | 1277 | | 3 | | | 1337 | | 2 | | | 4 | | |
| 戊寅 | 1218 | | 6 | | | 1278 | 弘安 | 1 | 2.29 | ⑩ | 1338 | | 3 | | 暦応 | 1 | 8.28 | ⑦ |
| 己卯 | 1219 | 承久 | 1 | 4.12 | ② | 1279 | | 2 | | | 1339 | | 4 | | | 2 | | |
| 庚辰 | 1220 | | 2 | | | 1280 | | 3 | | | 1340 | 興国 | 1 | | | 3 | | |
| 辛巳 | 1221 | | 3 | | ⑩ | 1281 | | 4 | | ⑦ | 1341 | | 2 | | | 4 | | |
| 壬午 | 1222 | 貞応 | 1 | 4.13 | | 1282 | | 5 | | | 1342 | | 2 | | 康永 | 1 | | |
| 癸未 | 1223 | | 2 | | | 1283 | | 6 | | | 1343 | | 2 | | | 2 | | |
| 甲申 | 1224 | 元仁 | 1 | 11.20 | ⑦ | 1284 | | 7 | | | 1344 | | 2 | | | 3 | | |
| 乙酉 | 1225 | 嘉禄 | 1 | 4.2 | | 1285 | | 8 | | | 1345 | | 2 | | 貞和 | 1 | 10.2 | |
| 丙戌 | 1226 | | 2 | | | 1286 | | 9 | | ⑫ | 1346 | 正平 | 1 | 12.8 | | 2 | | ⑨ |
| 丁亥 | 1227 | 安貞 | 1 | 12.10 | ③ | 1287 | | 10 | | | 1347 | | 2 | | | 3 | | |
| 戊子 | 1228 | | 2 | | | 1288 | 正応 | 1 | 4.28 | | 1348 | | 3 | | | 4 | | |
| 己丑 | 1229 | 寛喜 | 1 | 3.5 | | 1289 | | 2 | | ⑩ | 1349 | | 4 | | | 5 | | ⑥ |
| 庚寅 | 1230 | | 2 | | ① | 1290 | | 3 | | | 1350 | | 5 | | 観応 | 1 | 2.27 | |
| 辛卯 | 1231 | | 3 | | | 1291 | | 4 | | | 1351 | | 6 | | | 2 | | |
| 壬辰 | 1232 | 貞永 | 1 | 4.2 | ⑨ | 1292 | | 5 | | ⑥ | 1352 | | 7 | | 文和 | 1 | 9.27 | |
| 癸巳 | 1233 | 天福 | 1 | 4.15 | | 1293 | 永仁 | 1 | 8.5 | | 1353 | | 8 | | | 2 | | |
| 甲午 | 1234 | 文暦 | 1 | 11.5 | | 1294 | | 2 | | | 1354 | | 9 | | | 3 | | |
| 乙未 | 1235 | 嘉禎 | 1 | 9.19 | ⑥ | 1295 | | 3 | | ② | 1355 | | 10 | | | 4 | | |
| 丙申 | 1236 | | 2 | | | 1296 | | 4 | | | 1356 | | 11 | | 延文 | 1 | 3.28 | |
| 丁酉 | 1237 | | 3 | | | 1297 | | 5 | | ⑩ | 1357 | | 12 | | | 2 | | ⑦ |
| 戊戌 | 1238 | 暦仁 | 1 | 11.2 | ② | 1298 | | 6 | | | 1358 | | 13 | | | 3 | | |
| 己亥 | 1239 | 延応 | 1 | 2.7 | | 1299 | 正安 | 1 | 4.25 | | 1359 | | 14 | | | 4 | | |
| 庚子 | 1240 | 仁治 | 1 | 7.16 | ⑩ | 1300 | | 2 | | ⑦ | 1360 | | 15 | | | 5 | | ④ |
| 辛丑 | 1241 | | 2 | | | 1301 | | 3 | | | 1361 | | 16 | | 康安 | 1 | 3.29 | |
| 壬寅 | 1242 | | 3 | | | 1302 | 乾元 | 1 | 11.21 | | 1362 | | 17 | | 貞治 | 1 | 9.23 | |
| 癸卯 | 1243 | 寛元 | 1 | 2.26 | ⑦ | 1303 | 嘉元 | 1 | 8.5 | ④ | 1363 | | 18 | | | 2 | | ① |
| 甲辰 | 1244 | | 2 | | | 1304 | | 2 | | | 1364 | | 19 | | | 3 | | |
| 乙巳 | 1245 | | 3 | | | 1305 | | 3 | | ⑫ | 1365 | | 20 | | | 4 | | ⑨ |
| 丙午 | 1246 | | 4 | | | 1306 | 徳治 | 1 | 12.4 | | 1366 | | 21 | | | 5 | | |
| 丁未 | 1247 | 宝治 | 1 | 2.28 | | 1307 | | 2 | | | 1367 | | 22 | | | 6 | | |
| 戊申 | 1248 | | 2 | | ⑫ | 1308 | 延慶 | 1 | 10.9 | ⑧ | 1368 | | 23 | | 応安 | 1 | 2.18 | ⑥ |
| 己酉 | 1249 | 建長 | 1 | 3.18 | | 1309 | | 2 | | | 1369 | | 24 | | | 2 | | |
| 庚戌 | 1250 | | 2 | | | 1310 | | 3 | | | 1370 | 建徳 | 1 | 7.24 | | 3 | | ③ |
| 辛亥 | 1251 | | 3 | | ⑨ | 1311 | 応長 | 1 | 4.28」 | ⑥ | 1371 | | 2 | | | 4 | | |
| 壬子 | 1252 | | 4 | | | 1312 | 正和 | 1 | 3.2 | | 1372 | 文中 | 1 | 4.7 | | 5 | | |
| 癸丑 | 1253 | | 5 | | | 1313 | | 2 | | | 1373 | | 2 | | | 6 | | ⑩ |
| 甲寅 | 1254 | | 6 | | ⑤ | 1314 | | 3 | | ③ | 1374 | | 3 | | | 7 | | |
| 乙卯 | 1255 | | 7 | | | 1315 | | 4 | | | 1375 | 天授 | 1 | 5.27 | 永和 | 1 | 2.27 | |
| 丙辰 | 1256 | 康元 | 1 | 10.5 | | 1316 | | 5 | | ⑩ | 1376 | | 2 | | | 2 | | ⑦ |
| 丁巳 | 1257 | 正嘉 | 1 | 3.14 | ③ | 1317 | 文保 | 1 | 2.3 | | 1377 | | 3 | | | 3 | | |
| 戊午 | 1258 | | 2 | | | 1318 | | 2 | | | 1378 | | 4 | | | 4 | | |
| 己未 | 1259 | 正元 | 1 | 3.28 | ⑩ | 1319 | 元応 | 1 | 4.28 | ⑦ | 1379 | | 5 | | 康暦 | 1 | 3.22 | ④ |
| 庚申 | 1260 | 文応 | 1 | 4.13 | | 1320 | | 2 | | | 1380 | | 6 | | | 2 | | |
| 辛酉 | 1261 | 弘長 | 1 | 2.2 | | 1321 | 元亨 | 1 | 2.23 | | 1381 | 弘和 | 1 | | 永徳 | 1 | 2.24 | |
| 壬戌 | 1262 | | 2 | | ⑦ | 1322 | | 2 | | ⑤ | 1382 | | 2 | | | 2 | | ① |
| 癸亥 | 1263 | | 3 | | | 1323 | | 3 | | | 1383 | | 3 | | | 3 | | |
| 甲子 | 1264 | 文永 | 1 | 2.28 | | 1324 | 正中 | 1 | 12.9 | | 1384 | 元中 | 1 | | 至徳 | 1 | 2.27 | ⑨ |
| 乙丑 | 1265 | | 2 | | ④ | 1325 | | 2 | | ① | 1385 | | 2 | | | 2 | | |
| 丙寅 | 1266 | | 3 | | | 1326 | 嘉暦 | 1 | 4.26 | | 1386 | | 3 | | | 3 | | |
| 丁卯 | 1267 | | 4 | | | 1327 | | 2 | | ⑨ | 1387 | | 4 | | 嘉慶 | 1 | 8.23 | ⑤ |
| 戊辰 | 1268 | | 5 | | ① | 1328 | | 3 | | | 1388 | | 5 | | | 2 | | |
| 己巳 | 1269 | | 6 | | | 1329 | 元徳 | 1 | 8.29 | | 1389 | | 6 | | 康応 | 1 | 2.9 | |
| 庚午 | 1270 | | 7 | | ⑨ | 1330 | | 2 | | ⑥ | 1390 | | 7 | | 明徳 | 1 | 3.26 | ③ |
| | | | | | | | | | | | 1391 | | 8 | | | 2 | | |
| | | | | | | | | | | | 1392 | | 9 | | | 3 | | ⑩ |

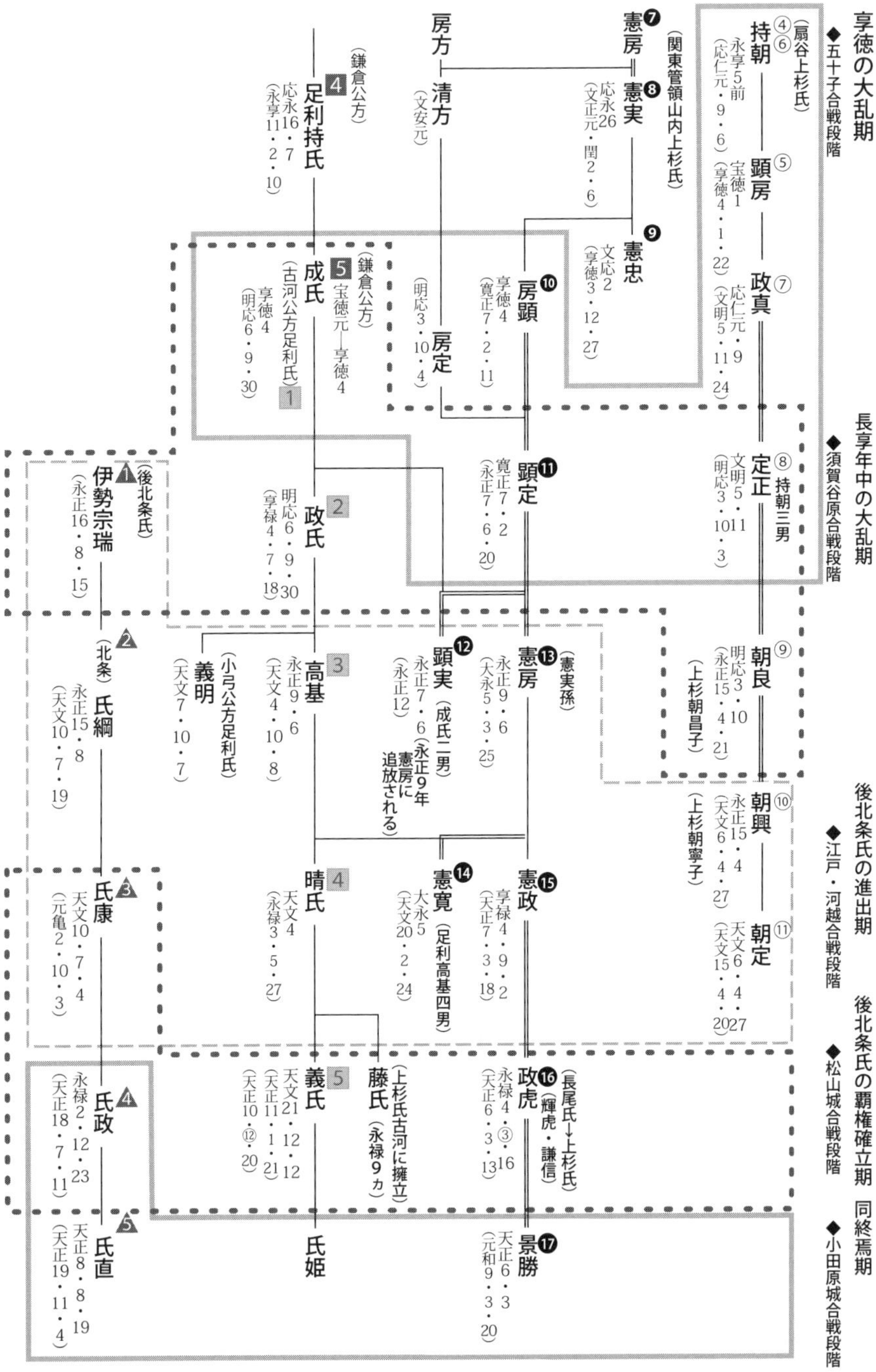


**古河公方・両上杉氏・後北条氏略系図・戦国争乱相関図**

〔註 年代は就任或いは家督継承年、( ) 内は没年月日〕

編者紹介

**梅沢　太久夫**（うめざわ　たくお）

１９４５年埼玉県生まれ。
埼玉大学教育学部卒業。
埼玉県立歴史資料館長等を歴任。
元・埼玉県文化財保護協会副会長。

主な著書
『日本城郭大系』第５巻「東京・埼玉」（共著　新人物往来社）
『城郭資料集成　中世北武蔵の城』（岩田書院）
『戦国の城』（共著　古志書院）
『北条氏邦と藤田氏』（共著　岩田書院）
『関東の名城を歩く』南関東編（共著　吉川弘文館）
『武蔵上田氏　論集 戦国大名と国衆⑮』（共著　岩田書院）
『松山城合戦』『北条氏邦と鉢形領支配』
『戦国の境目』『埼玉の城』など（まつやま書房）

歴史調査ハンドブック
**武蔵戦国歴史年表**

2023年2月15日　初版第一刷発行
編著者　梅沢　太久夫
発行者　山本 智紀
印　刷　株式会社シナノ
発行所　まつやま書房
〒355－0017　埼玉県東松山市松葉町３－２－５
Tel.0493－22－4162　Fax.0493－22－4460
郵便振替　00190－3－70394
URL:http://www.matsuyama－syobou.com/


ISBN 978-4-89623-194-6 C0021